LEARN PYTHON IN ONE DAY AND LEARN IT WELL

从零起步学编程 Python篇

[新加坡] Jamie Chan（杰米·陈） 著

程晨 耿宁子 黄一天 王磊 译

人民邮电出版社

北京

图书在版编目（C I P）数据

从零起步学编程 : Python篇・Java篇・C#篇・CSS篇:
全4册 / （新加坡）杰米・陈（Jamie Chan）著 ; 程晨等
译. -- 北京 : 人民邮电出版社, 2019.9
（爱上编程）
ISBN 978-7-115-51310-6

Ⅰ. ①从… Ⅱ. ①杰… ②程… Ⅲ. ①程序设计
Ⅳ. ①TP311.1

中国版本图书馆CIP数据核字(2019)第094207号

内 容 提 要

本书共四册，从零起步介绍关于 Python、Java、C#、CSS 这四种常用编程语言的基础知识和实践技巧。作者将以浅显易懂的方式来讲解看似复杂的概念，并通过精选项目来阐述相关问题，进而使你更加深入地理解 Python、Java、C#、CSS 编程的知识。本书四册全部提供项目的源代码以及附录内容，供读者下载并学习。本书适合无编程基础的读者阅读。

◆ 著 [新加坡] Jamie Chan（杰米・陈）
译 程 晨 耿宁子 黄一天 王 磊
责任编辑 魏勇俊
责任印制 周昇亮

◆ 人民邮电出版社出版发行 北京市丰台区成寿寺路 11 号
邮编 100164 电子邮件 315@ptpress.com.cn
网址 http://www.ptpress.com.cn
北京市艺辉印刷有限公司印刷

◆ 开本：700×1000 1/16
印张：35.75 2019 年 9 月第 1 版
字数：681 千字 2019 年 9 月北京第 1 次印刷

著作权合同登记号 图字：01-2015-8620 号

定价：150.00 元（全 4 册）

读者服务热线：(010)81055493 印装质量热线：(010)81055316
反盗版热线：(010)81055315
广告经营许可证：京东工商广登字 20170147 号

关于作者
杰米·陈（Jamie Chan）

她拥有计算机科学专业硕士学位，目前是一名教师和自由程序员。她非常乐于向尽可能多的人分享编程的乐趣。多年的教学经历使她获得了把编程概念化繁为简的诀窍。在她出版的图书中，她尽力让编程的初学者都可以理解其中的概念并将之运用到操作中，在挑选样例方面更加用心，使得每个样例都非常典型地阐释了相关的概念，便于读者在实践中加深理解。

关于译者

程晨

科技作家、创客布道师、2015 Intel软件创新大使、2017ELF全球杰出教育领袖；全国青少年创客教育联盟首席创客导师、全国青少年创客教育联盟创客技能测评标准组组长、中国电子学会全国青少年机器人技术等级考试标准工作组副组长、中国教育技术协会数字教育资源专业委员会专家、数十项科技创新大赛嘉宾评委；著有《我的Python世界：玩〈Minecraft我的世界〉学Python编程》《米思齐实战手册：Arduino图形化编程指南》《JavaScript网页游戏制作轻松学》等书，翻译出版人工智能、物联网、3D打印、机器人领域相关的多本图书；曾任北京航空航天大学、北京邮电大学特聘讲师，参与清华大学、北京科技大学等多个高校的创新性课程设计。

王磊

毕业于西安电子科技大学电子工程学院，获得模式识别与智能系统硕士学位，研究内容主要为2D图像视频到3D的转换。目前就职于新浪微博研发中心，担任应用开发工程师，主要负责图像和视频的分布式存储、图像视频处理算法研究等工作，主要使用的编程语言为Python、C/C++、Lua和Golang。

前言

撰写本书的目的是帮助你快速学习并掌握Python编程。如果你毫无编程经验，你会发现本书是以浅显易懂的方式来讲解复杂概念的。如果你拥有编程经验，本书可以为你探索 Python这门语言提供一个很好的基础。

精心挑选的主题可以让你了解Python的广泛用途，同时不会让你觉得信息太多。这些主题包括控制结构、错误处理、文件处理等。本版还包含有关面向对象编程的新章节。

通过精挑细选的例子来阐述每个概念，以此让你对这门语言有更加深入的理解。本书最后的附录部分也将会为你提供 Python中一些常用函数的参考资料。

另外，正如 Richard Branson 所说："最好的学习方法是实践"。在本书的最后，会通过一个项目指导你，让你有机会使用你所学到的知识。

你可以从learncodingfast网站上下载那个项目的源代码以及附录内容。而勘误在learncodingfast网站的errata页面上。

联系信息

我非常乐意收到你们对本书的评价。

不管是反馈还是问询，你们都可以通过jamie@learncodingfast.com联系我。

推荐序1

本书在美国亚马逊图书排行榜Python门类位于榜首位置。它最大的亮点在于非常通俗易懂，学习起来很轻松。作者用一系列简洁的案例，快速讲解了Python所有的必要知识。

想学习Python的初学者、想教他人用Python的爱好者、想对比Python3和Python2有什么核心差异的老手，或其他任何理由期望体验Python的人，都可以从中获益。

以往的教科书总试图先讲解完备的体系概念，以图能一股脑地将知识点灌输给学生，那是不可能的，因为他们忽略了重要的自主学习过程。

本书则与众不同，作者并没用层叠的理论来吓大家，而是设计了许多有趣实用的样例，引导读者直接上手实践。Jamie是有丰富教学经验的“程序媛”，正因如此，本书中的样例都那么恰到好处。

以往我在社区里的Python教学过程中也深刻地体会到了让学生从实践中自学的重要性。2008年发起的蟒营（PythoniCamp，实战式学习课程），以及最近的开智课堂中，都实施了这种依赖实践的教学模式，用12周的确能让零基础的学员获得用Python进行独立开发的能力。

因此，只要选对方法，快速学习Python完全有可能，相信这本书能够帮助你轻松地爱上Python！

——Zoom.Quiet（大妈）

Zoom.Quiet（大妈）：

优视眼动科技CTO，Python中文社区创始人之一和管理员，OBP及蟒营工程设计者兼主持人。从2002年开始接触Python，积极推广Pythonic，筹办了2012年起连续4届PyCon中国大会。作为大家熟知的社区“大妈”，主持了OSTC 2015“程序媛专场”，坐实了这一称号。编撰有《可爱的Python》等图书，得到广大“程序猿”认可。

推荐序2

这是一本写给大忙人看的Python入门书，作者用了很短的篇幅就讲清楚了Python的所有基础知识，实在令人佩服。从另一个角度来说，读完这么薄的书就能够入门，这也说明Python这门语言确实有其独到之处。我经常会用Python来写一些小程序，感觉到它使用起来十分方便快捷且效率极高。如果你是从零起步学编程的朋友，那么Python是一个不错的选择。要学习Python，则一定要读读这本书，相信你会有所收获。

——梁杰

梁杰：

开源爱好者，Python爱好者，前端工程师，SwiftGG翻译组和Swift Weekly的维护者。组织了Swift官方文档*The Swift Programming Language*的翻译工作，组织筹备中国首届Swift开发者大会“@Swift”。独立翻译出版《编程导论》，合译《Python语言及其应用》《你不知道的JavaScript（上卷）》。

推荐序3

本书以简单直接的方式介绍了Python这门编程语言的精髓，十分适合对编程有兴趣的初学者作为学习编程的第一本启蒙书来阅读。作者使用简短的篇幅对Python语言中的重要知识点做了精妙的介绍，并通过具体例子来加以讲解。如果你曾经有其他编程语言的学习经验，想了解和学习Python这门编程语言，本书也很适合你阅读。

全书讲述的脉络非常清晰，结构紧凑，通俗易懂。虽然这是一本入门读物，但是当你学完本书中的内容之后，你就能够实际动手去编写一些有意思的程序。

Python强大的功能和丰富的第三方库，可以为你的工作和学习提供帮助。

——刘全

刘全：

新浪微博应用开发工程师，主要负责多媒体相关服务的应用开发。

目录

第1章　什么是Python？

欢迎来到“编程”这一令人兴奋的世界。非常高兴你选择了本书，我真诚地希望本书可以帮你掌握 Python 语言，并体验到编程的乐趣。在深入 Python 编程的具体细节之前，让我们先来回答下列问题。

1.1　什么是 Python？

Python 是 Guido van Rossum 在20世纪80年代后期创建的一门被广泛使用的高级编程语言。这门语言非常强调代码的可读性和简洁性，这让编程人员快速开发应用成为可能。

和所有高级编程语言一样， Python 代码和英语语言很类似，而计算机是无法直接理解的。我们使用 Python 编写的代码需要由一个叫作 Python 解释器的特殊程序来翻译。这个解释器需要在我们编写、测试和执行 Python 程序之前安装。在第2章中，我们将会看到如何安装 Python 的解释器。

也有一些诸如 Py2exe 或者 Pyinstaller 这类的第三方工具，可以把我们的 Python 代码打包进一个独立的可执行程序，在一些非常流行的操作系统，像 Windows 和 macOS 上运行。这样我们就可以直接发布 Python 程序，而不需要用户安装 Python 的解释器。

1.2　为什么学习Python？

有大量的高级编程语言存在，比如 C、 C++ 和 Java。令人高兴的是所有的高级编程语言彼此之间都很类似。主要的不同在于语法、可用库和我们获取这些库的方式。库简单来讲就是一些资源和预先编写好的代码的集合，我们在编写自己的程序时可以直接使用。如果你学好了一门语言，那么你就可以轻松学会一门新语言，所花费的时间相比学习第一门语言要少得多。

如果你是编程新手，Python 是一个不错的起点。Python 的关键特性之一就是它的简洁性，这让它成为初学者学习的理想编程语言。Python 中的大部分程序相比于其他语言，如C语言，在相同的任务上仅需要相对较少的代码就能完成。这样就可以减少编程的错误和所需的开发时间。另外，Python 还有大量的第三方资源，这极大地扩展了这门语言的可用性。因此，Python 可以用来完成大量不同的任务，比如桌面应用、数据库应用、网络编程、游戏编程，甚至是手机端的开发。最后但并不是最重要的是 Python 是一门跨平台的语言，这意味着在一个操作系统上，比如在 Windows 上编写的代码，也将可以在 macOS 或者 Linux 上运行，而无需对 Python 代码做任何修改。

确信 Python 就是你要学的那门语言了？那我们就开始吧。

第2章　为 Python 做好准备

2.1　安装解释器

在开始编写第一个 Python 程序之前，我们需要下载与我们所用计算机对应的、合适的解释器。

我们在本书中使用 Python 3，因为在 Python 的官方网站上写着“ Python 2.x 是历史，Python 3.x 是这门语言的现在和未来”。另外，“Python 3 消除了很多不必要的、会困住初级编程人员的荆棘”。

然而，当前 Python 2 依旧被广泛地使用着。Python 2 和 3 大约90% 的地方都很相似。因此如果学习了 Python 3，理解 Python 2编写的代码也就毫无困难。

要安装Python 3的解释器，请登录Python官方网站，找到Downloads页面。在网页顶部会显示当前的版本，本书中使用的是版本3.6.1。单击“Download Python 3.6.1”，软件将开始下载。

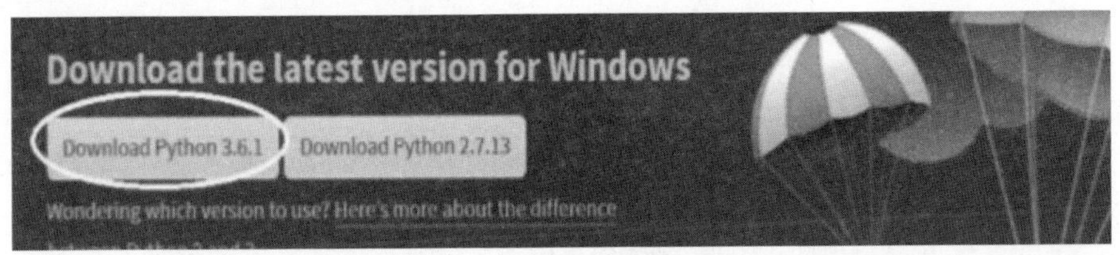

或者，如果你想安装其他版本，请向下滚动页面，你将看到其他版本的列表。单击想要安装的版本，则页面将会转到该版本的下载页面。

滚动到页面的最底部，你将会看到该版本的一个列表，里面列出了不同的安装包。选择你的计算机支持的、正确的安装包。所使用的安装包取决于两个因素。

1．操作系统（Windows、macOS或者Linux）。

2．你所使用的处理器（32位或者64位）。

比如，如果你使用的是64位的 Windows 计算机，你将会需要使用“Windows x86-64 MSI安装包”，那么就单击那个链接下载这个安装包。如果你下载并运行了错误的安装包，别着急。你将会看到一条错误的信息，而安装包将不会继续安装。直接下载正确的安装包就不会有什么问题了。

一旦你成功安装了解释器，你就可以开始用 Python 编写代码了。

2.2 使用 Python Shell、IDLE 并编写第一个程序

我们将使用 IDLE 程序来编写代码。IDLE 程序和 Python 解释器是在一个安装包里的。

为此，我们首先需要启动 IDLE 程序。你可以像启动其他任意程序一样来启动 IDLE 程序。比如在 Windows 8，你可以通过在搜索框内输入“IDLE”来找到这个程序。一旦找到它，单击 IDLE（Python GUI）来启动它，你将会看到如下所示的 Python Shell。

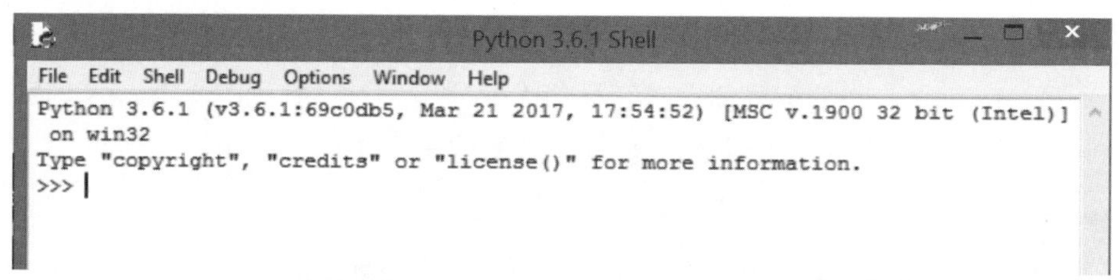

Python Shell 可以让我们以交互的模式来使用 Python。这意味着我们每次可以输入一条命令。Shell 等待用户输入的命令，执行并返回执行的结果。然后，Shell 等待着下一条命令。

尝试着在 Shell 中输入下面的内容。以 >>> 开头的行是你需要输入的命令，而命令下面的那一行显示的是命令的结果。

```
>>> 2+3
5
>>> 3>2
True
>>> print ('Hello World')
Hello World
```

当你输入 2 + 3 时，你正在把命令发送给 Shell，让它计算出 2+3 的值。因此，Shell 会返回答案 5。当你输入 3>2 时，你是在问 Shell 3是否大于2。Shell 回答 `True`。最后，`print` 是让Shell 显示一行 `Hello World` 的命令。

Python Shell 是一个非常方便测试 Python 命令的工具，尤其是我们第一次使

用这门语言的时候。然而，如果你退出并再次进入 Python Shell，你之前所输入的所有命令都会消失。另外，你无法使用 Python Shell 来创建一个真正的程序。为了编写一个真正的程序，你需要在一个文本文件中编写代码，并以 .py 扩展名的方式保存。这个文件就是一个 Python 的脚本。

为了创建一个 Python 脚本，单击Python Shell顶部菜单中的 File>New File。这个操作将会打开一个文本编辑器，在这个编辑器中我们可以开始编写第一个程序："Hello World"程序。编写"Hello World"程序对于所有的编程初学者而言，就像是某种入门仪式一样。我们将使用这个程序来更加熟悉IDLE程序。

在文本编辑器中输入下面的代码（不是在 Shell 中）。

```
#打印出单词 "Hello World"
print ("Hello World")
```

这行#打印出单词"Hello World" 是红色的，而"print"是紫色的，"Hello World" 是绿色的。这是软件本身的设置，让我们的代码更加易于阅读。单词 "print"和"Hello World"在我们的程序中有不同的用途，因此它们使用不同的颜色展示。我们将在随后的章节中更加详细地讲解。

那一行#打印出单词"Hello World"（红色部分）并不是程序的一部分。这是一段注释，用于让我们的代码更易于被其他程序员阅读。这一行会被 Python 解释器忽略。在程序中添加注释的一种方式是，我们在注释的每一行的前面输入 # 号，像这样：

```
#这是一条注释
#这也是一条注释
#这依然是注释
```

另一种方式是使用3个单引号（或者3个双引号）来添加多行注释，像这样：

```
'''
这是一条注释
这也是一条注释
这依然是注释
'''
```

现在单击 File > Save As… 来保存你的代码。确保你使用 .py 扩展名来保存它。

完成了？瞧！你刚刚已经成功编写了你的第一个 Python 程序。

最后单击 Run > Run Module 来执行程序（或者按 F5键）。你应该可以看到 Hello World 这两个词出现在你的 Python Shell中。

第3章　变量和操作符的世界

既然已经看完了介绍性的内容，我们就开始进入正题吧。在本章中，你将会学到关于变量和操作符的所有知识。具体地说，你将会学到变量的含义，以及如何命名和声明它们。我们也会操作变量的那些常见的操作符。准备好了吗？开始吧。

3.1　变量是什么？

在我们的程序中，变量是那些我们需要存储和操作的数据的名字。比如，假设你的程序需要存储一个用户的年龄。为了这么做，我们可以把这个数据命名为userAge，并使用下面的声明来定义变量userAge。

```
userAge = 0
```

在你定义了变量userAge后，你的程序将会在计算机的存储区域中分配一段特定的空间来存储这个数据。然后通过引用它的名字userAge，你就可以获取并修改这个数据。每次声明一个新的变量，你需要给它一个初始的值。在这个例子中，我们给它赋的值为0。我们在后面的程序中始终可以修改这个值。

我们也可以一次定义多个变量。这么做仅仅需要这么写。

```
userAge, userName = 30, 'Peter'
```

这与下面的声明是一样的。

```
userAge = 30
userName = 'Peter'
```

3.2　命名一个变量

在Python 中，一个变量名仅可以包含字母（a～z，A～Z）（译者注：原文A-B，为错误）、数字或者下划线（_）。然而，第一个字符不能是数字。因此，你可以把变量命名为username、user_name或者userName2，但不能是2userName。

另外，在 Python 中有一些预留的单词，也不能使用它们作为变量的名字，因为它们已经被提前赋予了含义。这些预留的单词包括print、input、if、while等。我们将会在后面的章节中学习它们各自的含义。

最后，变量名是大小写敏感的。username与userName是不同的。

在 Python 中命名一个变量有两种规则。我们可以使用驼峰式命名方法或者使用下划线的方法。驼峰式命名方法是使用混合大小写的方式把单词组合在一起（比如，thisIsAVariableName）。这也是本书将会使用到的命名规则。另外一种常见的方法是使用下划线（_）把单词分割开。如果选择这种方式，你可以把变量命名为：this_is_a_variable_name。

3.3 赋值符号

注意在声明语句userAge = 0中的“=”号与我们在数学上学习的“=”号的含义是不一样的。在编程中，“=”是一个赋值符号。它表示我们正在把“=”右边的值赋给左边的变量。理解声明语句userAge = 0的一个好方法是这么理解它：userAge<-0。

在程序中，声明语句x = y和y = x有着不同的含义。

困惑吗？下面这个例子会让你搞清楚的。

在 IDLE 编辑器中输入下面的代码，并保存它。

```
x = 5
y = 10
x = y
print ("x = ", x)
print ("y = ", y)
```

现在运行这个程序。你应该会得到下面的输出。

```
x = 10
y = 10
```

尽管 x 的初始值是 5（在第一行中声明的），第三行中的x = y把 y 的值分配给了x（x <- y），这样就把 x 的值变为10，而y的值保持不变。

接下来，把程序仅仅修改一行声明，即把第三行x = y修改为y = x。在数学上，x=y和y=x有着相同的含义。然而，在程序中就不是这样了。

运行第二个程序。现在你将会得到：

```
x = 5
y = 5
```

在本例中你可以看到x的值依旧是5，但y的值变成了5。这是因为声明语句y=x把x的值分配给了y（y<–x）。y变成了5，而x的值没变，依旧是5。

3.4 基本操作符

除了给变量分配一个初始值，我们也可以使用变量进行一般的数学运算操作。在Python中，基础操作符+、-、*、/、//、%和**分别表示加法、减法、乘法、除法、整除、取余和指数运算。

［样例］

假设x = 5,y = 2

加法：

x + y = 7

减法：

x - y = 3

乘法：

x * y = 10

除法：

x / y = 2.5

整除：

x // y = 2（向最近的整数向下取整）

取余：

x % y = 1（当5除以2时得到的余数）

指数：

x ** y = 25（5的2次方）

3.5　更多的分配操作符

在 Python（以及大部分的编程语言）中除了“=”，还有一些其他的分配操作符，其中包括像 +=、-= 和 *= 这样的操作符。

假设我们有变量 x，初始值是10。但我们想让 x 增加2，我们可以这样写：

```
x = x + 2
```

这个程序首先会计算右边的表达式（x + 2），然后把结果分配给左边。因此最终上面的声明变成了x = 12。

除了写成x = x + 2这种形式，我们也可以写成有着相同含义的x += 2。+=符号实际上是加号和分配操作的结合的缩短形式。因此，x+=2也就是x = x + 2的含义。

与此类似，如果我们想要做一个减法，我们可以写x = x - 2或者x -= 2。这个缩短形式对于上面提到的7个操作符都是有效的。

第4章　Python中的数据类型

现在，让我们继续研究Python中的数据类型。数据类型简单理解就是变量存储的类型。

我们首先看一下Python中的一些基本数据类型，特别是整数型、浮点型和字符串。接下来，我们将介绍类型转换的概念。最后，我们将介绍Python中3种更高级的数据类型：列表、元组和字典。

4.1　整数型

整数型是没有小数部分的数字，比如-5、-4、-3、0、5、7等。

在Python中声明一个整数型，仅需要这样写：

变量名=初始值
就可以了。

[样例]

```
userAge = 20
mobileNumber = 12398724
```

4.2　浮点型

浮点型表示的是带有小数点部分的数字，比如1.234、-0.023、12.01。

在Python中声明一个浮点型，我们可以这样写。

变量名=初始值

[样例]

```
userHeight = 1.82
userWeight = 67.2
```

4.3　字符串

字符串表示的是文本。

为了声明一个字符串，你要么使用 变量名 = 初始值（单引号）或者变量名 = 初始值（双引号）。

[样例]

```
userName = 'Peter'
userSpouseName = "Janet"
userAge = '30'
```

在最后一个例子中，我们写的是`userAge = '30'`，因此`userAge`是一个字符串。相反，如果你写的是`userAge = 30`（没有引号），那么`userAge`就是一个整数型。

我们可以使用连接符号（+）来连接多个子字符串。比如，`"Peter"+"Lee"`等于字符串`"PeterLee"`。

4.3.1 内建的字符串函数

Python包含了一些可以操作字符串的内建函数。函数是一段可以重复使用的代码，用于完成特定的任务。我们将会在第7章中更加深入地讨论函数。

Python中函数的一个例子是字符串的upper( )方法。你可以使用这个函数把字符串中的每一个字符都变成大写。比如，`'Peter'.upper()`将会让我们得到字符串`'PETER'`。对于如何使用Python的内建字符串方法，你可以参考附录A中的更多例子和样例代码。

4.3.2 使用%操作符格式化字符串

字符串也可以使用%操作符进行格式化。对于字符串的显示和存储方式，它可以赋予你更高级别的控制。使用%操作符的语法是：

"要格式化的字符串"%（要插入到字符串中的值或变量，以逗号分隔）

这个语法有3个部分。首先我们要在引号内编写要格式化的字符串。接下来我们要写出%符号。最后，我们使用一对小括号，括号内写上要插入字符串的值或者变量。这对包含值的小括号事实上叫作元组，在随后的章节中我们会详细讲解这个数据类型。

在IDLE中输入下面的代码并运行。

```
brand = 'Apple'
```

```
exchangeRate = 1.235235245

message = 'The price of this %s laptop is %d USD and the exchange rate is %4.2f USD to 1 EUR' %(brand, 1299, exchangeRate)

print (message)
```

在上面的例子中，字符串'The price of this %s laptop is %d USD and the exchange rate is %4.2f USD to 1 EUR'是我们想要格式化的字符串。我们使用%s、%d和%4.2f格式化符号作为字符串中的占位符。

这些占位符将分别被变量brand、值1299和变量exchangeRate替换，正如在小括号中显示的一样。如果运行这段代码，我们将会得到下面的输出：

```
The price of this Apple laptop is 1299 USD
and the exchange rate is 1.24 USD to 1 EUR
```

%s格式化符号用于表示一个字符串（在这个例子中是'Apple'），而%d格式化符号表示一个整数（1299）。如果我们想在整数前添加空格，我们可以在%和d之间直接添加表示字符串长度的数字。比如"%5d"%(123)将会给我们显示" 123"（在前面有两个空格，总长度为5）。

%f格式化符号用于格式化浮点数（有小数点的数字）。在这里我们用%4.2f来格式化，其中4表示总长度，2表示2个小数位。如果想要在数字前添加空格，我们可以使用%7.2f来格式化，这将会给我们显示"   1.24"（有两个小数位，在前面有3个空格，总长度为7）。

4.3.3 使用format()方法格式化字符串

除了使用%操作符来格式化字符串，Python也提供format()方法来格式化字符串。语法是：

“要格式化的字符串”.format（要插入到字符串中的值或变量，以逗号分隔）

当使用format()方法时，我们不使用%s、%f或者%d作为占位符。作为替代，我们使用大括号，像这样：

```
message = 'The price of this {0:s} laptop
is {1:d} USD and the exchange rate is
{2:4.2f} USD to 1 EUR'.format('Apple',
1299, 1.235235245)
```

在大括号内，我们首先写下要使用的参数的位置，后面加上一个冒号。在冒号后面，我们写下格式化符号。在大括号内不应该有任何的空格。

当我们写下format('Apple',1299,1.235235245)时，我们向format()方法中传递了3个参数。参数是方法完成任务所需要的数据。本例中的参数是'Apple'、1299和1.235235245。

参数'Apple'的位置是0，1299的位置是1，1.235235245的位置是2。

位置总是从0开始。

当写{0:s}时，我们是要让解释器用位置0的变量来替换{0:s}，它是字符串格式的（因为格式符号是s）。

当写{1:d}时，我们指的是位置1的变量，它是整数型的（格式符号是d）。

当写{2:4.2f}时，我们指的是位置2的变量，它是浮点型的，而且我们希望它的总长度为4，其中有两个小数位（格式符号是4.2f）。

如果打印message，我们将会得到：

```
The price of this Apple laptop is 1299 USD and the exchange
rate is 1.24 USD to 1 EUR
```

注意：

如果你不想要格式化字符串，可以写成这个样子：

```
message = 'The price of this {} laptop is {} USD and the
exchange rate is {} USD to 1 EUR'.format('Apple', 1299,
1.235235245)
```

我们并没有指定变量的位置。解释器将会根据大括号内所提供的变量顺序来替换。我们将会得到：

```
The price of this Apple laptop is 1299 USD and the exchange
rate is 1.235235245 USD to 1 EUR
```

初学者对于format()方法会有一些困惑。事实上，字符串的格式化比我们上面讲的要有意思得多，但我们所讲的这些内容已经可以满足大部分的情况。为了更好地理解format()方法，可以尝试下面的程序：

```
message1 = '{0} is easier than
{1}'.format('Python', 'Java')
```

```
message2 = '{1} is easier than
{0}'.format('Python', 'Java')
message3 = '{:10.2f} and
{:d}'.format(1.234234234, 12)
message4 = '{}'.format(1.234234234)

print (message1)
#你将会得到 'Python is easier than Java'

print (message2)
#你将会得到 'Java is easier than Python'

print (message3)
#你将会得到 '      1.23 and 12'
#你不需要指明变量的位置

print (message4)
#你将会得到 '1.234234234'，并没有做格式化操作
```

你可以在Python Shell中对format()方法做一些实验。尝试输入不同的字符串，并看看你所得到的结果。

4.4 Python中的类型转换

在程序中，有时我们需要把一种数据类型转换为另一种数据类型，比如从一个整型转换为一个字符串。这个操作就叫作类型转换。

在Python中有3个内建的函数可以让我们进行类型转换。它们分别是int()函数、float()函数和str()函数。

Python中的int()函数接收一个浮点型数据或者合适的字符串，并把它转换为整数型数据。为了把一个浮点型数据转换为一个整型数据，可以输入int(5.712987)，得到的结果将会是5（小数点后的数字都被删除了）。为了把一个字符串转换为一个整数型数据，可以输入int("4")，将会得到4。然而，不能输入int("Hello")或者int("4.22321")，在这两种情况下都会得到错误信息。

float()函数接收一个整数型数据或者一个合适的字符串，并把它转换为一个浮点型数据。比如，如果输入float(2)或者float("2")，将会得到2.0。如果输入float("2.09109")，将会得到2.09109。它是一个浮点型数据，而不是一个字符串，因为引号已经被删除了。

另一方面，str()函数会把一个整数型或者浮点型数据转换为一个字符

串。比如，如果输入str(2.1)，将会得到"2.1"。

既然已经讲解了Python中的这3个基本的数据类型和它们的相互转换方法，再让我们了解一下更加高级的数据类型。

4.5 列表

列表通常表示的是相关数据的一个集合。相比于把这些数据保存在单独的变量中，我们可以把它们以一个列表的形式来保存。比如，假设我们的程序需要保存5个用户的年龄。相比于把它们保存在userAge、user2Age、user3Age、user4Age和user5Age中，把它们保存在一个列表中更加合理。

为了声明一个列表，你可以这么写listName = [initial values]。注意我们在声明列表时使用的是方括号[]。多个值用逗号隔开。

[样例]

```
userAge = [21, 22, 23, 24, 25]
```

也可以不使用任何初始值来声明一个列表，仅需要写listName=[]就可以了。现在有一个空的列表，其中并没有一个元素。我们需要使用下面提到的append()方法往列表中添加元素。

列表中的单个值是可以通过它们的索引来获取的，索引总是从零开始，而不是从1开始。这在大多数的编程语言中是个常识，比如在C或Java中。因此第一个值的索引是0，接下来的值的索引是1，依此类推。

比如：

```
userAge[0] = 21,userAge[1] = 22
```

另外，你可以从末端获取列表的值。列表中的最后一个元素的索引是-1，倒数第二个的索引是-2，依此类推。因此，userAge[-1]=25，userAge[-2]=24。

你可以把一个列表或者列表中的一部分分配给一个变量。如果写的是userAge2=userAge，变量userAge2就变成了[21, 22, 23, 24, 25]。

如果写的是userAge3=userAge[2:4]，你就把列表userAge中索引为2到索引4-1的元素分配给了列表userAge3。换句话说，userAge3=[23, 24]。

符号2:4叫作切片。无论我们何时在Python中使用切片符号，它总是包括开始索引的元素，但不包括结尾索引的元素。因此符号2:4表示的是索引从2到索引4-1（索引位置为3）的切片，这也是userAge3 = [23, 24]，而不是[23, 24, 25]的原因。

切片符号包括第三个数字，叫作步长。如果这么写userAge4 = userAge[1:5:2]，我们将会得到从索引位置1到5-1中每隔一个数字的子列表，因为步长是2。因此，userAge4 = [22, 24]。

除此之外，切片符号的默认选项也非常有用。默认的第一个数字是零，默认的第二个数字是要切片的列表的长度。比如，userAge[:4]可以给你从索引0到索引4-1的值，而userAge[1:]可以给你从索引1到索引5-1的值（因为userAge的长度是5，即userAge有5个元素）。

为了修改列表中的元素，我们可以这么写listName[index of item to be modified] = new value。比如，如果想要修改第二个元素，你可以这么写userAge[1] = 5。你的列表就会变为userAge = [21, 5, 23, 24, 25]。

为了在列表中添加元素，可以使用append()函数。比如，如果你这么写userAge.append(99)，你就在列表的末尾添加了值99。现在你的列表是userAge= [21, 5, 23, 24, 25, 99]。

为了删除列表中的元素，可以这么写dellistName[index of item to be deleted]。比如，如果你这么写del userAge[2]，你的列表现在就变成了userAge = [21, 5, 24, 25, 99]（第三个元素被删除了）。

为了完整地领会列表的工作方式，你可以尝试运行下面的程序。

```
#声明列表，列表的元素可以是不同的数据类型
myList = [1, 2, 3, 4, 5, "Hello"]

#打印出整个列表
print(myList)
#你将会得到 [1, 2, 3, 4, 5, "Hello"]

#打印第三个元素（回忆一下：索引从0开始）。
print(myList[2])
#你将得到3

#打印最后一个元素
print(myList[-1])
#你将会得到"Hello"
```

```
#把myList（从索引1到4的元素）分配给myList2，并打印myList2
myList2 = myList[1:5]
print (myList2)
#你将会得到[2, 3, 4, 5]

#修改myList中的第二个元素，并打印出更新后的列表
myList[1] = 20
print(myList)
#你将得到[1, 20, 3, 4, 5, 'Hello']

#在myList中添加一个新的元素，并打印更新后的列表
myList.append("How are you")
print(myList)
#你将会得到[1, 20, 3, 4, 5, 'Hello', 'How are you']

#从myList中删除第六个元素，并打印出更新后的列表
del myList[5]
print(myList)
#你将会得到[1, 20, 3, 4, 5, 'How are you']
```

你还可以用列表做更多的事情。更多操作列表的样例代码和例子，可以参见附录B。

4.6 元组

元组和列表很相像，但你无法修改元组的值。它的初始值在后面的程序中将保持不变。一个例子是当你需要保存一年各月份的名字时，使用元组就非常有用。

为了声明一个元组，你可以这么写tupleName = (initial values)。注意在声明一个元组时，使用的是圆括号()。多个值使用逗号分隔。

[样例]

```
monthsOfYear = ("Jan", "Feb", "Mar", "Apr", "May", "Jun",
"Jul", "Aug", "Sep", "Oct", "Nov", "Dec")
```

你可以使用索引来获取元组中的对应位置的值，这和列表是一样的。

因此，monthsOfYear[0] = "Jan", monthsOfYear[-1] = "Dec"。

对于处理元组的更多样例，可以参考附录C。

4.7 字典

字典是相关数据对的一个集合。比如，如果我们想要保存5个用户的用户名和年龄，我们可以把它们保存在一个字典中。

为了声明一个字典，你可以这么写`dictionaryName = {dictionary key: data}`，其中要求字典的关键字必须是唯一的（在一个字典中）。也就是说，你不能这样声明一个字典`myDictionary = {"Peter": 38, "John":51, "Peter":13}`。

这是因为“Peter”被两次用于字典的关键字。注意我们声明字典时使用的是大括号。多个数据对用逗号分隔开。

[样例]

```
userNameAndAge = {"Peter":38, "John":51, "Alex":13, "Alvin":
"Not Available"}
```

你也可以使用`dict()`方法来声明一个字典。为了声明上面的userNameAndAge字典，你可以这么写：

```
userNameAndAge = dict(Peter = 38, John = 51, Alex = 13, Alvin
= "Not Available")
```

当使用这个方法来声明一个字典时，你要使用的是圆括号( )，而不是大括号{}，而且不需要用引号标示字典的关键字。

为了获取字典中的单个元素，我们可以使用字典的关键字，也就是`{dictionary key: data}`键值对中的第一个值。比如，为了得到John的年龄，可以这么写`userNameAndAge["John"]`，你将会得到值51。

为了修改字典中的元素，我们可以这么写字典名[要修改的元素的关键字] = 新的数据。比如，为了修改`"John":51`键值对，我们可以这么写`userNameAndAge["John"] = 21`。现在我们的字典变成了`userNameAndAge = {"Peter":38, "John":21, "Alex":13,"Alvin":"Not Available"}`。

我们也可以声明一个字典，而不分配任何的初始值。我们可以这么写`dictionaryName = { }`。我们现在会得到一个字典，而其中没有一个元素。

为了在字典中添加元素，我们可以这么写字典名[关键字]=数据。比如，如果想要在字典中添加 "Joe":40，我们可以这么写userNameAndAge["Joe"] = 40。我们的字典现在就变成了userNameAndAge = {"Peter":38,"John":21, "Alex":13, "Alvin":"Not Available", "Joe":40}。

为了从字典中删除元素，我们可以这么写del字典名[关键字]。比如，为了删除 "Alex":13键值对，我们可以这么写del userNameAndAge["Alex"]。现在我们的字典就变成了userNameAndAge = {"Peter":38,"John":21, "Alvin":"Not Available","Joe":40}。

运行下面的程序，实际看下这些操作的效果。

```
#声明字典，字典的关键字和值可以是不同的数据类型
myDict = {"One":1.35, 2.5:"Two Point Five", 3:"+", 7.9:2}

#打印整个字典
print(myDict)
#你将会得到{'One': 1.35, 2.5:'Two Point Five', 3: '+',
7.9: 2}
#注意字典中元素的顺序与你声明时的顺序可能是不一样的

#打印关键字为"One"的元素
print(myDict["One"])
#你将会得到1.35

#打印关键字为7.9的元素
print(myDict[7.9])
#你将会得到2

#修改关键字为2.5的元素，并打印出更新后的字典
myDict[2.5] = "Two and a Half"
print(myDict)
#你将会得到{'One': 1.35, 2.5: 'Two and a Half', 3: '+', 7.9: 2}

#添加一个新元素，并打印出更新后的字典
myDict["New item"] = "I’m new"
print(myDict)
#你将会得到{'one': 1.35, 2.5: 'Two and a Half', 3: '+', 7.9: 2,
'New item':'I’m new'}
```

```
#删除关键字是"One"的元素，并打印出更新后的字典
del myDict["One"]
print(myDict)
#你将会得到 { 2.5: 'Two and a Half', 3: '+', 7.9: 2, 'New
item': 'I'm new'}
```

关于处理字典的更多例子和样例代码，可以参考附录D。

第5章　程序可交互

既然已经讲解了变量的基础知识，我们就可以使用它们写一个程序。我们将会重新回顾在第2章中编写的“Hello World”程序，但这一次我们将会让它变得可以交互。除了向world说hello，我们也想让world知道我们的名字和年龄。为了达到这个目的，程序需要能够给我们提供一些信息的提示，并可以把它们显示在屏幕上。

有两个内建的函数可以帮助我们完成这个任务：input()和print()。

现在，让我们在IDLE中输入下面的程序，保存并运行它。

```
myName = input("Please enter your name: ")
myAge = input("What about your age: ")

print ("Hello World, my name is", myName, "and I am", myAge, "years old.")
```

这个程序现在应该可以提示你输入姓名了。

```
Please enter your name:
```

假设你输入的名字是James。现在按下回车键，程序会提示你输入你的年龄。

```
What about your age:
```

假设你输入的是20。现在再次按下回车键。你应该可以看到下面的句子。

```
Hello World, my name is James and I am 20 years old.
```

5.1　input()

在上面的例子中，我们使用了两次input()函数，分别得到了用户输入的姓名和年龄。

```
myName = input("Please enter your name: ")
```

字符串"Please enter your name:"是将在屏幕上显示的提示，以向用户提供说明。这里，我们使用一个简单的字符串作为提示。如果你愿意，还可以使用第4章中讨论的符号%或format()方法来格式化输入字符串。之后我们来会看到两个例子。

在屏幕上显示提示后，该功能会等待用户输入相关信息。然后此信息会作为字符串存储在变量myName中。下一个输入语句提示用户输入他的年龄，并将信息作为字符串存储在变量myAge中。

这就是input()函数的工作原理。非常直观吧？

如上所述，除了使用简单的字符串作为提示之外，我们还可以使用符号%或format()方法来显示提示。例如，我们可以将上面的第二个输入语句由

```
myAge = input("What about your age: ")
```

更改为

```
myAge = input("Hi %s, what about your age: " %(myName))
```

或

```
myAge = input("Hi {}, what about your age: ".format(myName))
```

我们会看到显示的提示变为

```
Hi James, what about your age:
```

注意，在Python 2和Python 3中，input()函数稍有不同。在Python 2中，如果要将用户输入作为字符串接收，则必须使用raw_input()函数。raw_input()函数的工作方式类似于Python 3中的input()函数。

5.2 print()

现在，让我们来看看print()函数。print()函数用于给用户展示信息。它接受零个或者更多的表达式作为参数，这些参数用逗号隔开。

在下面的声明语句中，我们向print()函数输入了5个参数。你可以找到它们吗？

```
print ("Hello World, my name is", myName, "and I am", myAge,
"years old.")
```

第一个参数是字符串"Hello World, my name is"。下一个参数是变量myName，是前面使用input()函数声明的变量。

接下来是字符串"and I am"，后面的是变量myAge，最后是字符串"years old."。

注意我们在使用变量myName和myAge时，并没有使用引号。如果你使用了引号，你将会得到这样的输出：

```
Hello World, my name is myName and I am myAge years old.
```

而这，显然不是我们想要的。

另一种打印有变量的声明的方法是使用我们在第4章学到的%格式化符号。为了得到和上面第一条print声明语句相同的输出，我们可以这么写：

```
print ("Hello World, my name is %s and I am %s years old."
%(myName, myAge))
```

最后，为了使用format()方法打印出相同的语句，我们这么写：

```
print ("Hello World, my name is {} and I am {} years old".
format(myName, myAge))
```

print()函数是Python 2和Python 3中另一个不同的函数。在Python 2中，你写的代码应该去掉括号，像这样：

```
print "Hello World, my name is " + myName + " and I am " +
myAge + " years old."
```

5.3 三引号

如果想要显示一段很长的信息，你可以使用三引号（'''或者"""），让信息扩展到多行。比如：

```
print ('''Hello World.
My name is James and
I am 20 years old.''')
```

将会输出为：

```
Hello World.
My name is James and
I am 20 years old.
```

这有助于提升消息的可读性。

5.4 转义符号

有时我们可能需要打印一些特殊的“无法打印”的字符，比如制表符号或者新行。在本例中，你需要使用 \ (反斜杠) 符号来转义字符，否则会有一个不同的含义。

比如打印一个制表符号，我们在字母 t 前面输入反斜杠符号，像这样：\t。没有 \ 符号的话，字母t就会被打印出来。有这个符号，就会打印出一个制表符号。因此，如果输入print ('Hello\tWorld')，你将会得到Hello	World。

反斜杠符号的其他常见的使用方式如下所示。

>>> 展示了命令，接下来的那一行显示的是输出。

\n （打印新行）

```
>>> print ('Hello\nWorld')
Hello
World
```

\\ （打印反斜杠本身）

```
>>> print ('\\')
\
```

\" （打印双引号，这样这个双引号就不是字符串结尾的含义了）

```
>>> print ("I am 5'9\" tall")
I am 5'9" tall
```

\' （打印单引号，这样这个单引号就不是字符串结尾的含义了）

```
>>> print ('I am 5\'9" tall')
I am 5'9" tall
```

如果不想在字母前添加\ 符号把字母转义为特殊字母，你可以通过在第一个引号前添加一个r，来使用未经处理的字符串。比如，如果不想把\t翻译成一个制表符号，你应该输入print (r'Hello\tWorld')。你将会得到输出Hello\tWorld。

第6章　选择和判断

恭喜啊，你已经学习到最有意思的一章了。我希望到目前为止你都很享受本课程。在本章中，我们将学习一下如何让你的程序更加聪明，足够进行选择和判断。具体地说，我们将会学习if语句、for循环和while循环。它们被当作是控制流程工具，可以控制程序的流程。而且，我们也将学习try，except语句，它用于确定在程序中出现错误时的处理方式。

然而，在深入这些控制流程工具之前，我们首先需要了解一下条件语句。

6.1　条件语句

所有的控制流程工具都需要判断一个条件语句。根据是否满足条件的情况，程序将会执行不同的内容。

最常见的条件语句是比较语句。如果想要比较两个变量是否一样，我们可以使用==号（双 =）。比如，如果你写下x == y，你就是在让程序检查x的值是否与y的值一样。如果它们一样，条件就符合，语句的判断将为True。否则，语句的判断将为False。

其他的比较符号包括!=（不等于）、<(小于)、>（大于）、<=（小于等于）和>=（大于等于）。下面的表中展示了这些符号的使用方法，并给出了语句判断为True的例子。

不等于：

```
5 != 2
```

大于：

```
5 > 2
```

小于：

```
2 < 5
```

大于等于：

```
5 >= 2
```

```
5 >= 5
```

小于等于：

```
2 <= 5
2 <= 2
```

如果我们想要把多个条件连接起来，也有3个有用的逻辑符号：and、or、not。

and符号在所有条件都满足时返回True，否则它将返回False。比如，语句5 == 5 and 2 > 1将会返回True，因为两个条件都为True。

or符号在至少有一个条件满足时返回True，否则它将返回False。语句5 > 2 or 7 > 10 or 3 == 2将返回True，因为第一个条件5 > 2为True。

not符号在not关键字后面的条件为假时返回True，否则它将返回False。语句not 2>5将返回True，因为2不大于5。

6.2 if语句

if语句是控制流程语句中最常用的语句之一。它让程序判断某个条件是否满足，并根据判断的结果执行对应的操作。if语句的结构形式如下所示。

```
if condition 1 is met:
    do A
elif condition 2 is met:
    do B
elif condition 3 is met:
    do C
elif condition 4 is met:
    do D
else:
    do E
```

elif表示“else if”，而且你想要多少个elif都可以。

如果你以前使用其他的编程语言如C或者Java编程，看到Python中在if、elif和else关键字的后面不需要括号()，你可能会有些吃惊。而且，Python也不需要大括号{}来表示if语句的开始和结束。对应的，Python使用缩进来表示语句的开始和结束。任何缩进的代码在被判断为True的情况下，都被认为是一段将被执行的代码。

要想完全理解if语句是怎么工作的，赶快打开IDLE，并输入下面的代码。

```
userInput = input('Enter 1 or 2: ')

if userInput == "1":
    print ("Hello World")
    print ("How are you?")
elif userInput == "2":
    print ("Python Rocks!")
    print ("I love Python")
else:
    print ("You did not enter a valid number")
```

这段程序首先提示用户使用input()函数输入。输入的结果会以字符串的形式保存到userInput变量中。

接下来的语句if userInput == "1":会比较userInput变量的值与字符串“1”是否一样。如果存在userInput中的值是“1”，程序将会一直执行缩进的所有语句，直到缩进结束。在本例中，它将会打印"Hello World"，后面跟着"How are you?"。

另外，如果存在userInput中的值是“2”，程序将会打印出"Python Rocks"，后面跟着"I love Python"。

对于其他的所有值，程序将会打印出"You did not enter a valid number"。

运行3次这个程序，每次运行时分别输入1、2和3。你将会得到下面的输出：

```
Enter 1 or 2: 1
Hello World
How are you?

Enter 1 or 2: 2
Python Rocks!
I love Python

Enter 1 or 2: 3
You did not enter a valid number
```

6.3 内联if

内联if语句是if语句的一个更简单的形式，当你需要执行一个简单的任务时，使用它会更加方便。它的语法是：

```
do Task A if condition is True else do Task
B
```

比如：

```
num1 = 12 if userInput=="1" else 13
```

这个语句在userInput等于“1”的时候把12分配给num1（Task A）。否则它把13分配给num1（Task B）。

另一个例子是：

```
print ("This is task A" if userInput == "1" else "This is
task B")
```

这段语句在userInput等于“1”时会打印出"This is task A"（Task A）。否则它会打印出"This is task B"（Task B）。

6.4 for循环

接下来，让我们来看看for循环。for循环会重复执行一段代码，直到for语句的条件不再有效为止。

6.4.1 通过迭代循环

在Python中，可迭代意味着可以内部循环的对象，比如一个字符串、列表或者元组。通过迭代进行循环的语法如下所示。

```
for a in iterable:
    print(a)
```

[样例]

```
pets = ['cats', 'dogs', 'rabbits', 'hamsters']
for myPets in pets:
    print(myPets)
```

在上面的例子中，我们首先声明了列表pets，并给它赋值了'cats'、'dogs'、'rabbits'和'hamsters'成员。接下来的语句for myPets in pets:在pets列表上循环，并依次把列表中的成员分配给myPets变量。

程序第一次运行for循环时，它会把'cats'分配给myPets变量。接下来print (myPets)语句打印出值'cats'。程序运行for循环的第二遍，它会把'dogs'分配给myPets，并打印出值'dogs'。程序会在列表上持续循环，直至到达列表的尾部。

如果你运行程序，你将会得到：

```
cats
dogs
rabbits
hamsters
```

我们也可以显示出列表中成员的索引值。为了达到这个目的，我们可以使用enumcrate()函数。

```
for index, myPets in enumerate(pets):
    print(index, myPets)
```

这个会为我们输出：

```
0 cats
1 dogs
2 rabbits
3 hamsters
```

要遍历字典，我们可采用相同的方式使用for循环。

例如：

```
age = {'Peter': 5, 'John':7}

for i in age:
    print(i)
```

你会看到

```
Peter
John
```

作为输出。

如果我们想要获得字典的键和数据，可以这样做：

例如：

```
age = {'Peter': 5, 'John':7}

for i in age:
    print("Name = %s, Age = %d" %(i, age[i]))
```

程序第一次运行for循环时，它将'Peter'分配给变量i。

age[i]因此变成了age['Peter']，其值为5。

当你运行程序时，你会看到

```
Name = Peter, Age = 5
Name = John, Age = 7
```

或者，你也可以使用items()方法。这是一个内置方法，它将每个字典内容的键值对作为元组（键，数据）返回。我们来看一个例子。

例如：

```
age = {'Peter': 5, 'John':7}

for i, j in age.items():
    print("Name = %s, Age = %d" %(i, j))
```

你会看到

```
Name = Peter, Age = 5
Name = John, Age = 7
```

接下来的例子展示了如何在一个字符串上循环。

```
message = 'Hello'

for i in message:
    print (i)
```

输出为：

```
H
e
l
l
o
```

6.4.2　在一段数字上循环

为了在一段数字上循环，我们就需要用到内建的range()函数。range()函数生成一段数字的列表，其语法为range(start, end, step)。

如果没有输入start，生成的数字列表将以0开始。

注意：

这里需要记住的一个有用的提示是在Python中（以及大多数的编程语言中），除非特意强调，我们总是从0开始的。

比如，列表和元组的索引都是从0开始的。

当为字符串使用format()方法时，参数的位置从0开始。

当使用range()函数时，如果start没有指定，生成的数字将会从0开始。

如果step没有指定，将会生成一个连续数字的列表，即step = 1。end的值必须指定。然而，关于range()函数的一个诡异的情况是，指定的end值并不会出现在生成的列表中。

比如，range(5)将会生成列表[0,1,2,3,4]。

range(3, 10)将会生成列表[3,4,5,6,7,8,9]。

range(4, 10, 2)将会生成列表[4, 6, 8]。

为了了解在一个for语句中怎么使用range()函数，可以试试下面的代码。

```
for i in range(5):
    print (i)
```

你应该可以得到：

```
0
1
2
3
4
```

6.5　while循环

接下来我们将要学习的流程控制语句是while循环。正如其名，一个while循环在某个条件保持有效的情况下，会重复执行循环内的指令。一个while语句的结构如下所示。

```
while condition is true:
    do A
```

使用while循环的大部分时间里，我们首先需要为函数声明一个变量作为一个循环的计数器。让我们把这个变量叫作counter。在while语句中的条件将会判断counter的值，看它是否小于（或者大于）某个特定的值。如果是，循环将会执行。让我们看一个样例程序。

```
counter = 5
while counter > 0:
    print ("Counter = ", counter)
    counter = counter - 1
```

如果运行这个程序，你将会得到下面的输出：

```
Counter = 5
Counter = 4
Counter = 3
Counter = 2
Counter = 1
```

乍一看，一个while语句看起来有个最简单的语法，应该是最易于使用的。然而，当使用while循环时需要格外小心无限循环的危险。注意在上面的程序中，我们有一行counter = counter - 1，这一行非常关键。它会把counter的值减1，并把这个新值重新分配给counter，覆盖重写原有的值。

我们需要把counter的值减1，这样循环条件while counter > 0最终将会判断为False。如果我们忘记这么做，循环将会无止境地运行，从而导致出现一个无限循环。如果你想要体验一下，可以把counter = counter - 1这一行删掉，并重新运行程序。程序将会一直打印counter = 5直到你以某种方式关闭这个程序。如果你有一个大型程序，这可不是一个好的体验，因为你不知道哪段代码导致了这个无限循环。

6.6 break中断

当使用循环时，有时在满足某个条件时，你可能想要退出整个循环。为了达到这个目的，我们使用break关键字。运行下面的程序，看下它是怎么工作的。

```
j = 0
```

```
for i in range(5):
    j = j + 2
    print ('i = ', i, ', j = ', j)
    if j == 6:
        break
```

你应该可以得到下面的输出。

```
i =  0 , j =  2
i =  1 , j =  4
i =  2 , j =  6
```

没有break关键字的话，程序应该从i = 0循环到i = 4，因为我们使用的函数是range(5)。然而有了break关键字，程序会在i = 2时结束。这是因为当i = 2时，j的值达到6，break关键字会导致循环结束。

在上面的例子中，注意我们在一个for循环内使用了一个if语句。在编程中，混合匹配多个控制工具是很常见的，比如在一个if语句内部使用一个while循环，或者在一个while循环中使用一个for循环。这种情况被称作嵌套控制语句。

6.7 continue

另一个循环中有用的关键字是continue。当我们使用continue时，本次循环中在关键字后的程序将会在本次循环中被跳过。下面的一个例子可以解释得更加清楚。

```
j = 0
for i in range(5):
    j = j + 2
    print ('\ni = ', i, ', j = ', j)
    if j == 6:
       continue
    print ('I will be skipped over if
j=6')
```

你将会得到下面的输出。

```
i =  0 , j =  2
I will be skipped over if j=6

i =  1 , j =  4
I will be skipped over if j=6
```

```
i =  2 , j =  6

i =  3 , j =  8
I will be skipped over if j=6

i =  4 , j =  10
I will be skipped over if j=6
```

当j = 6时，continue关键字后的那一行将不会被打印。除了这个，其他的将会正常运行。

6.8 Try，Except

我们将要学习的最后的控制语句是try,except语句。这个语句在错误发生时可以控制程序执行的方式。语法如下：

```
try:
    do something
except:
    do something else when an error occurs
```

比如，尝试运行下面的程序：

```
try:
    answer = 12/0
    print (answer)
except:
    print ("An error occurred")
```

当运行这个程序时，你将会得到"An error occured"这个信息。这是因为当程序尝试执行try代码块中的answer = 12/0语句时，会出现一个错误，因为你不能用0去除一个数。try代码块的剩余代码将会被忽略，而except代码块中的语句将会执行。

如果想要为用户根据错误类型打印出更多具体的错误信息，你可以在except关键字后指定错误的类型。尝试运行下面的程序。

```
try:
    userInput1 = int(input("Please enter a
number: "))
    userInput2 = int(input("Please enter another
```

```
number: "))
        answer =userInput1/userInput2
        print ("The answer is ", answer)
        myFile = open("missing.txt", 'r')
    except ValueError:
        print ("Error: You did not enter a number")
    except ZeroDivisionError:
        print ("Error: Cannot divide by zero")
    except Exception as e:
        print ("Unknown error: ", e)
```

下面的列表展示了不同用户输入将会得到的不同输出。>>>表示用户输入，=>表示输出。

```
>>> Please enter a number: m
=> Error: You did not enter a number
```

原因：用户输入一个字符串，但不能被转换为整数。这是一个ValueError错误。因此，在except ValueError代码块中的语句将会被打印出来。

```
>>> Please enter a number: 12
>>> Please enter another number: 0
=> Error: Cannot divide by zero
```

原因：userInput2 = 0。因为我们无法用0去除一个数，这是一个Zero-DivisionError错误。在except ZeroDivisionError代码块中的语句将会被打印出来。

```
>>> Please enter a number: 12
>>> Please enter another number: 3
=> The answer is  4.0
=> Unknown error:  [Errno 2] No such file
or directory: 'missing.txt'
```

原因：用户输入可接受的值，print ("The answer is", answer)这行代码正确执行。然而，下面的那一行会抛出一个错误，因为没有找到missing.txt这个文件。因此这不是一个ValueError错误或者ZeroDivisionError错误，最后的except代码块会被执行。

ValueError错误和ZeroDivisionError错误是Python中许多预先定义的错误类型中的两种。当函数的内建操作接收到一个参数，这个参数有正确的类型，但有一个不合适的值时，ValueError错误就会被抛出。当程序试图用零除时，ZeroDivisionError错误将会被抛出。在Python中其他常见的错误包括：

IOError：

当一个I/O操作［比如内建的`open()`函数］因为一个I/O相关的原因失败时会被抛出，比如，"file not found"。

ImportError：

当一个`import`语句在寻找模块定义失败时被抛出。

IndexError：

当一个序列（比如，字符串、列表、元组）的索引超出范围时被抛出。

KeyError：

当无法找到一个字典中的关键字时被抛出。

NameError：

当无法找到一个局部或者全局变量时被抛出。

TypeError：

当一个操作或者函数应用到一个不匹配的类型对象时被抛出。

对于Python中的完整的错误类型的列表，可以参考Python官网关于`Build-in Exceptions`的文档。

Python对于不同类型的错误也预先定义了错误的信息。如果想要显示这些信息，你可以在错误类型后面使用as关键字。比如，为了显示默认的`ValueError`信息，可以这么写：

```
except ValueError as e:
    print (e)
```

e是分配给错误的变量名字。你可以把它命名为其他的名字，但常见的用法是使用e来表示。我们程序中的最后一个`except`语句：

```
except Exception as e:
    print ("Unknown error: ", e)
```

就是使用预先定义错误信息的一个例子。它是捕捉任何意外错误的最后尝试。

第7章 函数和模块

在前几章，我们简单提到了函数和模块。在本章中，让我们详细学习一下它们。再次重申，所有的编程语言都有内建的代码，我们可以使用它们让我们的生活更加轻松。这些代码包含了预先写好的类、变量和函数，它们可以完成某种常见的任务，并保存在被称作模块的文件中。让我们先来了解一下函数。

7.1 什么是函数？

函数是预先写好的可以完成特定任务的代码。作为一个类比，你可以想象一下MS Excel中的可用的数学函数。为了把数字加起来，我们可以使用sum()函数，并输入sum(A1:A5)，而不是输入A1+A2+A3+A4+A5。

依据函数的写法，是否是一个类的一部分（类是面向对象编程中的一个概念，在之后的章节中我们会讲解），以及你如何引入它，我们可以简单地输入函数的名字或者使用点标记来调用函数。有些函数需要我们传入函数需要的数据来完成任务。这些数据叫作参数，我们通过把它们的值放入括号中，并以逗号分隔开，来把它们传入函数中。

比如，为了在屏幕上显示文字，我们使用print()函数。我们通过输入print("Hello World")来调用它，其中print是函数的名字，"Hello World"是参数。

另一方面，为了操作文本字符串，可以使用replace()函数，我们需要输入

```
newString = "Hello World".replace("World", "Universe")
```

其中replace是函数的名字，而"Universe"是参数。点号前面的字符串，即"Hello World"，是将被替换的字符串。因此，"Hello World"将会被修改为"Hello Universe"。

某些函数可能会在执行任务后返回结果。这里，replace()函数会返回字符串"Hello Universe"，然后我们将其分配给newString。如果使用以下语句打印newString的话：

```
print(newString)
```

将会显示：

```
Hello Universe
```

7.2 定义函数

在Python中我们可以定义自己的函数，并在程序中重复使用它们。定义一个函数的语法如下所示。

```
def functionName(parameters):
    code detailing what the function
should do
    return [expression]
```

其中有两个关键字，def和return。

def告诉程序下一行开始的缩进的代码是函数的一部分。return是我们从函数返回一个结果的关键字。在函数中可以有不只一个return语句。然而，一旦函数执行了一个return语句，函数就结束了。如果你的函数不需要返回值，你就可以忽略return语句。另一种方式是你可以写return或者return None。

现在让我们定义第一个函数。假设我们想要确定一个输入的数字是不是素数。下面是我们将如何使用在第3章中学到的取余符号（%）和在第6章学到的for循环和if语句来定义这个函数。

```
def checkIfPrime (numberToCheck):
    for x in range(2, numberToCheck):
        if (numberToCheck%x == 0):
            return False
    return True
```

上面的函数有一个名为numberToCheck的参数。参数是用于存储我们传递给函数的变量。

在上面的函数中，第2行和第3行使用一个for循环来把输入的参数numberToCheck用从2到numberToCheck - 1间的所有数字相除，来确定余数是否是零。如果余数是零，numberToCheck就不是一个素数。第4行将会返回False，函数会结束退出。

如果在for循环中迭代到最后的一个数，所有的除法都没有得到余数零，函数将会执行到第5行，并返回True。接着函数将会结束退出。

为了使用这个函数，我们可以输入checkIfPrime(13)，并把它像这样分配给一个变量：

```
answer = checkIfPrime(13)
```

这里我们将13作为参数，它将存储在numberToCheck中。然后运行for循环以检查numberToCheck是否为素数并返回True或False。我们可以通过输入print(answer)来打印答案。这里我们将获得输出：True。

7.3 变量作用域

当定义一个函数时，一个很重要的需要理解的概念是变量的作用域。函数内部定义的变量和外部定义的变量有不同的作用域。它们主要有两个不同点。

第一点，在一个函数内定义的任何变量仅在函数内可访问。这些变量叫作局部变量。在函数外定义的任何变量叫作全局变量，可以在程序中的任何位置访问。

为了理解这个概念，可以尝试下面的代码。

```
message1 = "Global Variable"

def myFunction():
    print("\nINSIDE THE FUNCTION")
    #在函数内可以访问全局变量
    print (message1)
    #声明一个局部变量
    message2 = "Local Variable"
    print (message2)

'''
注意，myFunction()没有参数。因此，当我们调用该函数时，括号中是空的。
'''
myFunction()

print("\nOUTSIDE THE FUNCTION")

#外部函数可以访问全局变量
print (message1)

#在函数外无法访问局部变量
print (message2)
```

如果运行这个程序，你将会得到下面的输出。

```
INSIDE THE FUNCTION
Global Variable
Local Variable

OUTSIDE THE FUNCTION
Global Variable
NameError: name 'message2' is not defined
```

在上面的代码中，message1是一个全局变量，而message2是在函数myFunction()中声明的局部变量。

在函数内，无论局部变量，还是全局变量，都是可以访问的。在函数外部，局部变量message2就不能访问了。当我们在函数外部想要访问它时，就会得到一个NameError错误。

第二个关于变量作用域需要理解的概念是，如果一个局部变量和一个全局变量具有相同的名字，函数内部的所有代码都将访问这个局部变量，而所有外部的代码都将访问全局变量。尝试运行下面的代码。

```
message1 = "Global Variable (shares same
name as a local variable)"

def myFunction():
    message1 = "Local Variable (shares
same name as a global variable)"
    print("\nINSIDE THE FUNCTION")
    print (message1)

# 调用函数
myFunction()

# 在函数外部打印 message1
print ("\nOUTSIDE THE FUNCTION")
print (message1)
```

你将会得到下面的输出结果。

```
INSIDE THE FUNCTION
Local Variable (shares same name as a
global variable)

OUTSIDE THE FUNCTION
Global Variable (shares same name as a
local variable)
```

当我们在函数内部打印message1时，它会打印"Local Variables (shares same name as a global variable)"，因为它打印的是一个局部变量。

当我们在函数外部打印它时，它访问的将是全局变量，因此打印出来的是"Global Variable (shares same name as a local variable)"。

7.4 默认参数值

现在我们了解了函数和变量的作用域，下面让我们看一下Python在定义函数时的一些有趣的方式。首先，来看一下默认值。

Python允许我们为函数的参数定义默认值。如果参数具有默认值，则在调用函数时，我们不用传递任何值给参数。例如，假设一个函数有5个参数a、b、c、d和e。我们可以将函数定义为：

```
def someFunction(a, b, c=1, d=2, e=3):
    print(a, b, c, d, e)
```

这里，我们为最后3个参数分配了默认值。具有默认值的参数必须放在参数列表的末尾。这就是说，我们不能按照以下形式定义函数，因为r在q之后，而q有默认值：

```
def someIncorrectFunction(p, q=1, r):
    print(p, q, r)
```

调用函数someFunction()的话我们可以这样写：

```
someFunction(10, 20)
```

对应的输出为：

```
10, 20, 1, 2, 3
```

而我们没有给c、d和e传递任何值。

如果我们输入：

```
someFunction(10, 20, 30, 40)
```

那么对应的输出为：

```
10, 20, 30, 40, 3
```

我们传入的另外两个参数（30和40）会按顺序分配给具有默认值的参数。因此这里，30会替换c的默认值，而40会替换d的默认值。

7.5 可变长度参数列表

除了具有参数的默认值之外，Python还允许我们将可变数量的参数传递给函数。如果我们事先不知道函数的参数数量的话，那么这非常有用。例如，我们可能有一个添加一系列数字的函数，但我们事先并不知道有多少数字。在这种情况下，我们可以使用符号*。下面的示例展示了如何完成此操作。

```
def addNumbers(*num):
    sum = 0
    for i in num:
        sum = sum + i
    print(sum)
```

当我们在num前添加一个星号时，就是告诉编译器num存储了一个包含多个项的可变长度参数列表。

然后函数会遍历参数以找到所有数字的总和并返回答案。

调用函数的话我们可以输入：

```
addNumbers(1, 2, 3, 4, 5)
```

得到的输出为15。我们同样可以添加更多的数字：

```
addNumbers(1, 2, 3, 4, 5, 6, 7, 8)
```

此时我们得到的输出为36。

正如我们在上面的例子中看到的，当在参数名称前面添加一个星号时，我们可以向函数传递可变数量的参数。这称为非关键字（non-keyworded）可变长度参数列表。

如果我们想要将一个关键字（keyworded）可变长度参数列表传递给函数，我们可以使用双星号。

例如，参考一下下面的示例：

```
def printMemberAge(**age):
    for i, j in age.items():
        print("Name = %s, Age = %s" %(i, j))
```

此函数有一个名为age的参数。双星号表示该参数存储关键字可变长度参数列表，该列表本质上是字典。然后for循环会遍历参数并打印出对应的值。调用该函数我们可以输入：

```
printMemberAge(Peter = 5, John = 7)
```

对应的输出为：

```
Name = Peter, Age = 5
Name = John, Age = 7
```

如果我们输入：

```
printMemberAge(Peter = 5, John = 7, Yvonne = 10)
```

那么输出就为：

```
Name = Peter, Age = 5
Name = John, Age = 7
Name = Yvonne, Age = 10
```

如果我们的函数会使用普通参数（也称为形式参数）、非关键字可变长度参数列表和关键字可变长度参数列表，我们必须使用以下顺序定义函数：

```
def someFunction2(farg, *args, **kwargs):
```

也就是说，其顺序必须先是形式参数，然后是非关键字可变长度参数列表，最后是关键字可变长度参数列表。

7.6 引入模块

Python有大量的内建函数。这些函数被保存在被称作模块的文件中。为了使用Python模块中的内建代码，我们需要先在程序中引入它们。我们通过使用import关键字来达到这个目的。一共有3种方法可以实现。

第一种方法是通过使用import modulename把整个模块都引入程序中。

比如，为了引入random模块，我们可以这么写：import random。

为了使用random模块中的randrange()函数，我们可以这么写：random.randrange(1, 10)。

如果觉得每次使用函数时都要写random很麻烦，你可以通过使用import

random as r（其中r可以是你选择的任何名字）来引入模块到程序中。现在要使用randrange()函数，你仅需要简单地通过使用r.randrange(1, 10)即可。

第三种引入模块的方法是从模块中引入特定的函数，可以这么写：from moduleName import name1[, name2[, ...nameN]]。

比如，从random模块中引入randrange()函数，我们可以这么写：from random import randrange。如果想要引入多个函数，我们可以把它们用逗号分开。要引入randrange()和randint()函数，我们可以这么写：from random import randrange, randint。现在要使用引入的函数，我们就再也不需要使用点号，仅仅写randrange(1, 10)就可以了。

7.7 创建模块

除了引入内建的模块，我们也可以创建我们自己的模块。如果你有一些函数想在将来的程序项目中重复使用，这么做就非常有用了。

创建一个模块非常简单，仅需要把文件以.py的扩展名保存，并把它放到你想要从中引入的Python文件的同一个文件夹中即可。

假设你想要使用前面所讲的在另一个Python脚本中定义的checkIfPrime()函数。下面就是你实现它的方法。首先把上面的代码保存为prime.py并放到桌面上。prime.py应该包含下面的代码。

```
def checkIfPrime (numberToCheck):
    for x in range(2, numberToCheck):
        if (numberToCheck%x == 0):
            return False
    return True
```

接下来，创建另一个Python文件，并将其命名为useCheckIfPrime.py。把它也保存在桌面上。useCheckIfPrime.py应该包含下面的代码。

```
import prime
answer = prime.checkIfPrime(13)
print (answer)
```

现在运行useCheckIfPrime.py。你应该得到输出结果True。就是如此简单。

然而，假设你想要保存prime.py和useCheckIfPrime.py到不同的文件夹中。你将需要在useCheckIfPrime.py中添加一些代码，告诉Python解释器到哪里找到这个模块。

假设你在C盘里创建了一个叫作“MyPythonModules”的文件夹保存prime.py。你需要在useCheckIfPrime.py文件的顶部添加下面的代码（在`import prime`这行的前面）。

```
import sys

if 'C:\\MyPythonModules' not in sys.path:
    sys.path.append('C:\\MyPythonModules')
```

`sys.path`表示的是Python的系统路径。它是一个文件夹的列表，Python会在这些文件夹中搜索模块和文件。上面的代码在你的系统路径中添加了文件夹“C:\MyPythonModules”。

现在你可以把prime.py放入C:\MyPythonModules文件夹中，把checkIfPrime.py放到你希望的任意文件夹中。

第8章　处理文件

太酷了！我们来到了第8章。在本章中，我们将介绍如何处理外部文件。

在之前的第5章中，我们学会了如何使用`input()`函数得到用户的输入。而在有些情况下，让用户在我们的程序中输入数据可能不太现实，尤其是当我们的程序需要处理大量数据的情况下。这时，更加方便的方式是把需要的信息预先保存到一个外部的文件中，并让我们的程序从这个文件中读取信息。在本章中，我们将要学习如何这么做。准备好了么？

8.1　打开并读取文本文件

我们将要读取的第一种类型的文件是一个简单的有多行文字的文本文件。为了这么做，让我们首先创建一个包含了下列几行文本的文件。

Learn Python in One Day and Learn It Well

Python for Beginners with Hands-on Project

The only book you need to start coding in Python immediately

把这个文本文件保存为myfile.txt，并保存到桌面上。接下来，打开IDLE并输入下面的代码。把这段代码保存为fileOperation.py，也放到桌面上。

```
f = open ('myfile.txt', 'r')

firstline = f.readline()
secondline = f.readline()
print (firstline)
print (secondline)

f.close()
```

代码中的第一行打开了文件。在能够从文件中读取信息之前，我们需要打开文件（就像你需要打开kindle设备或者应用上的电子书才能读取信息一样）。`open()`函数的作用就是这样，它需要两个参数。

第一个参数是文件的路径。如果你没有把fileOperation.py和myfile.txt放在同一个目录下（在本例中都放在桌面上），你就需要把`'myfile.txt'`替换为保存文本文件的真实路径。比如，如果你把它保存在一个位于C盘，叫作“PythonFiles”的文件夹中，你就需要写成'C:\\PythonFiles\\myfile.txt'（需要是双反斜杠）。

第二个参数是模式。它指定了文件使用什么方式打开。最常见的模式是：

'r'模式：

仅仅只读。

'w'模式：

仅仅只写。

如果指定的文件不存在，它将会被创建。

如果指定的文件存在，文件中任何已有的数据都将被擦除。

'a'模式：

用于添加。

如果指定的文件不存在，它将会被创建。

如果指定的文件存在，任何写入文件的数据将会自动添加到文件的末尾。

'r+'模式：

用于读写。

在打开文件后，下一条语句firstline = f.readline()从文件中读取第一行，并把它分配给变量firstline。

每次调用readline()函数，它都会从文件中读取新的一行。在我们的程序中，readline()被调用了两次。因此前两行信息就会被读取。当你运行这个程序时，你将会得到下面的输出。

```
Learn Python in One Day and Learn It Well

Python for Beginners with Hands-on Project
```

你将会发现每行后面都插入了一个换行符。这是因为readline()函数在每行的末尾添加了'\n'字符。如果你不想在每行文字间输出额外的那一行，你可以这么做：print (firstline, end='')。这将会删除'\n'字符。在读取和打印前两行后，最后的语句f.close()将会把文件关闭。一旦完成了文件的读取，你总是需要把文件关闭，以释放对应的系统资源。

8.2 使用For循环来读取文本文件

除了使用上面的readline()方法来读取文本文件外，也可以使用for循环。事实上，for循环是读取文本文件更加优雅和有效的方式。下面的程序展示了这是怎么完成的。

```
f = open ('myfile.txt', 'r')

for line in f:
    print (line, end = '')

f.close()
```

for循环会在文本文件上逐行循环。当运行它时，你将会得到：

```
Learn Python in One Day and Learn It Well
Python for Beginners with Hands-on Project
The only book you need to start coding in Python immediately
```

8.3 写入文本文件

既然已经学会了如何打开并读取文件，那么就让我们试着写入文件吧。为了写入文件，我将会使用'a'（添加）模式。你也可以使用'w'模式，但如果文件存在的话，这将会删除文件中原有的内容。尝试运行下面的程序。

```
f = open ('myfile.txt', 'a')

f.write('\nThis sentence will be appended.')
f.write('\nPython is Fun!')

f.close()
```

其中我们使用write()函数向文件中添加了'This sentence will be appended.'和'Python is Fun!'，每行都会从一个新行开始，因为我们使用了换行符号'\n'。你将会得到：

```
Learn Python in One Day and Learn It Well
Python for Beginners with Hands-on Project
The only book you need to start coding in Python immediately
This sentence will be appended.
Python is Fun!
```

8.4 通过缓冲大小来打开并读取文本文件

有时，我们可能想通过缓冲大小来读取文件，这样我们的程序就可以不使用太多的内存资源。为了这么做，可以使用read()函数［而不是readline()函数］，它可以让我们指定我们想要的缓冲大小。尝试下面的程序。

```
inputFile = open ('myfile.txt', 'r')
outputFile = open ('myoutputfile.txt', 'w')

msg = inputFile.read(10)

while len(msg):
    outputFile.write(msg)
    msg = inputFile.read(10)

inputFile.close()
outputFile.close()
```

首先，我们打开两个文件，inputFile.txt和outputFile.txt文件分别用于读取和写入。

接下来，我们使用语句msg = inputFile.read(10)和一个while循环一次从文件中循环10位。括号中的值10告诉read()函数仅仅读取10位的数据。while条件while len(msg):检查变量msg的长度。只要它的长度不为0，循环就会继续。

在while循环内部，语句outputFile.write(msg)把信息写入输出文件中。在写入信息后，语句msg = inputFile.read(10)将会读入下十位的数据，并会一直这么做直到读取完整个文件。读完文件，程序就把两个文件都关闭了。

当你运行程序时，一个新的文件myoutputfile.txt将会被创建。打开文件时，你将会注意到它和输入文件myfile.txt的内容是一样的。为了证明每次仅读取10位的数据，你可以把程序中的outputFile.write(msg)这一行修改为outputFile.write(msg + '\n')。再次运行程序。现在myoutputfile.txt中的每行将最多包含10个字符。下面的这段将会是你得到的输出。

```
Learn Pyth
on in One
Day and Le
arn It Wel
```

8.5 打开、读取并写入二进制文件

二进制文件表示的是任何包含非文字的文件，比如图像或者视频文件。为了处理二进制文件，我们可以使用'rb'或者'wb'模式。把一个jpeg文件复制到你的桌面上，并把它重命名为myimage.jpg。现在编辑上面的程序，把程序的前两行：

```
inputFile = open ('myfile.txt', 'r')
outputFile = open ('myoutputfile.txt', 'w')
```

改为：

```
inputFile = open ('myimage.jpg', 'rb')
outputFile = open ('myoutputimage.jpg', 'wb')
```

确保你也把语句outputFile.write(msg + '\n')修改为outputFile.write(msg)。

运行新的程序。你应该会在桌面上得到一个新的叫作myoutputimage.jpg的图片文件。当你打开这个图片文件时，它看起来应该和myimage.jpg是一模一样的。

8.6 删除和重命名文件

在处理文件时，我们需要学习的另外两个有用的函数是remove()和rename()。这两个函数在os模块里面，在使用它们之前，我们需要在程序中引入它们。

remove()函数会删除一个文件。语法是remove(filename)。比如，为了删除myfile.txt，我们可以这么写：remove('myfile.txt')。

rename()函数会重命名一个文件。语法是rename(old name, new name)。为了把oldfile.txt重命名为newfile.txt，我们可以这么写：rename('oldfile.txt', 'newfile.txt')。

第9章 面向对象编程第1部分

目前为止我们已经介绍了很多的内容了。在接下来的两章中，将会介绍Python编程中的另一个重要概念——面向对象编程。

在本章中，我们将学习什么是面向对象的编程，以及我们如何编写自己的类并从中创建对象。 在下一章中，我们将介绍继承以及面向对象编程中的一些其他进阶的内容。

让我们开始吧!

9.1 什么是面向对象编程

简单来讲，面向对象编程是一种编程方法，它将编程问题分解为相互交互的对象。

对象是从称为类的模板创建的。你可以将类视为建筑的蓝图。对象是我们基于蓝图构建的实际的“建筑”。

要理解面向对象编程是如何工作的，需要从编写一个简单的类开始。

9.2 编写自己的类

要编写我们自己的类，要使用class关键字，并在后面加上类的名称。

例如，要创建一个Staff类，可以输入

```
class Staff:
    #类的内容
```

在命名我们的类时，通常使用PascalCasing命名方式。PascalCasing命名方式是指将每个单词的首字母大写，包括第一个单词（例如ThisIsAClassName）。这是我们将在本书中遵循的规则。

一个类由变量和函数组成。正如我们在之前的章节中所学到的，变量用于存储数据，而函数是执行某些任务的代码块。如果一个函数存在于一个类中，它通常被称作方法。

你可以将类看成是将相关数据和方法封装在一起的模板。

例如，我们有一个名为Staff的类。这个类可用于存储有关公司员工的所有相关信息。在类中，我们可以声明两个变量来存储工作人员的姓名和职位。此外，我们还可以编写一个名为calculatePay()的方法来计算员工的工资。

让我们来看看如何做到这一点。

启动IDLE并创建一个名为classdemo.py的新文件。将以下代码添加到classdemo.py中。

```
class Staff:
    def __init__ (self, pPosition, pName, pPay):
        self.position = pPosition
        self.name = pName
        self.pay = pPay
        print('Creating Staff object')

    def __str__(self):
        return "Position = %s, Name = %s, Pay = %d" %(self.
position, self.name, self.pay)
    def calculatePay(self):
        prompt = '\nEnter number of hours worked for %s: '
%(self.name)
        hours = input(prompt)
        prompt = 'Enter the hourly rate for %s: ' %(self.name)
        hourlyRate = input(prompt)
        self.pay = int(hours)*int(hourlyRate)
        return self.pay
```

在上面的代码中，我们首先定义了一个名为Staff的类：

```
class Staff:
```

接下来，我们为类定义一个名为__init__的特殊方法。这是类的初始化函数，它的名字就是init加上前后的两个下划线。Python附带了大量特殊方法，所有特殊方法在其名称的前面和后面都有两个下划线。稍后在10.4节的时候我们会单独讨论特殊方法。

只要创建类的对象，就会调用初始化程序。如果你不知道这意味着什么，请不要担心，稍后我们将学习如何创建该类的对象。

现在，你需要知道的是初始化程序通常用于类中变量的初始化（即给它们初始值）。

在这个类当中有3个变量——position、name和pay。相对于局部变量（7.3节中介绍过）和类变量（将在后面的9.6节中介绍），这些变量称为实例变量。实例变量是以关键字self作为前缀的变量。

关键字self在这个阶段很难解释。简单地说，self指的是一个实例本身。这句话可能听起来很抽象，我们将在后面的部分中探讨self的意义。现在，只要知道当我们想在类中引用实例变量时，需要在变量名前添加self就可以了。此外，类中的大多数方法都会将self作为第一个参数。

下面的3个语句会将__init__方法的3个参数（pPosition、pName和pPay）分配给实例变量以初始化它们。

```
self.position = pPosition
self.name = pName
self.pay = pPay
```

初始化3个实例变量后，我们打印出一个简单的语句'Creating Staff object'。这就是初始化程序所做的一切。

对实例变量初始化是可选的，如果你不希望在创建对象时初始化实例变量也行。之后你可以随时初始化它们。

让我们继续介绍下一个方法——__str__。

__str__是我们编写类时常用的另一种特殊方法。我们使用它来返回类中人类可读的字符串。在我们的示例中只返回一个字符串，该字符串给出3个实例变量的值。我们稍后会看看如何使用这种方法。

现在，我们转到calculatePay()方法。

calcuatePay()是一种用于计算员工薪酬的方法。你会注意到它与函数非常相似，除了参数self。实际上，方法几乎与函数相同，只是方法存在于类中，大多数方法都将self作为参数。

在calcuatePay()方法中，我们首先提示用户输入员工的工作小时数，接下来会提示小时费率，并根据这两个值计算工资。然后，我们将结果分配给实例变量self.pay并返回self.pay的值。

你可能会注意到，在此方法中，我们不会在某些变量（例如prompt，hours和hourlyRate）之前添加self。这是因为这些变量是局部变量，只存在于calculatePay()方法中。我们不需要在局部变量前面添加self。

这就是我们写的类的全部内容。总结一下，我们的类有以下几个部分：

实例变量

position
name
pay

方法

__init__
__str__
calculatePay()

9.3 实例化对象

接下来，我们学习如何使用这个类。

为了使用该类，我们必须从中创建一个对象。这被称为实例化对象。对象也就是一个具体的实例。虽然对象和实例之间存在一些差异，但更多的是文字上的差别，实际上这两个词经常互换使用。

现在让我们实例化一个Staff对象。我们将在Python Shell中执行此操作。在使用Staff类之前，我们需要先运行它。打开classdemo.py文件后选择“Run”>“Run Module”运行它，这将打开Python Shell。

现在我们准备实例化一个Staff对象了。

要做到这一点，我们可以输入：

```
officeStaff1 = Staff('Basic', 'Yvonne', 0)
```

这有点类似于我们在编程中声明变量的方式：

```
userAge = 10
```

这里，officeStaff1是变量名称。不过，由于officeStaff1不是整数型的，因此我们不为其分配数字。相对的，我们在右侧会输入Staff('Basic', 'Yvonne', 0)。当我们这样操作时，实际上是要求Staff类创建一个Staff对象并使用__init__方法初始化类中的实例变量。

注意，我们在括号内有3个值'Basic'、'Yvonne'和0，这些是我们之前的__init__方法代码中的参数pPosition、pName和pPay。我们使用这3个值分别初始化实例变量position、name和pay。你可能想知道第一个参数self发生了什么？其实不需要为参数self传递任何内容。它是一个特殊参数，Python会在调用方法时自动为你添加它。

创建该对象后，我们将其分配给officeStaff1。

尝试在Shell中输入以下语句，然后按回车键。

```
officeStaff1 = Staff('Basic', 'Yvonne', 0)
```

你会看到消息：

```
Creating Staff object
```

显示在屏幕上。这表示正在调用初始化程序。

现在我们已经创建了Staff类的对象，我们可以使用它来访问类中的实例变量和方法。为此，我们在对象名称后面使用点运算符来访问Staff类中的任何实例变量或方法。

例如，要访问实例变量name，我们可以输入:

```
officeStaff1.name
```

当在Python Shell中访问变量时，我们不需要使用print()函数来显示值。但是，如果我们不使用Python Shell，我们将不得不使用print()函数。在后面的9.6节中我们会看到一个例子。

尝试将以下内容添加到Shell中看看会发生什么。

访问变量name

```
officeStaff1.name
```

输出：

```
' Yvonne '
```

访问变量position

```
officeStaff1.position
```

输出：

```
' Basic'
```

改变变量position并再次输出

```
#改变变量position
officeStaff1.position = 'Manager'

#再次输出position
officeStaff1.position
```

输出：

```
' Manager'
```

访问变量pay

```
officeStaff1.pay
```

输出：

```
0
```

使用calculatePay( )方法来计算工资

```
officeStaff1.calculatePay()
```

输出：

```
Enter number of hours worked for Yvonne: 10
Enter the hourly rate for Yvonne: 15
```

再次打印变量pay

```
officeStaff1.pay
```

输出：

```
150
```

打印officeStaff1内容的字符串

```
print(officeStaff1)
```

输出：

```
Position = Manager, Name = Yvonne, Pay = 150
```

要打印对象内容的字符串，我们可以将对象的名称传递给内置的print()函数。当我们这样操作时，Python将调用我们之前编写的__str__方法。在这个示例中，我们的代码会返回officeStaff1的position、name和pay。

9.4 属性

现在我们已经对类和对象有了基本的了解，下面让我们来介绍属性。

在上面的例子中，我们注意到可以使用点运算符来访问对象的实例变量。这使我们可以轻松读取变量并在必要时修改它们。但是，这种灵活性也带来了一些问题，例如，我们可能会意外地将officeStaff1的position更改为不存在的位置，或者可能会将officeStaff1的pay更改为不正确的金额。

为了防止发生此类错误，我们可以使用属性。属性为我们提供了一种方法，可以允许我们在更改发生之前检查我们要进行更改的值。

为了演示如何使用属性，我们将为变量position添加一个属性。具体来说，就是将添加一个属性以确保变量position只能设置为'Basic'或'Manager'。

不过，在这样做之前，我们首先要将实例变量的名称从position更改为_position。在变量名称前面添加单个下划线是一个习惯性用法，目的是向其他程序员发出信号，告知他们不应直接触摸此变量。

在Python编程中，有一个常用的短语是“这里我们都是成年人”（we're all consenting adults here）。我们都应该像成年人一样做事。在变量前面添加一个下划线只是告诉其他程序员，你相信他们会负责任地操作，不会直接访问那个变量，除非他们有令人信服的理由。但从技术上讲，没有什么能阻止他们直接访问变量。如果他们愿意，仍然可以通过以下的内容来访问变量

```
officeStaff1._position
```

话虽如此，我只是对classdemo.py文件进行了更改，让其他“同意的成年人”知道他们不应该直接访问position：

将__init__中的这一行：

```
self.position = pPosition
```

更改为

```
self._position = pPosition
```

同时将__str__中的这一行

```
return "Position = %s, Name = %s, Pay = %d" %(self.position,
self.name, self.pay)
```

更改为

```
return "Position = %s, Name = %s, Pay = %d" %(self._position,
self.name, self.pay)
```

接下来，让我们看看如何为_position变量添加属性。

将以下内容添加到classdemo.py文件的Staff类中。

```
@property
def position(self):
    print("Getter Method")
    return self._position

@position.setter
def position(self, value):
    if value == 'Manager' or value == 'Basic':
        self._position = value
    else:
        print('Position is invalid. No changes made.')
```

将它们添加到Staff类时，请记住要缩进上面的内容。如果你不缩进它们，那么它们将不属于Staff类。

上面的第一行（@property）被称为装饰器。我们不会详细介绍装饰器是什么，不过简单地说，它允许我们改变后面方法的功能。在这种情况下，它将第一个position()方法更改为属性。

这意味着它告诉编译器每当用户输入：

```
officeStaff1.position
```

时，应该使用后面的position()方法来获取值。

此方法只是打印消息"Getter Method"并返回变量_position的值。由于@property装饰器将方法更改为属性，因此我们不必输入officeStaff1.position()来访问该方法。我们可以像没有括号的变量一样访问它。

接下来是另一个装饰器@position.setter，后面是第二个position()方法。

这个装饰器告诉编译器当用户尝试通过类似以下的内容来更新_position的值时

```
officeStaff1.position = 'Manager'
```

它应该使用后面的position()方法来更新这个值。

第二个position()方法称为设置方法。它有一个名为value的参数，只有值为'Manager'或'Basic'时该参数才会分配给_position。如果不是这两个值，则会显示消息'Position is invalid. No changes made.'。

现在，保存文件并再次运行它。

在Shell中输入以下语句：

```
officeStaff1 = Staff('Basic', 'Yvonne', 0)
```

要访问officeStaff1的position，我们可以输入：

```
officeStaff1.position
```

对应的输出为：

```
Getter Method
'Basic'
```

之前，当我们输入以下内容：

```
officeStaff1.position
```

我们可以直接访问变量position。

现在当我们输入以下内容：

```
officeStaff1.position
```

我们不是在访问该变量，而是在访问position属性的getter方法。这可以通过输出的额外一行内容（Getter Method）来说明。

我们命名属性为position并不是巧合，这是我们更改为_position之前的变量的原始名称。

当我们这样做时，用户可以通过输入officeStaff1.position来访问员工的position，就像习惯的那样。即使我们之后对classdemo.py进行了一些更改，最终用户也不会受到这些更改的影响（除非他们尝试将人员的position更改为无效值）。

现在，让我们尝试更改officeStaff1的position。在Shell中输入以下内容：

```
officeStaff1.position = 'Manager'
```

这会将人员的position更改为'Manager'。

输入以下内容检验一下：

```
officeStaff1.position
```

你将得到输出：

```
Getter Method
'Manager'
```

下面，让我们尝试将position更改为'CEO'。在Shell中输入以下内容：

```
officeStaff1.position = 'CEO'
```

你将得到输出：

```
Position is invalid. No changes made.
```

这表明设置方法阻止我们将人员的position更改为无效值。你可以通过再次输入以下内容来查看position未更改：

```
officeStaff1.position
```

对应的输出为：

```
Getter Method
'Manager'
```

9.5 Name Mangling

接下来，让我们介绍一下Python中name mangling的概念。

在上一节中，我们提到如果不希望其他程序员直接访问某个变量，可以通过在前面添加一个下划线来指示。然后，代码的属性会控制其访问。但是，即使我们这样做，其他程序员仍然可以访问该变量。在前面的示例中，他们可以简单地输入：

```
officeStaff1._position
```

在Python中，没有办法真正隐藏变量并阻止其他用户访问。不过，如果你确实希望向其他程序员发送强烈的信号告诉他们不应修改某个变量，那么可以在变量名称的前面添加双下划线。

例如，尝试在Python shell中输入以下代码：

```
class A:
    def __init__(self):
        self.__x = 5
        self._y = 6
```

以上的代码定义了一个类A。这个类有两个变量__x (前面是双下划线)和_y (前面是单下划线)

接下来，按两次Enter键并输入下面的内容以实例化一个A类对象。

```
varA = A()
```

现在，我们尝试访问这两个变量。 如果你输入：

```
varA._y
```

则输出为：

```
6
```

但是，如果你输入：

```
varA.__ X
```

则会收到一个错误。

为什么呢？这是因为当你在前面添加双下划线时，Python会执行所谓的name mangling。实质上，当Python编译器遇到带有两个前导下划线的变量时，它会通过在变量名称前添加单个下划线和类名来转换名称。换句话说，这里就是当它看到__x时，会将名称更改为_A__x。

这意味着当我们在变量名前添加双下划线时，其他程序员无法通过输入变量名来访问变量（在本例中为__x）。这使得他们难以访问变量。不过，如果他们愿意，仍然可以通过输入以下内容来访问它

```
varA._A__x
```

这将会得到5作为输出。

换句话说，没有办法绝对限制在Python中访问变量。你可以使用下划线使访问变得较为困难，但一定要访问变量的程序员仍然可以访问它。正如我们之前

提到的，在Python中，我们都应该是成年人。因此，我们应该负责任地编写代码，而不是修改我们被告知不要改的变量。

9.6 什么是self

现在我们已经了解了类是如何工作的，接下来让我们探索一下self的意义。

为了解释self，我们必须首先要讨论类与实例变量的概念。

类变量属于该类，并由该类的所有实例共享。它的定义是在类中任何方法之外。

另一方面，实例变量则是在方法内定义并属于实例的。它始终以self关键字为前缀。

我们来看一个例子。假设Peter和John都在一家名为ProgrammingLab的公司工作。我们可以创建一个名为ProgStaff的类来存储这些信息。那么可以创建一个名为selfdemo.py的新文件，并将以下代码添加到其中：

```
class ProgStaff:
    companyName = 'ProgrammingLab'

    def __init__(self, pSalary):
        self.salary = pSalary

    def printInfo(self):
        print("Company name is", ProgStaff.companyName)
        print("Salary is", self.salary)

peter = ProgStaff(2500)
john = ProgStaff(2500)
```

上面代码的前几行定义了一个叫作ProgStaff的类。

该类有一个名为companyName的变量，该变量未在任何方法中定义。

接着是一个__init__方法。在__init__方法中，它有一个名为salary的变量。此变量以self关键字为前缀。

最后是一个名为printInfo()的方法，它将self作为参数。此方法只打印companyName和salary的值。

在定义了类之后，我们创建了两个名为peter和john的ProgStaff类实例。我们不需要缩进这两个实例化语句，因为它们不属于Staff类。

现在，让我们看看类和实例变量之间的区别。

目前，该公司的名称是'ProgrammingLab'。假设该名称随后更改为'ProgrammingSchool'，则更新如下：

```
ProgStaff.companyName ='ProgrammingSchool'
```

注意，我们在变量companyName前加上了ProgStaff。此更改会影响ProgStaff类的所有实例（本例中为peter和john）。

将以下内容添加到selfdemo.py中以验证上面的结论。

```
ProgStaff.companyName = 'ProgrammingSchool'
print(peter.companyName)
print(john.companyName)
```

请注意，在上面的代码中，由于我们没有直接在Python Shell中输入，所以需要使用print()函数来显示peter和john的companyName值。

保存文件并运行程序。你将获得以下输出：

```
ProgrammingSchool
ProgrammingSchool
```

接下来，假设Peter的salary增加到2700。我们可更新如下：

```
peter.salary = 2700
```

此更改仅影响实例'peter'。我们可以通过打印Peter和John的salary来验证它。将以下内容添加到selfdemo.py并运行该程序：

```
peter.salary = 2700
print(peter.salary)
print(john. salary)
```

则输出为

```
2700
2500
```

你会看到只更新了Peter的salary。

总之，类和实例变量之间的主要区别是：

类变量

1. 类变量定义在类中的任何方法之外。

2. 可以使用类名在类外部访问它。

3. 更改它会影响类的所有实例。

实例变量

1. 实例变量在类的方法内定义，并以self关键字为前缀。

2. 可以使用实例的名称在类外部访问它。

3. 更改它只会影响特定实例。

在我们的示例中，companyName是一个类变量，而salary是一个实例变量。

现在我们了解了类和实例变量，让我们继续讨论ProgStaff类中的printInfo()方法。

此方法称为实例方法。实例方法是将self作为其参数之一的方法。如果方法有多个参数，则self必须是第一个参数。

在方法内部，我们使用类名来访问类变量companyName。相对的，我们使用self关键字来访问实例变量salary。

self本质上代表了类的一个实例。由于不同的实例具有不同的名称，我们还不知道这些名称（因为我们尚未创建它们），所以我们使用self关键字在类中表示它们。

要调用printInfo()方法，我们可以输入：

```
john.printInfo()
```

当我们以这种方式调用实例方法时，Python会将john隐式地传递给self参数，这不用我们自己操作。

或者，如果我们愿意，也可以使用类名来调用实例方法。当我们这样做时，我们必须自己传递john实例，如下所示：

```
ProgStaff.printInfo(john)
```

两种方法的输出相同。尝试将上面的两个语句添加到selfdemo.py并运行该程序。得到的输出为：

```
Company name is ProgrammingSchool
Salary is 2500
Company name is ProgrammingSchool
Salary is 2500
```

9.7 类和静态方法

在理解了self的意义之后，让我们再讨论一下类和静态方法。

在上一节中，我们提到实例方法是一种将self作为参数的方法。这是最常见的方法类型，也是迄今为止使用的唯一方法。

除了实例方法，Python还有类和静态方法。这些类型的方法很少使用，因此，这里我们只是简单介绍一下。首先，让我们创建一个名为methoddemo.py的文件，并将以下代码添加到该文件中。

```
class MethodDemo:

    a = 1

    @classmethod
    def classM(cls):
        print("Class Method. cls.a = ", cls.a)

    @staticmethod
    def staticM():
        print("Static method")
```

这个类有一个类变量a和两个方法——classM()和staticM()。

第一个方法classM()是一个类方法。

要定义类方法，我们需要使用@classmethod装饰器来告知Python接下来是一个类方法。

类方法是一种具有类对象（不是self）作为第一个参数的方法。cls通常用于表示该类对象。

cls有点类似于self。主要的区别是self指的是一个实例，而cls指的是一个类。由于cls引用了类本身，我们可以使用它来访问我们的类变量。在示例中，我们使用它来访问类变量a。

要调用类方法，我们可以使用类名或实例名。在这两种情况下，Python都会自动将类作为方法的第一个参数传入。

例如，要在上面的示例中调用classM()，我们可以输入：

```
MethodDemo.classM()
```

或者，我们可以实例化一个MethodDemo对象并使用它来调用方法，如下所示：

```
md1 = MethodDemo()
md1.classM()
```

将上面的3个语句添加到methoddemo.py并运行该程序。你会得到

```
Class Method. cls.a =  1
Class Method. cls.a =  1
```

作为输出。

除了实例和类方法，Python还有静态方法。静态方法是不传递实例或类的方法。它没有self或cls作为第一个参数。要定义静态方法，我们使用@staticmethod装饰器。要调用静态方法，我们可以使用类名或实例名。例如，要在上面的示例中调用staticM()，我们可以输入

```
md1.staticM()
```

或是

```
MethodDemo.staticM()
```

两种情况下都会得到输出：

```
Static method
```

类和静态方法并不常用。大多数情况下，Python类中所需的都是实例方法。

9.8 导入类

我们在本章中介绍了一些面向对象的概念。在结束本章之前，让我们学习如何将类导入应用程序。

就像我们在第7章中学到的关于模块的内容一样，类也可以创建为单独的文件并导入到应用程序中。为此，我们需要将类保存为扩展名为.py的单独文件，然后使用文件名导入它。

例如，我们将以下的代码放在一个名为myclass.py的文件中。

```
class SomeClass:
    def __init__(self):
        print('This is SomeClass')
    def someMethod(self, a):
        print('The value of a is', a)
        self.b = 5


class SomeOtherClass:
    def __init__(self):
        print('This is SomeOtherClass')
```

该文件由两个类组成：SomeClass和SomeOtherClass。我们可以创建另一个.py文件，并使用文件名（myclass）导入这两个类，然后可以使用此文件名来访问文件中的类。

让我们创建另一个文件并将其命名为importdemo.py。将以下代码添加到该文件中并运行它。

```
import myclass

sc = myclass.SomeClass()
sc.someMethod(100)

soc = myclass.SomeOtherClass()
```

你会得到输出

```
This is SomeClass
The value of a is 100
This is SomeOtherClass
```

在上面的代码中，我们通过在类名前加上文件名前缀来实例化对象，例如myclass.SomeClass()，以便编译器知道SomeClass在myclass.py文件中。

或者，你可以选择使用以下语句来导入：

```
from myclass import SomeClass, SomeOtherClass
```

如果以这种方式执行，则在实例化对象时不需要为文件名添加前缀。例如，要实例化SomeClass对象，只需编写：

```
sc = SomeClass()
```

第10章　面向对象编程第2部分

现在，让我们继续讨论面向对象编程中的一些进阶的内容。在本章中，我们将学习继承、多态和重载操作。

10.1　继承

继承是面向对象编程的关键概念之一。简单地说，继承允许我们从现有类创建一个新类，以便我们可以有效地重用现有代码。

10.2　创建子类

为了理解继承是如何工作的，让我们扩展在第9章中编写的Staff类。回顾一下，我们的Staff类具有以下属性：

实例变量

```
_position
name
pay
```

方法

```
__init__
__str__
calculatePay()
```

当我们用它来计算每小时支付的基本staff的工资时，这个类在第9章中提供了很好的支持。不过，假设除了拥有基本staff外，公司还有一位经理，他的薪酬方案略有不同。假设公司有一位经理会在基本小时工资的基础上获得津贴，我们如何修改类以适应这种情况呢？

执行此操作的最佳方法是创建子类。子类也称为派生类。派生它的类称为基类、超类或父类。

子类的主要特征是它继承了父类的所有变量和方法。换句话说，它可以使用这些变量和方法，就好像它们是自己代码的一部分，而不必再次编写它们。此外，子类可以包含父类中不存在的其他变量和方法。让我们来看看如何做到这一点。

我们将创建一个名为ManagementStaff的子类。将以下内容添加到classdemo.py中：

```
class ManagementStaff(Staff):
```

这里，我们正在创建一个名为ManagementStaff的新类。我们通过在类名后面的括号中添加单词Staff来指示ManagementStaff是Staff的子类。

接下来，我们将为子类编写__init__方法。

编写子类的主要原因之一是促进代码重用。一种方法是使用名为super()的内置函数。

我们来看看如何做到这一点。在第9章的前面，我们已经为Staff类编写了一个__init__方法。此方法会初始化3个实例变量_position、name和pay。现在我们将在子类中使用这个方法。

将以下方法添加到ManagementStaff类中。

```
def __init__ (self, pName, pPay, pAllowance, pBonus):
    super().__init__('Manager', pName, pPay)
    self.allowance = pAllowance
    self.bonus = pBonus
```

ManagementStaff中的__init__方法有5个参数——self、pName、pPay、pAllowance和pBonus。

在该方法中，第一行使用super()函数调用父类中的__init__方法。super()函数是一个预构建函数，我们可以在子类中使用它来调用父类中的方法。

在Python 3中，当我们使用super()来调用父类中的方法时，我们不必为self参数传递任何值。

因此，在我们的示例中，我们只需要将3个值（字符串'Manager'和参数pName、pPay）传递给父类__init__方法。父类的方法将会调用，并将字符串'Manager'分配给_position，而pName和pPay将分别分配给name和pay。

如果你使用的是Python 2，则使用super()方法的语法略有不同。要在Python 2中使用super()，你需要传入子类名称和关键字self。换句话说，在我们的示例中，你需要输入：

```
super(ManagementStaff, self).__init__('Manager', pName,
pPay)
```

Python 3仍支持此语法，并且一些程序员选择坚持使用此语法以实现向后兼容性。

除了使用super()函数之外，我们还可以使用父类名来调用父类中的方法。要做到这一点，我们可以输入：

```
Staff.__init__(self, 'Manager', pName, pPay)
```

以上所有3种方法在该示例中实现的效果相同。所有这些方法都有其优点和缺点，具体的内容超出了本书的范围。在大多数情况下，决定使用哪一个主要是看大家的偏好。

在父类中调用__init__方法之后，子类__init__方法使用下面的两个语句将参数pAllowance和pBonus分别分配给实例变量allowance和bonus。

```
self.allowance = pAllowance
self.bonus = pBonus
```

这两个实例变量只存在于子类中。它们不存在于父类中。这就是子类中__init__方法的全部内容。

现在，让我们编写一种方法来计算managementstaff的工资。将以下方法添加到ManagementStaff中。

```
def calculatePay(self):
    basicPay = super().calculatePay()
    self.pay = basicPay + self.allowance
    return self.pay
```

注意，此方法再次使用super()函数调用父类中的calculatePay()方法。在调用父类方法之后，我们将结果赋给变量basicPay。basicPay是一个仅存在于calculatePay()方法中的局部变量。因此，你不需要在其前面加上关键字self。

接下来，我们将basicPay的值添加到实例变量allowance中，以计算management staff的总薪酬。然后我们将它分配给实例变量pay并在下一个语句中返回该值。

这样就结束了子类中的calculatePay()方法。

回想一下，我们之前提到过，子类从其父类继承了所有变量和方法。这意味着我们不需要为子类编写新的calculatePay()方法，它已经存在。但是，如果我们选择为子类编写新的版本，则此新版本将替换子类继承的版本，这被称为重载，这就是我们在这个例子中所做的。

现在，让我们为子类添加一个新方法。假设management staff在他或她的绩效等级为'A'时还有权获得绩效奖金。为了计算management staff的绩效奖金，我们可以向ManagementStaff类中添加一个新方法：

```
def calculatePerfBonus(self):
    prompt = 'Enter performance grade for %s: ' %(self.name)
    grade = input(prompt)
    if (grade == 'A'):
        self.bonus = 1000
    else:
        self.bonus = 0
    return self.bonus
```

该方法首先提示用户输入management staff的绩效等级。然后，它根据输入的等级为实例变量bonus分配1000或0的值。 最后，它在下一个语句中返回bonus的值。

有了它，我们的ManagementStaff类就完成了。该类包含以下内容：

实例变量

从Staff中继承的：

_position
name
pay

在ManagementStaff中声明的：

allowance
bonus

方法

继承而不是重载的：

__str__

继承并重载的：

```
__init__
calculatePay()
```

在ManagementStaff中声明的：

```
calculatePerfBonus()
```

在我们结束本节之前，我们将从Staff中派生出另外一个子类。这次，派生类称为BasicStaff，代码如下所示：

```
class BasicStaff(Staff):
    def __init__(self, pName, pPay):
        super().__init__('Basic', pName, pPay)
```

该子类仅重载父类中的__init__方法。__init__方法将字符串'Basic'传递给父类初始值设定部分，以便在实例化BasicStaff对象时自动分配实例变量_position。除此之外，子类继承父类中的所有其他变量和方法。该类包含以下内容：

实例变量

从Staff继承的：

```
_position
name
pay
```

方法

继承而不是重载的：

```
__str__
calculatePay()
```

继承并重载的：

```
__init__
```

10.3 实例化子对象

现在我们已经编写了子类，下面让我们创建一个单独的.py文件来使用这些类。

在IDLE中创建一个新文件，并将其命名为inheritancedemo.py。 将以下内容添加到文件中：

```
import classdemo
peter = classdemo.BasicStaff('Peter', 0)
john = classdemo.ManagementStaff('John', 0,
1000, 0)

print(peter)
print(john)

print('Peter\'s Pay = ', peter.calculatePay())

print('John\'s Pay = ', john.calculatePay())
print('John\'s Performance Bonus = ',
john.calculatePerfBonus())
```

在上面的代码中，我们首先导入3个类（Staff、ManagementStaff和BasicStaff），代码如下:

```
import classdemo
```

接下来，我们分别为两个子类BasicStaff和ManagementStaff实例化两个子对象——peter和john。

对于peter，我们分别传入'Peter'和0给实例变量name和pay。

对于john，我们分别传入'John'、0、1000和0给实例变量name、pay、allowance和bonus。

接下来，我们使用这两个对象来调用__str__方法。

虽然我们没有在两个子类中编写__str__方法，但仍然可以使用此方法，因为两个子类都从父类继承了该方法。得益于代码的重用我们不需要为子类重写__str__方法。

在调用__str__方法之后，我们为peter和john调用caculatePay()方法并在屏幕上显示信息。最后，我们为john调用calculatePerfBonus()方法。如果我们运行程序并在提示时输入相关信息，我们将获得以下输出：

```
Creating staff object
Creating Staff object
Position = Basic, Name = Peter, Pay = 0
```

```
Position = Manager, Name = John, Pay = 0
Enter number of hours worked for Peter: 120
Enter the hourly rate for Peter: 15
Peter's Pay =  1800

Enter number of hours worked for John: 150
Enter the hourly rate for John: 20
John's Pay =  4000
Enter performance grade for John: A
John's Performance Bonus =  1000
```

由于peter使用从父类继承的calculatePay()方法，则peter的pay是1800（即120 * 15）。相比之下，john的pay是4000，因为它使用了ManagementStaff子类中的calculatePay()方法。ManagementStaff子类中的calculatePay()方法会重载父类中的方法。因此，pay是150 * 20 + 1000（即增加了1000的allowance）。

在计算了peter和john的pay后，我们计算了john的bonus。由于他的表现等级为“A”，他将获得1000美元的bonus。

如果我们尝试使用peter来调用calculatePerfBonus()方法，那么将得到一个错误，因为BasicStaff类没有calculatePerfBonus()方法。尝试将下面一行：

```
print('Peter\'s Performance Bonus = ', peter.calculatePerfBonus())
```

添加到inheritancedemo.py文件中看看会发生什么。你将会收到一条错误信息。

10.4 Python特殊方法

现在我们已经了解了继承和重载是如何工作的，接下来让我们介绍一下特殊方法。

之前，我们在第9章中提到Python有大量的特殊方法。这些方法也称为神奇方法，并且始终前后都有双下划线。目前，我们遇到的两种神奇方法是__init__和__str__。

特殊方法的一个神奇属性是你不需要直接调用它。例如，如果打印第9章中有关实例officeStaff1的信息，则不用编写：

```
print(officeStaff1.__str__())
```

相对的，你只用简单地编写：

```
print(officeStaff1)
```

Python将调用场景背后必要的特殊方法。

特殊方法的另一个特性是它们可以被重载以满足我们的需要。通常重载__str__方法是为了提供类的更易读的字符串表示形式。

通常被重载的其他方法有__add__、__sub__、__mul__和__div__方法。这些方法允许我们修改标准运算符，例如+、-、*、/符号，以便它们可以根据它们“运算”的内容执行不同的操作。

我们已经知道了加号（+）如何表示加法或连接。例如，如果我们输入：

```
2 + 3
```

+运算符会将两个数字相加，然后返回一个5。

不过，如果我们输入：

```
'Hello' + ' World'
```

+运算符会连接两个字符串输出'Hello World'。

每个运算符都有一种特殊的方法。我们可以重载相应的特殊方法，为它们提供更多的功能。这称为重载运算符。+、-、*、/的特殊方法分别是__add__、__sub__、__mul__和__div__。

让我们尝试为我们的Staff类重载+运算符。

将以下方法添加到classdemo.py。我们将此方法添加到Staff类，以便子类都可以使用它。

```
def __add__(self, other):
    return self.pay + other.pay
```

此方法会重载__add__方法。它有两个参数self和other。self指的是一个实例，other指的是另一个实例。这是告诉编译器添加两个实例的pay变量并返回结果。

调用这个方法，我们要使用+运算符。

将以下的内容添加到inheritancedemo.py中。

```
totalPay = john + peter
print('\nTotal Pay for Both Staff = ', totalPay)
```

运行程序并在出现提示时输入120、15、150、20和A。你将获得与上一节相同的输出，内容如下：

```
Total Pay for Both Staff =  5800
```

10.5 对象的Python内置函数

我们已经介绍了面向对象编程中的大多数主题。 在我们结束本章之前，让我们看一下Python中对对象的一些特殊内置函数。为了探索其中的一些功能，让我们参考下面的两个类。在IDLE中创建一个新文件并将其命名为objectfunctions.py。将以下代码复制到文件中：

```
class ParentClass:
    def __init__(self):
        self.a = 1
        print("Parent Class Object Created")
    def someMethod(self):
        print("Hello")

class ChildClass(ParentClass):
    def __init__(self):
        print("Child Class Object Created")

parent = ParentClass()
child = ChildClass()
```

现在，我们准备测试下面的一些内置Python函数。运行该文件在Python Shell中尝试以下命令。

isinstance( )

该函数有两个参数。它检查第一个参数是否是第二个参数的实例（或第二个参数的子类的实例）。 第二个参数可以是类或Python中的内置类型。它也可以是由多个类或类型组成的元组。

如果第二个参数不是有效的类或类型（或类或类型的元组），则会引发异常。

尝试在Shell中输入以下代码：

例1：

```
isinstance(parent, ParentClass)
```

输出：

当parent是ParentClass的一个实例时，你将得到True

例2：

```
isinstance(5, int)
```

输出：

当5是int的一个实例时，你将得到True。（int是Python中用于整数的内置类型。）

例3：

```
isinstance(child, ParentClass)
```

输出：

你将得到True，因为child是ChildClass的一个实例，它是ParentClass的子类。

例4：

```
isinstance(parent, (ParentClass, int))
```

输出：

你将得到True，因为parent是ParentClass的一个实例，它是元组中的一个类型(ParentClass, int)。

例5：

```
isinstance(parent, ChildClass)
```

输出：

你将得到False，因为父类的实例不被视为子类的实例。

例6：

```
isinstance(parent, MyClass)
```

输出：

你将得到NameError: name 'MyClass' is not defined，因为MyClass不是有效的类。你可以使用以下代码来处理此类异常：

```
try:
```

```
    isinstance(parent, MyClass)
except NameError:
    print("No such class")
```

你将得到：

```
No such class
```

作为输出。

issubclass()

此函数有两个参数——两个类或类型的名称。它检查第一个参数是否是第二个参数的子类。第二个参数可以是元组。如果第一个参数是元组中任何类或类型的子类，则该函数返回True。如果第二个参数不是有效的类或类型，则会引发异常。

例如，你可以输入：

```
issubclass(ChildClass, ParentClass)
issubclass(ParentClass, ParentClass)
issubclass(ChildClass, int)
issubclass(ChildClass, (int, ParentClass))
```

你将得到：

```
True
True
False
True
```

作为输出。第二个语句返回True，因为类会被认为是自身的子类。

hasttr()

此函数测试实例是否具有某个属性。属性可以指数据（变量）和方法。它需要两个参数。第一个是对象的名称，第二个是属性的名称。属性的名称采用字符串形式，因此必须用单引号括起来。例如，如果我们可以在Shell中输入以下内容：

```
hasattr(parent, 'a')
hasattr(parent, 'someMethod')
hasattr(parent, 'b')
```

我们将得到：

```
True
True
False
```

作为输出。这是因为parent具有属性'a'和'someMethod'，但没有属性'b'。

第11章　项目：数学和二进制

恭喜！我们现在已经了解了足够的Python基础知识（以及一般的编程）来开始编写我们的第一个完整程序。在本章中，我们将编写一个简单的控制台游戏，其中包含两个迷你游戏——数学游戏和二进制游戏。

在游戏开始时，用户可以选择是否想要玩数学或二进制游戏。此外，游戏还会提示他们输入一个数字，这个数字是这一轮问题的数量。他们必须要选择每轮回答1至10个问题。

数学游戏测试我们对BODMAS算术计算规则的理解。如果你不确定BODMAS是什么，可以访问Math is Fun网站的BODMAS算术计算规则页面。

另一方面，二进制游戏要求玩家将十进制的数转换为二进制的（基数为2）数。如果你不熟悉二进制数，请访问Math is Fun网站的二进制数系页面查看文章。

在这两种情况下，游戏都会随机设置一个让玩家回答的问题。如果答案错误，程序将显示正确的答案并继续下一个问题。如果他们正确，程序将更新他们的分数并继续下一个问题。

该程序会记住玩家的分数并将这些分数保存在外部文本文件中。每轮结束后，玩家可以输入“-1”来终止程序或按Enter键开始新一轮。

我已将程序分解为一个一个的小练习，以便你可以尝试自己编写程序。请你在参考答案之前尝试练习。答案在附录E中提供，或者你可以访问Learncodingfast网站的Python页面下载Python文件。 我强烈建议你下载源代码，因为附录E中可能会因为格式导致某些缩进的错误，从而导致代码难以阅读。

记住，学习Python语法很简单不过有点无聊。解决问题会比较有趣。如果在进行这些练习时遇到困难，试着更努力一些，这才是回报最大的地方。

准备好了吗？ 我们开始！

第1部分：gametasks.py

我们将为程序编写三个文件：gametasks.py、gameclasses.py和project.py。第1部分将重点介绍为gametasks.py编写代码。

首先，让我们在IDLE中创建一个新文件，并将其命名为gametasks.py。

gametasks.py是一个模块，其中包含三个在我们的项目中执行某些任务的函数。这些函数不需要有关实例或类的任何信息，因此不会作为类的一部分编写。

练习1.1：打印游戏说明

第一个函数叫作printInstructions()。它有一个名为instruction的参数，只需使用内置的print()函数将instruction的值打印到显示器上。尝试自己编写这个函数。

练习1.2：获得用户的分数

第二个函数叫作getUserScore()。此函数会接受一个参数userName。

该函数首先以'r'模式打开一个名为userScores.txt的文件。

userScores.txt看起来应该像这样：

```
Ann, 100
Benny, 102
Carol, 214
Darren, 129
```

每行记录一个用户的信息。第一个值是用户的用户名，第二个值是用户的分数。

接下来，该函数使用for循环逐行读取文件。

在for循环中，每行使用split()函数来分割［有关split()函数的使用示例，请参阅附录A］，split()函数的结果存储在名为content的列表中。首先尝试完成这段程序。

接下来，仍然在for循环中，该函数检查是否有任何行具有与作为参数传入的值相同的用户名。如果有，该函数将关闭该文件并返回该用户名旁边的分数。

循环遍历文件后，如果函数找不到用户名的匹配项，则退出for循环，关闭文件并返回字符串“-1”。

清楚目前所要实现的功能了吗？尝试编写这段代码。

完成了吗？

现在我们需要对代码进行一些修改。之前打开我们的文件时，是以'r'模式。这有助于防止对文件进行任何意外的更改。但是，在'r'模式下打开文件时，如果文件不存在，则会发生IOError。因此，当我们第一次运行程序时，由于之前文件userScores.txt不存在，所以会出错。为防止出现此错误，我们可以执行以下任一操作：

我们可以以'w'模式打开文件，而不是以'r'模式。在'w'模式下打开文件时，如果先前不存在该文件，则会创建该文件。使用此方法的风险是我们可能会意外地写入文件，这会导致所有以前的内容被删除。但是，由于我们的程序是一个小程序，我们可以仔细检查我们的代码，以防止任何意外的写入。

第二种方法是使用try，except语句来处理IOError。为此，我们需要将所有以前的代码放在try代码块中，然后使用except IOError:来处理'文件未找到'的错误。在except代码块中，我们将通知用户该文件未找到，然后继续创建该文件。我们将使用open()函数以'w'模式来创建它。这里的区别是我们只在找不到文件时才使用'w'模式。由于该文件最初不存在，因此不存在删除任何先前内容的风险。创建文件后，我们关闭文件并返回字符串“-1”。

试着自己完成代码。你可以选择上述任一方法来完成此练习。书中提供的答案使用的是第二种方法。完成后，我们可以继续练习1.3。

练习1.3：更新用户的分数

在本练习中，我们将定义另一个名为updateUserScore()的函数。

这个函数要求我们使用os模块中的两个内置函数：remove()和rename()。

尝试自己导入这两个函数。

完成了吗？让我们继续。

updateUserScore()函数有三个参数：newUser、userName和score。让我们将这些参数添加到函数定义中。

newUser可以是True或False。

如果newUser为True，则该函数将以追加模式打开文件userScores.txt，并使用write()函数将用户的userName和score添加到文件中。之后，它将关闭文件。尝试自己编写这段if选择结构的代码。

而如果newUser为False，该函数将更新用户在文件中的分数。但是，Python（或大多数编程语言）中没有允许我们更新文本文件的功能。我们只能写或增加其中的内容，不过我们无法更新它。

因此，我们需要创建一个临时文件。这是编程中相当普遍的做法。我们将此文件称为userScores.tmp。根据之前学习的内容，我们可以通过在'w'模式下打开它来创建一个新文件。现在创建文件吧，这段创建临时文件的代码要放在else代码块当中。

完成了吗？

现在，仍然在else中，让我们以'r'模式打开userScores.txt文件，因为我们只会从中读取内容。接着，需要使用for循环逐行遍历userScores.txt并使用split()函数分割其中的内容。我们将split()函数的结果分配给名为content的列表。

对于每一行，我们检查该行上的用户名是否与参数userName提供的用户名相同。如果是，我们将分数更改为参数score提供的新分数，并将此更新的行写入userScores.tmp文件中。

如果它不相同，我们只需将原始行写入临时文件userScores.tmp当中。

举例来说，如果提供给函数的参数为False、'Benny'和'158'［即updateUserScore (False, 'Benny' , '158')］，下表显示了原始userScores.txt与新的userScores.tmp文件的区别。

userScores.txt

```
Ann, 100
Benny, 102
Carol, 214
Darren, 129
```

userScores.tmp

```
Ann, 100
Benny, 158
Carol, 214
Darren, 129
```

尝试自己完成这一步。

完成后，我们退出for循环并关闭两个文件。之后我们删除userScores.txt，并将userScores.tmp重命名为userScores.txt。

明白了吗？尝试自己编写这段else的代码。

编写完成后，updateUserScore()函数就算完成了。这也表示gametasks.py文件结束了。

第2部分：gameclasses.py

练习2.1：Game类

我们现在来到了项目的第2部分。在本节中，我们将编写一个新文件，其中包含三个类：Game、MathGame和BinaryGame。

在IDLE中创建一个新文件并将其命名为gameclasses.py。

我们将从Game类开始。这个类是一个非常简单的类，从中可派生出另外两个类。

该类在初始化时有两个参数：self和noOfQuestions。而noOfQuestions的默认值为零。

在初始化程序中，我们将noOfQuestions分配给名为_noOfQuestions的实例变量。尝试定义初始化程序并自己添加此赋值语句。

完成了吗？

除了初始化程序之外，Game类还具有获取和设置_noOfQuestion值的属性。getter方法的代码如下所示：

```
@property
def noOfQuestions(self):
    return self._noOfQuestions
```

如你所见，getter方法只返回_noOfQuestions的值。

另一方面，setter方法要复杂一些。它有两个参数——self和value。

如果value小于1，则setter方法将_noOfQuestions设置为1并打印消息“Minimum Number of Questions = 1”以及“Hence, number of questions will be set to 1”。

如果value大于10，则setter方法将_noOfQuestions设置为10并打印消息“Maximum Number of Questions = 10”以及“Hence, number of questions will be set to 10”。

如果上述两个情况都没有，则setter方法将_noOfQuestions设置为value。尝试自己编写setter方法。

完成后，Game类就写完了。

练习2.2：BinaryGame类

接下来，让我们转到BinaryGame类。这个类派生自Game类。尝试自己定义BinaryGame类。

BinaryGame类只有一个名为generateQuestions()的方法。这是一个实例方法，负责生成二进制问题。具体内容是该方法向玩家提供基数为10的十进制数，并要求玩家将该数字转换为基数为2的二进制数。例如，该方法可以给予玩家数字12，然后要求玩家将数字转换为1100，这是十进制数12的二进制形式。

generateQuestions()方法的结构如下：

```
def generateQuestions(self):

    #导入randint
    #声明局部变量score
    #用for循环来提出问题并判断答案
    #返回score的值
```

（a）导入randint()函数

如上面的结构所示，要生成问题，我们首先需要从random模块导入randint()函数。randint()函数会在我们提供的范围内生成一个随机整数。稍后我们会用它来为我们的问题生成数字。尝试自己导入该函数。

（b）声明变量

接下来，我们需要声明一个名为score的局部变量。该变量用于存储游戏期间玩家的得分。尝试声明此变量并将其初始值设定为零。

（c）提出问题

在此之后，我们准备提出问题。函数生成的问题数量取决于BinaryGame从Game继承的实例变量_noOfQuestions。我们将使用getter方法来获取此变量。为了控制生成的问题数量，我们将使用for循环。以下是for循环的样子：

```
for i in range(self.noOfQuestions):
```

在for循环中，我们使用randint()函数生成随机数。randint()函数有两个参数，start和end，返回的是一个随机整数N，而start <= N <= end。

例如，如果调用randint(1, 9)，它将会从数字1,2,3,4,5,6,7,8,9中随机返回一个整数。

对于我们的函数，将会使用randint()生成1到100之间的数字，并将结果分配给名为base10的局部变量。

接下来，我们需要使用input()函数来提示用户将数字转换为二进制。然后，我们将用户的答案分配给名为userResult的局部变量。

尝试自己完成这一步。

接下来，仍然在for循环中，我们需要将用户的输入与正确的答案进行比较。我们将使用while True循环来执行此操作。while True循环基本上是一个无限循环，这是因为写入while True时相当于写了类似while 1 == 1这样的内容。由于1始终等于1（因此始终为True），因此while条件永远不会为False。这样，循环就将无限地运行。为了退出循环，我们需要使用break语句。

以下是关于如何使用while True循环进行此练习的建议。

```
while True:
    try:
        #将用户的答案转换为整数并判断答案是否正确
        #根据答案更新用户分数
        #使用break语句从while True循环中跳出来
    except:
        #如果转换失败则打印错误消息
        #提示用户再次输入答案
```

还记得如何使用input()函数将用户输入的内容作为字符串返回吗？在while True循环中，我们使用try，except语句来尝试将输入转换为数字。如果强制转换失败，程序应通知用户错误并提示用户输入有效内容。

while True循环将保持运行，直到try代码块正确执行并到达break语句。

在try代码块中。

我们将使用内置的int()函数来尝试将用户的输入转换为整数。但是，我们需要告知Python我们尝试转换的数字是一个二进制的数。这可以通过以下代码实现：

```
answer = int(userResult, base = 2)
```

当我们在int()函数的括号内写入base = 2时，Python知道userResult应该按照二进制的数来解释。

然后int()会将字符串转换为基数为10的整数并返回该值。我们可以将它分配给一个名为answer的局部变量。

接下来，我们使用if语句将answer与原始的十进制数（存储在变量base10中）进行比较。

如果两个值相同，我们会通知用户答案是正确的，并将score的值加1。之后使用break关键字退出while循环。

如果用户算错了，我们会告知用户并显示正确的答案。为此，我们可以使用4.3节中介绍的format()方法。要以二进制形式显示数字，我们需要使用b格式，如下所示：

```
print("Wrong answer. The correct answer is {:b}.".format(base10))
```

显示答案后，我们将使用break关键字退出while循环。这样，try部分的程序就完成了。尝试自己来完成具体的程序吧。

接下来，让我们转到except的部分。如果int()函数无法将用户的输入转换为数字，则执行这部分程序。在except部分的代码中，我们会告知用户他或她没有输入二进制数并使用input()函数提示用户输入新数字。然后，我们使用新的输入来更新变量userResult。这样，except部分的代码就算完成了。

（d）返回score的值

在我们退出except部分的程序后，我们会退出while True循环和for循环。到这个阶段，该函数已经完成了生成问题的部分。现在还剩下返回score的值。

尝试自己编写此函数。完成generateQuestions()函数的编写后，BinaryGame类就完成了，接着我们转到MathGame类。

练习2.3：MathGame类

MathGame类与BinaryGame类非常相似。它也派生自Game类。尝试自己定义这个类。

在MathGame类中，我们只有一个名为generateQuestions()的方法。generateQuestions()方法的基本结构类似于BinaryGame类中的结构：

```
def generateQuestions(self):

    #导入randint
    #声明四个局部变量score、numberList、symbolList和operatorDict
    #用for循环来提出问题并判断答案
    #返回score的值
```

（a）导入randint()函数

和之前一样，要生成问题，我们需要先从random模块中导入randint()函数。尝试自己导入此函数。

（b）声明变量

接下来，我们需要声明四个局部变量。第一个变量称为score，用于存储玩家的分数。我们将其初始值设为零。

在此之后，我们需要两个列表。分别命名为numberList和symbolList。

numberList应存储五个数字，其中0为初始值。symbolList应存储四个字符串，以‘’作为初始值。

最后，我们需要一个字典。字典由4对组成，整数1到4作为字典的键值，“+”“-”“*”“**”作为对应的数据。我们称之为operatorDict。

尝试自己完成声明和初始化变量。

（c）提出问题

完成了吗？现在我们准备生成问题了。函数生成的问题数量取决于MathGame从Game继承的实例变量_noOfQuestions。尝试定义for循环来实现此目的。你可以参考BinaryGame中的generateQuestions()函数。

完成了吗？现在，让我们看看for循环的部分。

在for循环中，我们需要使用随机数更新numberList。为此，可以使用randint()函数生成1到9的随机数。我们可以逐个执行此操作，因为numberList只有五个成员。我们可以这样编写代码：

```
numberList[0] = randint(1, 9)
numberList[1] = randint(1, 9)
numberList[2] = randint(1, 9)
```

```
numberList[3] = randint(1, 9)
numberList[4] = randint(1, 9)
```

每次调用randint(1, 9)时，它都会从数字1、2、3、4、5、6、7、8、9中随机返回一个整数。

但是，这不是更新numberList的最好的方式。想象一下，如果numberList有1000个成员，那将是多么费事。更好的选择是使用for循环。

尝试使用for循环来完成任务。（注意：这里我们是在另一个for循环中使用for循环）

完成了吗？太棒了！

现在我们有数字可以操作了，我们需要为我们的问题随机生成数学运算符号（+、-、*、**）。为此，我们将使用randint()函数和operatorDict字典。

randint()将生成字典的键，然后使用operatorDict字典将其映射到对应的运算符。例如，要为symbolList [0]分配运算符，我们可以编写代码：

```
symbolList[0] = operatorDict[randint(1, 4)]
```

与numberList类似，你应该使用for循环来完成此任务。不过，有一个问题使得这个for循环比之前的循环更难。

回想一下，在Python中，**代表指数（即2 ** 3 = 2 ^ 3），对吗？

问题是，当我们在Python中有两个连续的指数运算符时，例如2 ** 3 ** 2，Python会将其解释为2 **（3 ** 2）而不是（2 ** 3）** 2。在第一种情况下，答案是2的9次方（即2^9），也就是512。而在第二种情况下，答案是8的2次方（即8^2），也就是64。因此，当我们提出一个像2 ** 3 ** 2这样的问题时，如果用户将其解释为（2 ** 3）** 2，则用户将得到错误的答案。

为了防止这个问题，我们将修改我们的代码，这样我们就不会得到两个连续的**符号了。换句话说，symbolList = [' + ', ' + ', ' - ', ' **']会出现，但symbolList = [' + ', ' - ', ' **', ' **']是不会出现的。

这项练习是所有练习中最难的。尝试提出一个解决方案，以防止出现连续的**运算符。完成后，我们可以继续下一步。

提示：

如果遇到困难，可以考虑在for循环中使用if语句。

现在我们有了运算符和数字，接着尝试利用数字和运算符生成数学表达式的字符串。该表达式使用numberList中的五个数字和symbolList中的四个运算符来形成问题。

我们必须声明另一个名为questionString的变量，并将数学表达式赋值给questionString。questionString的示例包括：

```
6 - 2 * 3 - 2 ** 1
4 + 5 - 2 * 6 + 1
8 - 0 * 2 + 5 - 8
```

尝试自己生成这样的表达式。

提示：

你可以先将numberList中的第一项指定给questionString，然后使用for循环连接numberList和symbolList中的其余项以获取数学表达式。请注意，在将它们与其他字符串连接之前，首先需要将numberList中的项目转换为字符串［使用内置的str()函数］。

试着自己动手完成代码吧。

完成了吗？好！我们现在应该将一个数学表达式作为字符串，分配给变量questionString。为了得到这个表达式的结果，我们将使用Python附带的一个出色的内置函数eval()。

eval()会将字符串解释为代码并执行。例如，如果我们编写eval("1+2+4")，我们会得到数字7。

因此，为了计算对应数学表达式的结果，我们将questionString传递给eval()函数，并将结果分配给名为result的新变量。

试着自己动手吧。

现在，我们需要向用户显示问题。如前所述，在Python中，**符号代表指数。也就是说，2 ** 3 = 8。但是，对大多数用户来说，**没有任何意义。因此，如果我们将问题显示为2 ** 3 + 8 - 5，则用户可能会感到困惑。为了防止这种情况，我们将使用^号替换questionString中的任何**。

为此，我们将使用内置函数replace()，使用它非常简单，只需编写questionString = questionString.replace("**", "^")。

将原始问题字符串替换为更易于阅读的字符串后，我们使用input()函数提示用户计算问题并将结果分配给名为userResult的局部变量。

现在，我们已准备好计算答案并更新用户的分数了。与我们在BinaryGame类所做的类似，如果他或她无法输入可以使用int()函数转换为整数的值，我们将使用while True循环重复提示用户输入答案。

另一方面，如果用户输入了有效的值，我们会将其与正确答案（存储在result中）进行比较。如果两个值相同，我们会通知用户答案是正确的，并将score的值加1。然后使用break关键字退出while True循环。

如果用户算错了，我们会通知用户并显示正确的答案。之后，我们将使用break关键字退出while True循环。

尝试自己编写这个while True循环。它几乎与BinaryGame类中的while True循环相同。如果你发现什么问题可以参考之前的代码。

（d）返回score的值

完成了吗？当你完成while True循环后，就可以退出while True循环和for循环并返回局部变量score的值。这标志着generateQuestions()方法的结束，同时也是MathGame类的结束。

至此，gameclasses.py文件就完成了。

第3部分：project.py

恭喜你完成了第1部分和第2部分。

第3部分将相对简单，因为我们将主要调用我们之前定义的函数和方法。现在创建一个名为project.py的新文件。

练习3.1：导入类和函数

首先，我们需要导入前两个文件中编写的类和函数。自己动手试试吧。

接下来，准备开始编写主程序。我们将把我们的主程序包含在try，except的语句当中。我们希望在运行主程序时能处理任何无法预料的错误。try，except语句的结构如下所示：

```
try:
    #声明变量
    #使用while循环运行程序，直到用户选择退出
```

#退出程序后更新用户的分数
#告知用户发生了错误，程序将退出

练习3.2：编写try的部分

我们将从try部分的代码开始。

（a）声明变量

让我们声明两个名为mathInstructions和binaryInstructions的局部变量。顾名思义，这是存储两个游戏说明的变量。数学游戏的说明如下：

在这个游戏中，你将得到一个简单的算术题。

In this game, you will be given a simple arithmetic question.

每个正确答案都会让你得一分。

Each correct answer gives you one mark.

答案错误不扣分。

No mark is deducted for wrong answers.

二进制游戏的说明如下：

在这个游戏中，你将得到一个十进制的数。

In this game, you will be given a number in base 10.

你的任务是将其转换为二进制的数。

Your task is to convert this number to base 2.

每个正确答案都会让你得一分。

Each correct answer gives you one mark.

答案错误不扣分。

No mark is deducted for wrong answers.

尝试自己声明两个变量并将两个字符串分配给对应的变量。

接下来，我们将实例化两个名为bg和mg的对象，它们分别是BinaryGame和MathGame类的实例。

之后，我们需要提示用户输入他或她的用户名并将值分配给变量userName。

完成后，我们将此变量传递给函数getUserScore()。

getUserScore()将返回用户的分数或'-1'（如果未找到用户）。让我们将此结果转换为整数并将其分配给名为score的变量。

接下来，我们需要设置另一个名为newUser的变量的值。如果score为-1，我们将newUser设置为True并将得分值从-1更改为0。否则，我们将newUser设置为False。

尝试自己完成代码。

完成后，我们将在屏幕上打印一条消息以欢迎用户并显示其对应的分数。

（b）使用while循环运行程序

我们程序的下一部分涉及一个while循环。具体来说，我们的程序将提示用户输入以确定是终止程序还是执行其他操作。

你需要声明另一个变量userChoice并为其初始值0。

接下来，使用while循环，我们比较userChoice与你选择的字符串，比如说“-1”。如果userChoice与“-1”不同，游戏将一直运行，直到userChoice变为“-1”。

while循环的结构如下：

```
userChoice = 0

while userChoice != '-1'
    #提示用户选择数学游戏还是二进制游戏
    #提示用户想要进行游戏的问题数量
    #根据用户的选择显示相应的问题并更新用户的分数
    #显示更新的分数
    #提示用户再次输入自己的选择并更新userChoice的值
```

在while循环中，我们要做几件事。

首先，我们使用以下提示消息提示用户在数学游戏或二进制游戏之间进行选择：

```
Math Game (1) or Binary Game (2)?
```

接下来，我们将用户的输入分配给一个名为game的局部变量，如果用户没有输入“1”或“2”，则使用while循环继续提示用户进行有效选择。在这里，我们可以在另一个while循环中使用while循环。里面的while循环由变量game控制，而外部while循环由变量userChoice控制。

尝试自己编写这个内部while循环。记得更新内部while循环中的变量game，这样你就不会无限地循环了。

完成后，我们继续提示用户输入他或她想要进行游戏的问题数量，并将用户的输入分配给numPrompt。我们的提示信息如下：

```
How many questions do you want per game (1 to 10)?
```

接下来，我们需要尝试将numPrompt转换为整数。为此，我们使用类似于练习2.2和练习2.3中的while True循环来实现generateQuestions()方法。while True循环的结构如下：

```
while True:
    try:
        #将numPrompt转换为整数并将其分配给名为num的局部变量。
        #跳出
    except:
        #通知用户没有输入有效的数字
        #提示用户再次输入问题数并将结果分配给numPrompt。
```

尝试自己编写这个while True循环。

完成后，我们要准备根据用户的选择显示相关问题。

这里将使用if语句。

如果用户选择玩数学游戏（即game == '1'），那么我们会做三件事：

首先，我们使用下面的语句在MathGame类中设置实例变量_noOfQuestions的值。

```
mg.noOfQuestions = num
```

这里，我们使用MathGame类中的setter方法来设置_noOfQuestions的值。这可以防止用户设置大于10或小于1的值。

接下来，我们使用printInstructions()函数打印数学游戏的说明。

最后，我们使用mg来调用MathGame类中的generateQuestions()方法。此方法生成相关问题并返回用户在该轮中获得的分数。我们会将此值添加到score的现有值以更新它。

尝试自己编写上述三个步骤的代码。

完成后，我们来看else的部分。

这个部分与if的部分非常相似，只是我们使用bg而不是mg来调用BinaryGame类中的方法。尝试自己编写else部分的代码。

显示所有问题后，我们会向用户显示当前的分数。

接下来，我们提示用户按回车键会继续游戏，而“-1”会退出游戏，对应的结果会更新到userChoice。

利用这个变量，我们可以退出while循环。

（c）更新userScores.txt

一旦到了while循环之外，就需要更新userScores.txt文件了。这里，我们只需通过传入变量newUser、userName和score来调用updateUserScore()函数就可以了。我们需要将score转换为字符串（使用str()函数），因为updateUserScore()函数要求score为字符串，以便它可以与函数内的其他字符串连接。

这就是try这部分代码的全部内容。

练习3.3：编写except的部分

现在，让我们转到except的部分。对于except，我们要告知用户发生了未知错误，程序将退出。此外，我们还要打印出系统生成的错误消息，以获得错误的简要说明。

至此，程序就完成了！现在，你刚刚用Python编写了你的第一个程序。激动吗？我希望你和我一样兴奋。

现在尝试运行程序project.py。它是否能按预期工作呢？

如果你的代码不起作用，请将其与示例答案进行比较，并尝试找出问题所在。通过分析你的错误，你将学到更多的东西。解决问题其实非常有趣，也可能是你收获最大的地方。玩得开心，永不放弃！答案在附录E中。

附录A：处理字符串

注意：

标记[start, [end]]表示的是开始和结束是可选择的参数。如果仅提供了一个数字作为参数，它会被认为是开始。

#标志着一个评论的开始。

'''标志着一个多行评论的开始与结束。

真正的代码是以monotype字体表示的。

=>标志着输出的开始。

count(sub, [start, [end]])

返回子字符串sub在字符串中出现的次数。

这个函数是大小写敏感的。

[样例]

#在下面的例子中，"s"在索引3，6和10的位置出现

#计算整个字符串

```
'This is a string'.count('s')
=> 3
```

计算从索引4到字符串的结尾

```
'This is a string'.count('s', 4)
=> 2
```

计算从索引4到10-1的位置

```
'This is a string'.count('s', 4, 10 )
=> 1
```

计算“T”。只有一个“T”，因为函数是大小写敏感的。

```
'This is a string'.count('T')
=> 1
```

endswith(suffix, [start, [end]])

如果字符串以指定的后缀suffix结尾，就返回True，否则返回False。

后缀suffix也可以是要寻找的多个后缀的元组。

这个函数是大小写敏感的。

[样例]

```
# 'man' 这三个字符出现在索引4到6的位置

# 检查整个字符串
'Postman'.endswith('man')
=> True

# 从索引3的位置检查到字符串的末尾
'Postman'.endswith('man', 3)
=> True

# 检查索引2到6-1的位置
'Postman'.endswith('man', 2, 6)
=> False

# 检查索引2到7-1的位置
'Postman'.endswith('man', 2, 7)
=> True

# 使用一个后缀的元组（从索引2到6-1的位置检查）
'Postman'.endswith(('man', 'ma'), 2, 6)
=> True
```

find/index(sub, [start, [end]])

返回字符串中子字符串sub首次出现的索引位置。

find()在无法找到sub时返回-1。

index()在无法找到sub时返回ValueError。

这个函数是大小写敏感的。

[样例]

```
# 检查整个字符串
'This is a string'.find('s')
=> 3

# 从索引4到字符串结尾开始检查字符串
```

```
'This is a string'.find('s', 4)
=> 6

# 从索引7到11-1开始检查字符串
'This is a string'.find('s', 7,11 )
=> 10

# 没有找到子字符串sub
'This is a string'.find('p')
=> -1

'This is a string'.index('p')
=> ValueError
```

isalnum( )

如果字符串中的所有字符都是字母和数字，并最少存在一个字符，则返回True，否则返回False。

数字和字母不包括空格。

[样例]

```
'abcd1234'.isalnum()
=> True

'a b c d 1 2 3 4'.isalnum()
=> False

'abcd'.isalnum()
=> True

'1234'.isalnum()
=> True
```

isalpha( )

如果字符串中的所有字符都是字母，并且至少有一个字符，则返回True，否则返回False。

[样例]

```
'abcd'.isalpha()
=> True

'abcd1234'.isalpha()
=> False
```

```
'1234'.isalpha()
=> False

'a b c'.isalpha()
=> False
```

isdigit( )

如果字符串中的所有字符都是数字，并且至少有一个字符，则返回True，否则返回False。

[样例]

```
'1234'.isdigit()
=> True

'abcd1234'.isdigit()
=> False

'abcd'.isdigit()
=> False

'1 2 3 4'.isdigit()
=> False
```

islower( )

如果字符串中的所有字符都是小写形式，并且至少有一个字符，则返回True，否则返回False。

[样例]

```
'abcd'.islower()
=> True

'Abcd'.islower()
=> False

'ABCD'.islower()
=> False
```

isspace( )

如果字符串中的字符只是空格，并且只有一个字符，则返回True，否则返回False。

[样例]

```
''.isspace()
=> True

'a b'.isspace()
=> False
```

istitle( )

如果字符串都是首字母大写的字符串，并且至少有一个字符，则返回True。

[样例]

```
'This Is A String'.istitle()
=> True

'This is a string'.istitle()
=> False
```

isupper( )

如果字符串中的所有字符都是大写的，并且至少有一个字符，则返回True，否则返回False。

[样例]

```
'ABCD'.isupper()
=> True

'Abcd'.isupper()
=> False

'abcd'.isupper()
=> False
```

join( )

使用分隔符号把提供的参数连接成一个字符串并返回。

[样例]

```
sep = '-'
myTuple = ('a', 'b', 'c')

myList = ['d', 'e', 'f']
myString = "Hello World"
```

```
sep.join(myTuple)
=> 'a-b-c'

sep.join(myList)
=> 'd-e-f'

sep.join(myString)
=> "H-e-l-l-o- -W-o-r-l-d"
```

lower( )

复制一份字符串，并把该字符串中的字符转换为小写形式。

[样例]

```
'Hello Python'.lower()
=> 'hello python'
```

replace(old, new[, count])

复制一份字符串，并把该字符串中出现的所有old字符串替换为new字符串。

count参数是可选的。如果提供了该选项，则仅仅前面count次数出现的字符串会被替换。

这个函数是大小写敏感的。

[样例]

```
# 替换所有出现的字符串
'This is a string'.replace('s', 'p')
=> 'Thip ip a ptring'

# 替换前两次出现的字符串
'This is a string'.replace('s', 'p', 2)
=> 'Thip ip a string'
```

split([sep [,maxsplit]])

使用sep作为界定字符串，把字符串分隔，返回一个单词的列表。

sep和maxsplit是可选项的。

如果sep没有指定，界定字符为空格。

如果指定maxsplit，最多会做maxsplit次分隔。

这个函数是大小写敏感的。

[样例]

```
# 使用空格作为界定分隔符来分隔字符串
'This is a string'.split()
=> ['This', 'is', 'a', 'string']

# 使用逗号后跟空格作为界定分隔符来分隔字符串
# 注意在输出的单词“is”“a”和“string”前都有一个空格
'This, is, a, string'.split(',')
=> ['This', ' is', ' a', ' string']

# 使用逗号后跟空格作为界定分隔符来分隔字符串
# 仅做2次分隔
'This, is, a, string'.split(',', 2)
=> ['This', ' is', ' a, string']
```

splitlines ([keepends])

返回字符串所有行的列表，以每行的边界符来分隔。

除非指定keepends并为True，否则返回的结果列表中并不会包括每行的分隔符。

[样例]

```
# 通过\n来分隔行
'This is the first line.\nThis is the
second line'.splitlines()
=> ['This is the first line.', 'This is the second line.']

# 分隔多行字符串，即使用'''标记的字符串
'''This is the first line.
This is the second line.'''.splitlines()
=> ['This is the first line.', 'This is the second line.']

# 分隔并保留行的分隔符
'This is the first line.\nThis is the second line.'.splitlines(True)
=> ['This is the first line.\n', 'This is the second line.']

'''This is the first line.
This is the second line.'''.splitlines(True)
```

=> ['This is the first line.\n', 'This is the second line.']

startswith (prefix[, start[, end]])

如果字符串以前缀开始，则返回True，否则返回False。

前缀prefix也可以是要寻找的前缀的元组。

这个函数是大小写敏感的。

[样例]

```
# 'Post'在索引0到3的位置出现

# 检查整个字符串
'Postman'.startswith('Post')
=> True

# 检查字符串从索引位置3到结尾
'Postman'.startswith('Post', 3)
=> False

# 检查字符串从索引位置2到6-1
'Postman'.startswith('Post', 2, 6)
=> False

# 检查字符串从索引位置2到6-1
'Postman'.startswith('stm', 2, 6)
=> True

# 使用索引的元组（检查字符串从索引位置3到结尾）
'Postman'.startswith(('Post', 'tma'), 3)
=> True
```

strip([chars])

复制一个字符串，返回该字符串首尾位置移除字符串char的结果。

如果没有指定char，空格将会被移除。

这个函数是大小写敏感的。

[样例]

```
# 移除空格
'    This is a string       '.strip()
```
=> 'This is a string'

```
# 移除"s"。因为"s"并不在字符串的首尾出现，所以没有移除任何字符
'This is a string'.strip('s')
```
=> 'This is a string'

```
# 移除'g'。
'This is a string'.strip('g')
```
=> 'This is a strin'

upper( )

复制一个字符串，并返回该字符串的大写形式。

[样例]

```
'Hello Python'.upper()
```
=> 'HELLO PYTHON'

附录B：处理列表

=> 标志着输出的开始位置。

append( )

在列表的结尾添加元素。

[样例]

```
myList = ['a', 'b', 'c', 'd']
myList.append('e')
print (myList)
=> ['a', 'b', 'c', 'd', 'e']
```

del

从列表中删除元素。

[样例]

```
myList = ['a', 'b', 'c', 'd', 'e', 'f',
'g', 'h', 'i', 'j', 'k', 'l']

# 删除第三个元素（索引 = 2）
del myList[2]
print (myList)
=> ['a', 'b', 'd', 'e', 'f', 'g', 'h', 'i', 'j', 'k', 'l']

# 从索引1到5-1的位置删除元素
del myList[1:5]
print (myList)
=> ['a', 'g', 'h', 'i', 'j', 'k', 'l']

# 从索引0到3-1的位置删除元素
del myList [ :3]
print (myList)
=> ['i', 'j', 'k', 'l']

# 从索引2到结尾的位置删除元素
del myList [2:]
print (myList)
=> ['i', 'j']
```

extend( )

连接两个列表。

[样例]

```
myList = ['a', 'b', 'c', 'd', 'e']
myList2 = [1, 2, 3, 4]
myList.extend(myList2)
print (myList)
=> ['a', 'b', 'c', 'd', 'e', 1, 2, 3, 4]
```

in

检查列表中是否存在某个元素。

[样例]

```
myList = ['a', 'b', 'c', 'd']
'c' in myList
=> True

'e' in myList
=> False
```

insert( )

在列表中的特定位置添加元素。

[样例]

```
myList = ['a', 'b', 'c', 'd', 'e']
myList.insert(1, 'Hi')
print (myList)
=> ['a', 'Hi', 'b', 'c', 'd', 'e']
```

len( )

得到列表中元素的个数。

[样例]

```
myList = ['a', 'b', 'c', 'd']
print (len(myList))
=> 4
```

pop( )

得到列表中的一个元素的值，并把它从列表中删除。

需要元素的索引位置作为参数。

[样例]

```
myList = ['a', 'b', 'c', 'd', 'e']

# 移除第三个元素
member = myList.pop(2)
print (member)
=> c

print (myList)
=> ['a', 'b', 'd', 'e']

# 移除最后一个元素
member = myList.pop()
print (member)
=> e

print (myList)
=> ['a', 'b', 'd']
```

remove( )

从列表中移除一个元素。需要这个元素的值作为参数。

[样例]

```
myList = ['a', 'b', 'c', 'd', 'e']

# 移除元素'c'
myList.remove('c')
print (myList)
=> ['a', 'b', 'd', 'e']
```

reverse( )

逆序列表中的元素。

[样例]

```
myList = [1, 2, 3, 4]
myList.reverse()
print (myList)
=> [4, 3, 2, 1]
```

sort( )

以字母顺序或者数字顺序来排列一个列表。

[样例]

```
myList = [3, 0, -1, 4, 6]
myList.sort()
print(myList)
=> [-1, 0, 3, 4, 6]
```

sorted( )

返回一个新的排序后的列表，而不排序原始的列表。

需要一个列表作为参数。

[样例]

```
myList = [3, 0, -1, 4, 6]
myList2 = sorted(myList)

# 原始的列表并没有排序
print (myList)
=> [3, 0, -1, 4, 6]

# 新列表已经排序了
print (myList2)
=> [-1, 0, 3, 4, 6]
```

相加操作符号： +

连接列表。

[样例]

```
myList = ['a', 'b', 'c', 'd']
print (myList + ['e', 'f'])
=> ['a', 'b', 'c', 'd', 'e', 'f']
```

```
print (myList)
=> ['a', 'b', 'c', 'd']
```

乘法操作符号：*

复制列表，并把它从原列表的尾部连接。

[样例]

```
myList = ['a', 'b', 'c', 'd']
print (myList*3)
=> ['a', 'b', 'c', 'd', 'a', 'b', 'c', 'd', 'a', 'b', 'c', 'd']

print (myList)
=> ['a', 'b', 'c', 'd']
```

注意：

+和*符号并不会修改列表。在这两个情况下，列表保持['a', 'b', 'c', 'd']不变。

附录C：处理元组

=> 表示输出的开始。

del

删除整个元组。

[样例]

```
myTuple = ('a', 'b', 'c', 'd')
del myTuple
print (myTuple)
```
=> NameError: name 'myTuple' is not defined

in

检查元组中是否存在一个元素。

[样例]

```
myTuple = ('a', 'b', 'c', 'd')
'c' in myTuple
```
=> True

```
'e' in myTuple
```
=> False

len( )

得到元组中元素的数量。

[样例]

```
myTuple = ('a', 'b', 'c', 'd')
print (len(myTuple))
```
=> 4

加号：+

连接元组。

[样例]

```
myTuple = ('a', 'b', 'c', 'd')
print (myTuple + ('e', 'f'))
=> ('a', 'b', 'c', 'd', 'e', 'f')

print (myTuple)
=> ('a', 'b', 'c', 'd')
```

乘号：*

复制一个元组，并把它添加到元组的结尾。

[样例]

```
myTuple = ('a', 'b', 'c', 'd')
print(myTuple*3)
=> ('a', 'b', 'c', 'd', 'a', 'b', 'c', 'd', 'a', 'b', 'c', 'd')

print (myTuple)
=> ('a', 'b', 'c', 'd')
```

注意：

+和*符号并不会修改元组。在这两种情况下，元组都保持('a','b','c','d')不变（译者注：原文错误，元组是括号，列表是中括号）。

附录D：处理字典

=> 表示输出的开始。

clear( )

移除字典中的所有元素，并返回一个空的字典。

[样例]

```
dic1 = {1: 'one', 2: 'two'}
print (dic1)
=> {1: 'one', 2: 'two'}

dic1.clear()
print (dic1)
=> { }
```

del

删除整个字典。

[样例]

```
dic1 = {1: 'one', 2: 'two'}
del dic1
print (dic1)
=> NameError: name 'dic1' is not defined
```

get( )

返回给定关键字的值。

如果没有找到关键字，它将会返回关键字None。

或者，你可以在关键字不存在的情况下，指定返回的值。

[样例]

```
dic1 = {1: 'one', 2: 'two'}
dic1.get(1)
=> 'one'
```

```
dic1.get(5)
=> None

dic1.get(5, "Not Found")
=> 'Not Found'
```

in

检查字典中是否存在一个元素。

[样例]

```
dic1 = {1: 'one', 2: 'two'}

# 基于关键字
1 in dic1
=> True

3 in dic1
=> False

# 基于值
'one' in dic1.values()
=> True

'three' in dic1.values()
=> False
```

items( )

以元组的形式返回字典对的列表。

[样例]

```
dic1 = {1: 'one', 2: 'two'}
dic1.items()
=> dict_items([(1, 'one'), (2, 'two')])
```

keys( )

返回字典关键字的列表。

[样例]

```
dic1 = {1: 'one', 2: 'two'}
dic1.keys()
=> dict_keys([1, 2])
```

len( )

得到字典中元素的总数。

[样例]

```
dic1 = {1: 'one', 2: 'two'}
print (len(dic1))
=> 2
```

update( )

将一个字典中的关键字-值对添加到另一个字典中。

重复的将会被移除。

[样例]

```
dic1 = {1: 'one', 2: 'two'}
dic2 = {1: 'one', 3: 'three'}

dic1.update(dic2)
print (dic1)
=> {1: 'one', 2: 'two', 3: 'three'}

print (dic2) #没有变化
=> {1: 'one', 3: 'three'}
```

values( )

返回字典中值的列表。

[样例]

```
dic1 = {1: 'one', 2: 'two'}
dic1.values()
=> dict_values(['one', 'two'])
```

附录E：项目答案

练习1.1

```
def printInstructions(instruction):
  print(instruction)
```

练习1.2

```
def getUserScore(userName):
  try:
    input = open('userScores.txt', 'r')
    for line in input:
      content = line.split(', ')
      if content[0] == userName:
        input.close()
        return content[1]
    input.close()
    return '-1'
  except IOError:
    print("File not found. A new file will be
created.")
    input = open('userScores.txt', 'w')
    input.close()
    return '-1'
```

练习1.3

```
def updateUserScore(newUser, userName, score):
  from os import remove, rename

  if newUser == True:
    input = open('userScores.txt', 'a')
    input.write(userName + ', ' + score + '\n')
    input.close()
  else:
    temp = open('userScores.tmp', 'w')
    input = open('userScores.txt', 'r')
```

```
    for line in input:
      content = line.split(', ')
      if content[0] == userName:
        temp.write(userName + ', ' + score +
'\n')
      else:
        temp.write(line)

    input.close()
    temp.close()

    remove('userScores.txt')
    rename('userScores.tmp', 'userScores.txt')
```

练习2.1

```
class Game:
  def __init__(self, noOfQuestions = 0):
    self._noOfQuestions = noOfQuestions

  @property
  def noOfQuestions(self):
    return self._noOfQuestions

  @noOfQuestions.setter
  def noOfQuestions(self, value):
    if value < 1:
      self._noOfQuestions = 1
      print("\nMinimum Number of Questions = 1")
      print("Hence, number of questions will be
set to 1")
    elif value > 10:
      self._noOfQuestions = 10
      print("\nMaximum Number of Questions =
10")
      print("Hence, number of questions will be
set to 10")
    else:
      self._noOfQuestions = value
```

练习2.2

```
class BinaryGame(Game):
  def generateQuestions(self):
```

```
    from random import randint
    score = 0

    for i in range(self.noOfQuestions):
      base10 = randint(1, 100)
      userResult = input("\nPlease convert %d to
binary: " %(base10))
      while True:
        try:
          answer = int(userResult, base = 2)
          if answer == base10:
            print("Correct Answer!")
            score = score + 1
            break
          else:
            print("Wrong answer. The correct
answer is {:b}.".format(base10))
            break
        except:
          print("You did not enter a binary
number. Please try again.")
          userResult = input("\nPlease
convert %d to binary: " %(base10))

    return score
```

练习2.3

```
class MathGame(Game):
  def generateQuestions(self):
    from random import randint
    score = 0
    numberList = [0, 0, 0, 0, 0]
    symbolList = ['', '', '', '']
    operatorDict = {1:' + ', 2:' - ', 3:'*',
4:'**'}

    for i in range(self.noOfQuestions):
      for index in range(0, 5):
        numberList[index] = randint(1, 9)
      #refer to explanation below
      for index in range(0, 4):
        if index > 0 and symbolList[index - 1]
== '**':
```

```
            symbolList[index] =
operatorDict[randint(1, 3)]
          else:
            symbolList[index] =
operatorDict[randint(1, 4)]

      questionString = str(numberList[0])

      for index in range(0, 4):
        questionString = questionString +
symbolList[index] + str(numberList[index+1])

      result = eval(questionString)

      questionString =
questionString.replace("**", "^")

      userResult = input("\nPlease evaluate %s:
"%(questionString))

      while True:
        try:
          answer = int(userResult)
          if answer == result:
            print("Correct Answer!")
            score = score + 1
            break
          else:
            print("Wrong answer. The correct
answer is {:d}.".format(result))
            break
        except:
          print("You did not enter a valid
number. Please try again.")
          userResult = input("\nPlease
evaluate %s: "%(questionString))

    return score

'''
```

说明

从symbolList中的第二项（即index = 1）开始，如果index> 0且symbolList [index-1] =='**'，则检查symbolList中的前一项是否为符号**。

如果是，则将执行语句symbolList[index] = operatorDict[randint(1, 3)]。 在这种情况下，randint函数的范围是1到3。因此，在operatorDict中4键对应的**符号将不会被赋值给symbolList[index]。

否则如果不是，则将执行语句symbolList[index] = operatorDict[randint(1, 4)] 。由于randint函数的范围是1到4，因此将生成数字1、2、3、4。所以，符号+、-、*、**都将被分配给symbolList [index]。

```
'''
```

练习3.1

```
from gametasks import printInstructions,
getUserScore, updateUserScore
from gameclasses import Game, MathGame,
BinaryGame
```

练习3.2

```
try:
  mathInstructions = '''
In this game, you will be given a simple
arithmetic question.
Each correct answer gives you one mark.
No mark is deducted for wrong answers.
'''

  binaryInstructions = '''
In this game, you will be given a number in base
10.
Your task is to convert this number to base 2.
Each correct answer gives you one mark.
No mark is deducted for wrong answers.
'''
  mg = MathGame()
  bg = BinaryGame()

  userName = input("\nPlease enter your
username: ")

  score = int(getUserScore(userName))

  if score == -1:
    newUser = True
    score = 0
```

```
  else:
    newUser = False
  print("\nHello %s, welcome to the
game." %(userName))
  print("Your current score is %d." %(score))

  userChoice = 0

  while userChoice != '-1':
    game = input("\nMath Game (1) or Binary Game
(2)?: ")
    while game != '1' and game != '2':
      print("You did not enter a valid choice.
Please try again.")
      game = input("\nMath Game (1) or Binary
Game (2)?: ")

    numPrompt = input("\nHow many questions do
you want per game (1 to 10)?: ")
    while True:
      try:
        num = int(numPrompt)
        break
      except:
        print("You did not enter a valid number.
Please try again.")
        numPrompt = input("\nHow many questions
do you want per game (1 to 10)?: ")


    if game == '1':
      mg.noOfQuestions = num
      printInstructions(mathInstructions)
      score = score + mg.generateQuestions()
    else:
      bg.noOfQuestions = num
      printInstructions(binaryInstructions)
      score = score + bg.generateQuestions()
    print("\nYour current score
is %d." %(score))

    userChoice = input("\nPress Enter to
continue or -1 to end: ")
```

```
  updateUserScore(newUser, userName, str(score))
```

练习3.3

```
except Exception as e:
  print("An unknown error occurred. Program will
exit.")
  print("Error: ", e)
```

感谢

我们已经到了本书的最后。感谢你阅读本书，我希望你能喜欢这本书。更重要的是，我真诚地希望本书能够帮助你掌握Python编程的基础知识。

我知道你可能有十几本关于Python编程的书来挑选，但是你选择了学习这本书。再次感谢你购买本书并一直阅读到最后。请尝试练习和挑战。你会从中学到很多东西。

现在我想要一个“小小”的反馈。你能否可以花几分钟在购书平台上为本书留下评论？

这个反馈将对我有很大的帮助，并将帮助我继续编写更多关于编程的内容。如果你喜欢这本书或有任何改进建议，请告诉我。我将深表感谢。:)

最后但同样重要的是，请记住，你可以在learncodingfast网站上下载项目和附录的源代码。

你也可以通过jamie@learncodingfast.com与我联系。

最后一件事

对我而言，编程是一门艺术，也是一门科学。它非常容易上瘾和也会让人感到愉快。我希望能与尽可能多的人分享这种激情。

如果本书对你有所帮助，那么如果你能花几秒时间让你的朋友也了解它，我将非常感激。

另外，我希望你不要在这里停止学习。如果你对更多编程挑战感兴趣，可以访问projecteuler网站。祝你玩得开心！

LEARN JAVA IN ONE DAY AND LEARN IT WELL

从零起步学编程 Java篇

[新加坡] Jamie Chan（杰米·陈） 著

程晨 耿宁子 黄一天 王磊 译

人民邮电出版社

北京

内容提要

本书共四册，从零起步介绍关于Python、Java、C#、CSS这四种常用编程语言的基础知识和实践技巧。作者将以浅显易懂的方式来讲解看似复杂的概念，并通过精选项目来阐述相关问题，进而使你更加深入地理解Python、Java、C#、CSS编程的知识。本书四册全部提供项目的源代码以及附录内容，供读者下载并学习。本书适合无编程基础的读者阅读。

关于作者

杰米·陈（Jamie Chan）

她拥有计算机科学专业硕士学位，目前是一名教师和自由程序员。她非常乐于向尽可能多的人分享编程的乐趣。多年的教学经历使她获得了把编程概念化繁为简的诀窍。在她出版的图书中，她尽力让编程的初学者都可以理解其中的概念并将之运用到操作中，在挑选样例方面更加用心，使得每个样例都非常典型地阐释了相关的概念，加深读者在实践中的理解。

关于译者

耿宁子

毕业于英国莱斯特大学，获得了高级软件工程硕士学位，主要研究方向为软件工程设计。目前就职于途牛旅游网，担任软件开发工作师，负责支付、清算、对账等互联网金融相关的研究和开发工作，主要使用的编程语言为Java、JavaStript。

前言

本书旨在帮助您快速学习Java并用好它。

本书假设你没任何编程的基础。如果你是一个绝对的初学者，你会发现这本书以一种易于理解的方式解释了复杂的概念。如果您是一位经验丰富的程序员，但对Java不熟悉，本书将为您提供足够的深度，以便立即开始使用Java进行编码。

精心挑选的主题可以让您广泛接触Java，同时不会让您对信息过载感到不安。这些主题包括面向对象的编程概念、错误处理技术、文件处理技术等。此外，还介绍了Java的新功能，如lambda表达式。本书中的所有示例都经过精心挑选，以展示每个概念，以便您可以更深入地理解该语言。

此外，正如理查德·布兰森（Richard Branson）所说："学习任何事情的最好方法就是实践。"本书附带了一个项目，您将从头开始编写会员管理软件。该项目使用了本书中涵盖的概念，让您有机会了解它们如何结合在一起。

您可以在learncodingfast网站下载本书的源代码和本书中的所有示例程序。

联系信息

我非常乐意收到你们对本书的评价。

不管是反馈还是问询，你们都可以通过jamie@learncodingfast.com联系我。

目录

第1章　Java简介

欢迎使用Java编程并且非常感谢您在大量可用的Java书籍中选择我的书。

无论您是经验丰富的程序员还是完全的新手，本书都是为了帮助您快速学习Java编程而编写的。 精心挑选的主题可以让您广泛了解Java的基本概念，同时不会让您面临信息过载的问题。 虽然本书中不可能涵盖每一个Java概念，但请放心，在读完本书后，编写自己的Java程序应该没有问题。 实际上，我们在本书末尾将编写一个程序作为项目的一部分。 准备开始？

我们首先回答几个问题：

1.1　什么是Java？

Java是一种面向对象的编程语言，由Sun Microsystems的James Gosling开发，后来被Oracle（甲骨文）公司收购。它于1995年发布，目前是最流行的编程语言之一。它可用于为各种环境开发应用程序，例如桌面、Web甚至移动设备的应用程序。 Java的一个主要特性是它与平台无关。这意味着用Java编写的程序可以在任何操作系统（例如Windows、Mac或Linux）上执行。

与所有现代编程语言一样，Java代码类似于计算机无法理解的英语语言。因此，必须通过称为编译的过程将Java代码转换为机器代码。每个计算机平台都有自己的机器代码指令集。因此，为一个平台编译的机器代码将无法在另一个平台上运行。大多数编程语言（如C和C ++）直接将编写的代码编译到机器代码中。所以，该机器代码只能在编译代码的特定平台上运行。

Java则有点不同。

Java不是直接编译成机器代码，而是首先将所有编写的代码编译成字节码。字节码独立于平台。 也就是说，Windows、Mac或Linux的字节码之间没有区别。

当一个用户想要运行Java程序时，用户计算机内部的程序（称为Java虚拟机或JVM）会将此字节代码转换为用户使用的特定平台的机器代码。

使用这个两步编译过程的优点是，只要运行Java程序的计算机安装了JVM，它就允许Java代码在所有平台上运行。 JVM可以免费下载，不同的计算机平台有不同的版本。 我们将在下一章学习如何安装JVM。

1.2 为什么学习Java?

人们应该学习Java的原因有很多。 我们来看看下面的一些原因。

首先，Java是目前使用最广的编程语言之一。 根据Oracle的说法，有30亿台设备运行Java。 此外，Android应用程序也是使用Java开发的。 随着对移动应用程序的需求不断增长，可以肯定地说，如果您有兴趣成为程序员，Java是必不可少的语言。

接下来，Java具有类似于其他编程语言（如C和C ++）的语法和功能。 如果您有任何编程经验，您会发现学习Java变得轻而易举。 即使您是编程新手，也可以放心，Java是一种相对容易学习的语言。 大多数程序员发现学习Java比学习C或C ++更容易。

Java也被设计为独立平台。 如前所述，Java代码首先被编译为字节码，可以在任何具有Java虚拟机的机器上运行。 因此，使用Java，您可以编写一次代码并在任何地方运行它。

然后，Java是面向对象编程（OOP）语言。 面向对象编程是一种编程方法，它将编程问题分解为彼此交互的对象。 我们将在本书中研究各种面向对象的编程概念。 掌握Java之后，您将熟悉这些概念。 这将使您以后更容易掌握其他面向对象的编程语言。

您是否相信Java是一门很好的学习语言？让我们继续学习吧。

第2章　为Java做好准备

2.1　安装JDK + NetBeans软件包

在开始用Java开发应用程序之前，需要下载并安装Oracle公司提供的免费JDK开发工具包+ NetBeans开发工具。

2.1.1　什么是JDK?

JDK的意思是Java Development Kit，它是由Oracle公司免费提供的java语言开发工具包，包含了一系列帮助开发Java应用程序的工具。工具中包括一个编译器，用于将所编写的代码编译成字节码（javac.exe）；一个归档器，用于打包和分发我们的Java文件（jar .exe）以及一个生成器，用于从Java代码中生成HTML文档。

此外，JDK还包括Java运行时环境（JRE）。 JRE包含了第1章中提到的JVM和JVM运行Java程序时所需的资源。

如果您只是对运行Java程序感兴趣，那么只需要用到JRE。但是，如果我们也对开发Java程序兴趣，那就需要JDK

2.1.2　什么是NetBeans?

除了JDK之外，还需要安装NetBeans。

NetBeans是一个集成开发环境（IDE），能有效便捷地提高开发编码的过程。但是严格来说，开发者可以在不使用NetBeans工具的情况下开发Java应用程序。也可以使用NotePad记事本（或任何其他文本编辑器）编写java程序，并使用JDK中提供的工具编译和执行它们。下面的屏幕截图显示了如何完成此操作的示例。

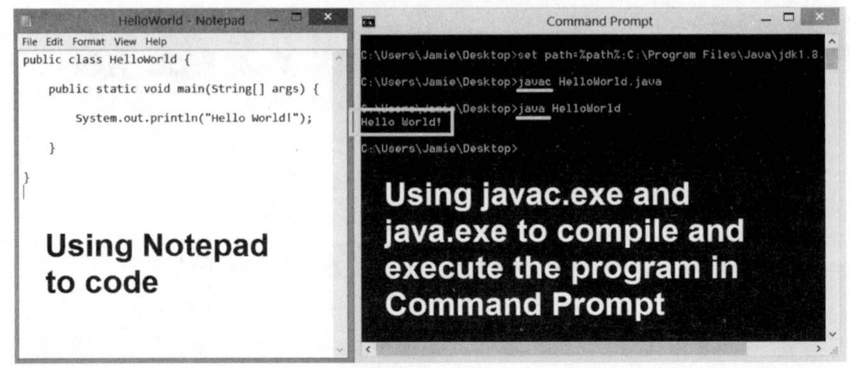

但是，虽然仅使用JDK（不借助任何IDE）可以开发Java应用程序，但这个过程很烦琐且容易出错。

为了简化编码，强烈建议开发者使用IDE。IDE包含一个带有高级功能的文本编辑器，并为开发者提供了用于调试、编译和运行应用程序的图形用户界面。正如稍后将看到的，这些功能在编码时会有很大帮助。 我们将使用的IDE是Oracle公司提供的NetBeans。

要下载JDK + NetBeans软件包，请访问oracle官网，单击Download JDK II now

您将看到大量的下载选项，这些选项一开始可能会让您感到不堪重负。您要下载的版本取决于您使用的操作系统。x86和x64分别指32位和64位操作系统。 例如，如果您使用的是32位Windows操作系统，那么您需要下载“Windows x86”版本。

继续下载应用程序。完成安装后，您就可以开始编写第一个Java程序。

2.2 怎样使用这本书

在开始之前，我想强调一下这样一个事实，即Java中的大多数代码都包含相当长的语句。因此，一些陈述可能会转到本书的下一行。如果您在阅读代码示例时遇到问题，可以登录learncodingfast网站的java页面下载所有示例程序的源代码。

2.3 您的第一个java程序

现在，让我们开始编写我们的第一个程序。为此，让我们启动NetBeans并从顶部菜单栏选择File（文件）> New Project （新建项目）。

系统将提示您“New Project（新建项目）”对话框。在目录下选择Java，在Projects下选择Java程序。单击“下一步”。

在下一个屏幕上，将项目命名为HelloWorld，并记下项目的存储位置。最后，单击“完成”以创建项目。

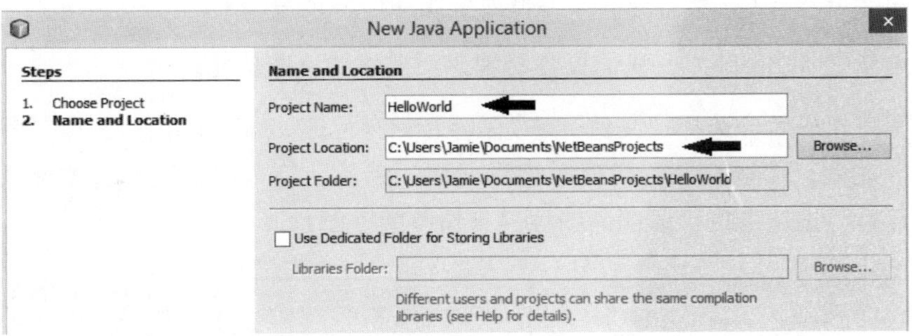

您将看到NetBeans自动为您创建的默认模板。使用以下代码替换模板中的代码。

请注意，这些行前序号被添加用于参考，并且不是实际代码的一部分。在讨论该程序时，您可以将此页面加入书签以便参考。您还可以在登录learncodingfast网站的java页面下载本示例程序的源代码以及本书中的所有其他示例程序。

如果您不想敲入下面整个程序，可以删除模板左侧中带有正斜杠（/）和/或星号（*）的所有行，并在其中添加第6行和第7行。

```
1 package helloworld;
2
3 public class HelloWorld {
4
5    public static void main(String[] args) {
6       //在屏幕上打印"Hello World"字样
7       System.out.println("Hello World");
8    }
9
10 }
```

但是，我强烈建议您自己写代码以更好地了解NetBeans的工作方式。写代码时，您会注意到NetBeans的一些有趣功能。例如，您会看到单词以不同的颜色显示。这样软件可以帮助我们的代码更易于阅读。不同的单词在我们的程序中用于不同的目的，因此使用不同的颜色显示。我们将在后面的章节中详细介绍。

此外，您还会注意到光标附近会出现一个框，偶尔会显示一些帮助消息。这被称为智能感知。例如，当您在单词System之后键入句号（.）时，会出现一个下拉列表，提示您句号之后可以输入的内容，并提供更多信息。

最后，还要注意，当您键入左括号时，NetBeans将自动为您关闭括号。例如，当您键入“（”时，NetBeans将为您添加结束括号“）”。

这些是NetBeans为使我们更容易编码而提供的一些功能。

写完代码后，选择“文件”>“保存”保存程序。NetBeans有一个“保存时编译”功能，可以在保存代码时编译代码。然后，您可以通过单击顶部菜单中的“运行”按钮来执行已编译的程序（请参阅下图）。

如果您的程序无法运行，将会出现一个弹出框，其中包含错误消息。单击“仍然运行”以继续。然后，您将在输出窗口中看到错误的描述（请参阅下图）。或者，您也可以将鼠标悬停在文本编辑器窗口中的红色波浪线上，这将为您提供有关出错的另一条线索。尝试识别并纠正错误，再次运行程序。

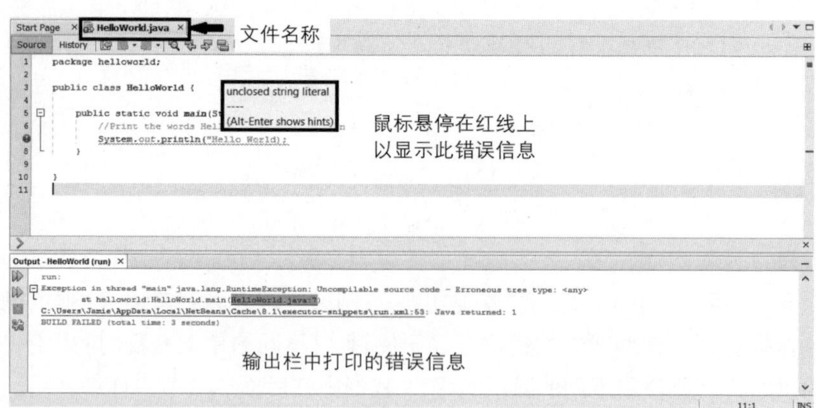

如果程序运行顺利，您将在输出窗口中看到以下内容：

```
run:
Hello World
BUILD SUCCESSFUL (total time: 0 seconds)
```

该程序只在输出窗口中显示Hello World字样。另外两个句子是NetBeans提供的附加信息，不属于我们的程序输出。

很好！您已成功编写了第一个程序。拍拍自己的肩膀。

您刚刚编写的Java文件的名称是HelloWorld.java。您可以在文本编辑器窗口的顶部找到该名称（请参阅上图）。

2.4 Java程序的基本结构

现在，让我们快速浏览刚刚编写的基本程序。

2.4.1 包

在第一行，我们声明包：

```
package helloworld;
```

该语句告诉编译器我们编写的Java文件属于helloworld包。

包只是相关的类和接口的分组。如果您不知道哪些类和接口是什么，请不要担心，我们将在后续章节中介绍它们。

当我们在我们文件的顶部写package helloworld;时，我们要求编译器将此文件包含在helloworld包中。然后，编译器将创建一个名为helloworld的文件夹，并将该文件保存到该文件夹中。属于同一包的文件存储在同一文件夹中。

如果您现在导航到NetBeansProjects文件夹，您将找到名为HelloWorld的文件夹。NetBeansProject文件夹通常位于Documents文件夹中。如果找不到此文件夹，请尝试使用计算机的搜索功能进行搜索。

在HelloWorld文件夹中，您将找到包含helloworld文件夹的src文件夹。

该文件夹存储helloworld包的文件。我们的惯例是以小写命名我们的包。请注意，Java是一种区分大小写的语言。因此，HelloWorld与helloworld不同。在helloworld文件夹中，您将找到HelloWorld.java文件。

声明包的优点是它可以防止命名冲突。两个或多个文件可以具有相同的名称，只要它们属于不同的包。这与您在计算机上拥有两个或多个同名文件的方式类似，只要将它们放在不同的文件夹中即可。我们将在第8章学习如何创建不同的包。

除了我们创建的包之外，Java还附带了大量预先创建的包，其中包含我们可以在程序中使用的代码。例如，输入和输出的代码捆绑在java.io包中，而用于实现图形用户界面组件的代码（如按钮、菜单等）捆绑在java.awt包中。要使用这些预先编写的包，我们需要将它们导入到我们的程序中。我们将在以后学习如何做到这一点。

2.4.2 HelloWorld类

接下来，让我们继续讨论HelloWorld类。我们将在第7章中更多地讨论类。现在，只要知道在我们的示例中，HelloWorld类在第3行开始，带有一个大括号，并在第10行结束，带有一个闭合的花括号。在Java中广泛使用花括号来表示代码元素的开始和结束。必须使用相应的右括号关闭Java中的所有开口括号。

在HelloWorld类中，我们有main( )方法，它从第5行开始，到第8行结束。

2.4.3 main( )方法

main( )方法是所有Java应用程序的入口点。每当启动Java应用程序时，main( )方法都是第一个被调用的方法。

注意我们的main( )方法的括号内的字符串String [ ] args，这意味着main( )方法可以接受一个字符串数组作为输入。暂时不要担心这一点。我们将在后续章节中介绍数组和输入。

在我们的示例中，main( )方法包含两行代码。第一行：

```
//在屏幕上打印"Hello World"字样
```

此为注释，编译器会忽略它。

第二行：

```
System.out.println("Hello World");
```

在输出窗口（位于屏幕底部）上显示Hello World行（不带引号）。请注意，此语句以分号结尾。Java中的所有语句都必须以分号（;）结尾。这类似于大多数其他编程语言，如C和C ++。

在System.out.println("Hello World");声明之后，我们用两个闭合括号结束我们的代码以关闭前面的开口括号。

就是这样！ 以上就是这个简单的程序所需的。

2.5 评论

我们在本章中已经介绍了很多内容。 您现在应该对Java编程有基本的了解，并且对NetBeans非常熟悉。 在我们结束本章之前，还有一件事需要学习和评论。

我们在上一节中提到了该行：

```
//在屏幕上打印"Hello World"字样
```

此为注释，编译器会忽略它。

评论实际上不是该程序的一部分。 它被添加到我们的代码中，使其对其他程序员更具可读性。 因此，注释不会编译为字节码。

要为我们的程序添加注释，我们在每行注释前面键入两个正斜杠（//），如下所示：

```
//这是一个注释
//这是另一个注释
//这还是一个注释
```

或者，我们也可以使用/*…*/来表示这样的多行注释：

```
/*这是一个注释
//这是另一个注释
这还是一个注释
*/
```

注释也可以放在语句后面，如下所示：

```
System.out.println("Hello"); //打印单词"Hello"
```

第3章　变量和运算符的世界

现在您已经熟悉NetBeans并对Java程序有一些基本的了解，那么让我们来看看真正的要素。 在本章中，您将学习有关变量和运算符的所有信息。 具体来说，您将了解什么是变量以及如何命名、声明和初始化变量。 您还将了解我们可以对变量执行的常见操作。

3.1　什么是变量?

变量是我们需要在程序中存储和操作的数据的名称。 例如，假设您的程序需要存储用户的年龄。 为此，我们可以将此数据命名为userAge，并使用以下语句声明变量userAge：

```
int userAge;
```

此声明语句首先声明变量的数据类型，后跟其名称。变量的数据类型是指变量将存储的数据类型（例如，它是一个数字还是一段文本）。在我们的示例中，数据类型是int，它指的是整数。我们变量的名称是userAge。

声明变量userAge后，程序将分配计算机内存空间的某个区域来存储此数据。然后，您可以通过引用名称userAge来访问和修改此数据。

3.2　Java中的基本数据类型

Java中预定义了8种基本数据类型。这些被称为原始数据类型。

前4种数据类型用于存储整数（即没有小数部分的数字）。它们如下：

byte（字节型）

byte数据类型用于存储-128到127之间的整数。它使用1个字节的存储空间（这称为数据类型的宽度或大小）。如果存储空间是一个问题，或者我们确定变量的值不会超过-128到127范围，我们通常使用byte数据类型。

例如，我们可以使用byte数据类型来存储用户的年龄，但是用户的年龄不可能超过127岁。

short（短整型）

short数据类型使用2个字节的存储空间，范围为-32768到32767。

int（整型）

int数据类型使用4个字节的存储空间，范围为-2^{31}（-2147483648）到$2^{31}-1$（2147483647）。它是存储整数最常用的数据类型，因为它具有最实用的范围。

long（长整型）

long数据类型使用8个字节的存储空间，范围为-2^{63}到$2^{63}-1$。除非你真的需要存储一个非常大的整数（例如地球上的居民数量），否则很少使用它。要指定long值，必须在数字的末尾添加后缀L。我们将在下一节中详细讨论后缀。

除了具有用于存储整数的数据类型之外，我们还具有用于存储浮点数（即具有小数部分的数字）的数据类型。它们是：

float（浮点型）

float数据类型使用4个字节的存储空间，其范围大约为-3.40282347 x 1038到3.40282347 x 1038。它具有大约7位数的精度。这意味着如果您使用float来存储类似1.23456789（10位数）的数字，则该数字将四舍五入为大约7位数（即1.234568）。

double（双精度浮点型）

double数据类型使用8个字节的存储空间，其范围大约为-1.79769313486231570 x 10308到1.79769313486231570 x 10308，精度约为15位。

默认情况下，只要在Java中指定浮点数，就会自动将其视为double，而不是float。如果您希望Java将浮点数视为float，则必须在数字的末尾添加后缀F。

除非存储空间是一个问题，否则你应该使用double而不是float，因为它更精确。

除了上面提到的6种数据类型，Java还有2种更原始的数据类型。它们是：

char（字符型）

char代表字符，用于存储单个Unicode字符，如A、%、@和p等。它使用2个字节的内存。

boolean（布尔型）

boolean是一种特殊的数据类型，只能包含两个值：true和false。它通常用于控制流程语句中。我们将在第6章介绍控制流程的语句。

3.3 命名变量

Java中的变量名只能包含字母、数字、下划线（_）或美元符号（$）。但是，第一个字符不能是数字。因此，您可以将变量命名为_userName、$username、username或userName2，但不能命名为2userName。

但是，惯例是始终用字母开头，而不是用“$”或“_”。此外，在命名变量时几乎从不使用美元符号字符（尽管使用它在技术上不是错误的）。

变量名称应该简短具有意义，旨在向随意的读者表明其使用的意图。您的变量命名为userName、userAge和userNumber会更有意义，而不是命名为n、a和un。

此外，还有一些保留单词不能用作变量名，因为它们已经在Java中具有预先指定的含义。这些保留单词包括System、if、while等。我们将在后续章节中了解它们中的每一个。

在Java中命名变量时，通常使用驼峰式。骆驼式是用混合式写复合词的做法，将每个单词的第一个字母大写，除了第一个单词（例如thisIsAVariableName）。这是我们将在本书其余部分使用的惯例。

最后，变量名称区分大小写。thisIsAVariableName与thisisavariablename不同。

3.4 初始化变量

每次声明一个新变量时，您都需要给它一个初始值，这称为初始化变量。您可以稍后在程序中更改变量的值。

有两种方法可以初始化变量。您可以在声明时对其进行初始化，也可以在单独的语句中对其进行初始化。

下面的代码显示了如何在声明时初始化变量（添加左侧的行前序号以供参考，它们不是代码的一部分）。

```
1 byte userAge = 20;
2 short number of students= 45;
3 int numberOfEmployees = 500;
4 long numberOfInhabitants = 21021313012678L;
5
6 float hourlyRate= 60.5F;
7 double numberOfHours = 5120.5;
8
9 char grade ='A';
10 boolean promote = true;
11
12 byte level= 2,userExperience = 5;
```

如上所述，为了指定long值，您必须在数字的末尾添加后缀L。因此，在第4行，当我们初始化numberOfInhabitants时，我们在数字的末尾添加了L。如果我们不这样做，编译器会抱怨数字太大，并抛给我们一个错误。

另外，当我们在第6行初始化变量hourlyRate时，我们添加了后缀F。这是因为在默认情况下，任何浮点数都被Java视为double。我们需要添加后缀F来向编译器指示hourlyRate是float数据类型。

最后，在初始化char数据类型时，我们需要将字符用单引号括起来，如第9行所示。

在第12行，我们看到一个示例，说明如何在一个语句中声明和初始化两个相同数据类型的变量。这两个变量用逗号分隔，并且不需要声明第二个变量的数据类型。

上面的示例显示了如何在声明时初始化变量。或者，您可以选择在两个单独的语句中声明和初始化变量，如下所示：

```
byte year;            //首先声明变量
year = 20;            //稍后再初始化
```

3.5 赋值运算符

编程中的=符号与我们在数学中学到的符号有不同的含义。在编程中，=符号称为赋值运算符。这意味着我们将=符号右侧的值赋给左侧的变量。

在编程中，语句x = y和y = x具有非常不同的含义。

您是否困惑？下例可能会解释清楚这一点。

假设我们声明两个变量x和y，如下所示：

```
int x = 5;
int y = 10;
```

如果您写：

```
x = y;
```

您的数学老师可能会对您感到失望，因为x不等于y。但是，在编程中，这是可以的。

这个陈述意味着我们将y的值赋给x。Java是可以将变量的值赋给另一个变量。在我们的例子中， x的值现在更改为10，而y的值保持不变。换句话说，现在x＝10，y＝10。

如果我们现在通过写入分别将x和y的值分别更改为3和20：

```
x = 3;
y = 20;
```

然后编写：

```
y = x;
```

我们将x的值赋给变量y。因此，y变为3而x的值保持不变（即y＝3，x＝3）。

3.6 基本运算符

除了为变量赋初始值或为其赋予另一个变量外，我们还可以对变量执行常规的数学运算。 Java中的基本运算符包括+、-、*、/和%，分别表示加法、减法、乘法、除法和模数。

[样例]

假设x＝7，y＝2

加法：

x＋y＝9

减法：

x - y = 5

乘法：

x * y = 14

除法：

x / y = 3（将答案向下舍入到最接近的整数）

模数：

x%y = 1（给出7除以2时的余数）

在Java中，如果x和y都是整数，则除法给出整数答案。但是，如果x或y是非整数，我们将得到非整数答案。例如：

7/2 = 3

7.0 / 2 = 3.5

7 / 2.0 = 3.5

7.0 / 2.0 = 3.5

在第一种情况下，当一个整数除以另一个整数时，你得到一个整数作为答案。答案的小数部分（如果有）将被截断。因此，我们得到3而不是3.5。

在所有其他情况下，结果是非整数，因为至少一个操作数是非整数。

请注意，7.0与Java中的7不同。前者是浮点数，后者是整数。

3.7 更多赋值运算符

除了=运算符之外，Java（以及大多数编程语言）中还有一些赋值运算符。这些包括+ =、- =和* =等运算符。

假设我们有变量x，初始值为10。如果我们想要将x递增2，就可以编写：

```
x = x + 2;
```

程序将首先评估右侧的表达式（x + 2），并将答案赋值给左边。所以最终x变为12。

除了编写x = x + 2，我们也可以写x + = 2来表达同样的意思。+ =运算符是结合使用的简写具有加法运算符的赋值运算符。因此，x + = 2简单地表示x = x + 2。

类似地，如果我们想要进行减法，可以写x = x - 2 或x - = 2。这同样适用于上面提到的所有5个运算符。

大多数编程语言也有++和--运算符。当你想要将变量的值增加1时，使用++运算符。例如，假设：

```
int x = 2;
```

如果您编写：

```
x++;
```

x的值变为3。

使用++运算符时无须使用=运算符。声明x ++; 相当于：

```
x = x + 1;
```

++运算符可以放在变量名的前面或后面。不同位置会影响执行任务的顺序。

假设我们有一个名为counter的整数。如果我们编写：

```
System.out.println (counter ++) ;
```

程序首先打印counter的原始值，然后将counter的值递增1.换句话说，它按以下语句顺序执行任务：

```
System.out.println(counter);
counter = counter + 1;
```

另一方面，如果我们编写：

```
System.out.println(++counter);
```

在打印新值之前，程序首先将counter的值递增1。换句话说，它按以下顺序执行任务：

```
counter = counter + 1;
System.out.println(counter);
```

除了++运算符之外，我们还有--运算符（两个减号标志）。此运算符将变量的值减1。

3.8 在Java中类型转换

有时在我们的程序中，有必要从一种数据类型转换为另一种数据类型，例如从double转换为int，这被称为类型转换。

如果我们想将较小的数据类型转换为较大的数据类型，我们不需要特别地做任何事情。例如，下面的代码将short（2个字节）赋值给double（8个字节）。这被称为自动类型转换，并且我们不需要任何特殊代码。

```
short age = 10;
double myDouble = age;
```

但是，如果我们想要将较大的数据类型赋值给较小的数据类型，我们需要使用一对括号明确指出它，这被称为强制类型转换。下面的示例显示了如何完成它。

```
int x = (int) 20.9;
```

这里，我们将一个double（8个字节）转换为int（4个字节）。

强制类型转换是不安全的，除非绝对必要，否则应该避免。这是因为强制类型转换可能导致数据丢失。当我们将20.9转换为int时，结果值为20，而不是21。转换后，小数部分被截断。

我们也可以将一个double转换为float。回想一下，我们之前是否提到过，在Java中默认情况下所有非整数都被视为double？如果我们想将一个20.9之类的数字分配给一个浮点数，我们需要在数字上加一个后缀F。另一种方法是使用强制转换，如下所示：

```
float num1 = (float) 20.9;
```

num1的值为20.9。

除了在数值类型之间进行转换之外，我们还可以执行其他类型的转换。我们将在后续章节中探讨其中的一些转换。

第4章　字符串和数组

在第3章中，我们介绍了Java中的8种基本数据类型。除了这些基本类型之外，Java还附带了一些更高级的数据类型。在本章中，我们将介绍其中两个：字符串和数组。此外，我们将讨论基本数据类型和引用数据类型之间的区别。

4.1　String字符串

首先，让我们看看字符串。字符串本质上是一段文本，例如Hello World或Good morning。

要编写和初始化String变量，请您编写：

```
String message = "Hello World";
```

其中message是String变量的名称，Hello World是赋值给它的字符串。请注意，您需要将字符串括在双引号（"）中。

您还可以将一个空字符串赋值给String变量，如下所示：

```
String anotherMessage = "";
```

如果您想要将两个或多个字符串连接在一起，可以使用连接符号（+）。例如，您可以编写：

```
String myName = "Hello World, " + "my name is Jamie";
```

这与以下语句效果相同：

```
String myName = "Hello World, my name is Jamie";
```

字符串方法

与我们在前一章中看到的8种基本类型不同，String实际上是一个对象。具体来说，它是String类的一个对象。

如果您不明白这意味着什么，请不要担心，我们将在第7章讨论类和对象。现在，您只需要知道的是String类为我们提供了一些我们在处理字符串时可以使用的预编写方法。一个方法是执行特定任务的可重用代码块。我们稍后会看一些例子。

在Java中，一个方法可以具有不同的变体。以下大多数示例仅讨论每种方法的一种变体。但是，如果您学习如何使用一种变体，则可以相对轻松地找出如何使用其他变体。我们现在来看一些常用的String方法。

length( )

length( )方法告诉我们字符串的总字符数。

为了找到字符串Hello World的长度，我们编写：

```
"Hello World".length();
```

无论何时当我们使用方法时，我们都需要使用点运算符。我们在点运算符后面输入方法的名称（在本例中为length），后跟一对括号( )。大多数方法在完成任务后返回答案。length( )方法返回字符串的长度。您可以将此结果赋值给变量，如下所示：

```
int myLength = "Hello World".length();
```

在上面的例子中，myLength将等于11，因为Hello和World都各有5个字符。在两个单词之间添加空格时，总长度为11。

您可以使用以下语句显示length( )方法的结果：

```
int myLength = "Hello World".length();
System.out.println(myLength);
```

尝试将上面的两个语句添加到您在第2章中编写的HelloWorld.java文件中。您需要将它们添加到main( )方法的开始和结束括号内。运行程序。您将看到值11作为显示的输出结果。我们将在第5章中详细讨论显示输出。

toUpperCase( )/toLowerCase( )

toUpperCase( )方法用于将字符串转换为大写字符。toLowerCase( )方法用于将字符串转换为小写字符。

例如，要将字符串Hello World更改为大写，我们可以编写：

```
String uCase = "Hello World".toUpperCase();
```

在语句的右侧，我们使用字符串Hello World来调用toUpperCase( )方法。然后我们将结果赋值给变量uCase。

因此，uCase将等于HELLO WORLD。

substring( )

substring( )方法用于从较长的字符串中提取子字符串。

Java中的某些方法需要某些数据才能工作，这些数据称为参数。我们将这些参数包含在方法名称后面的括号中。substring( )方法就是一个需要参数才能工作的方法的示例。

例如，要从Hello World中提取子字符串，我们可以使用以下语句：

```
String firstSubstring = "Hello World".substring(6);
```

在语句的右侧，我们使用Hello World字符串来调用substring( )方法。括号中的数字6称为参数。该参数告诉编译器从哪里开始提取子字符串。本质上，它要求编译器从索引6（即位置6）开始提取子字符串到字符串的结尾。

请注意，在编程中，索引的起始值为ZERO（0）而不是1，这是几乎所有编程语言（如Python和Java）中的常见做法。因此，在我们的例子中，H在索引0处，而W在索引6处。

上面的语句将提取子字符串World。然后将此结果赋值给firstSubstring。

因此，firstSubstring等于World。

substring( )方法还带有另一个变体，它允许我们从一个索引中提取子字符串到另一个索引。假设您要从位置1到7提取子字符串，可以按如下方式执行：

```
String message = "Hello World";
String secondSubstring = message.substring(1, 8);
```

在上面的例子中，我们首先将Hello World赋值给变量message。然后我们使用message来调用substring( )方法。

这两个参数是1和8。

和之前一样，第一个参数告诉编译器要提取的起始位置的索引。第二个参数告诉编译器停止提取的第一个位置的索引。换句话说，在我们的示例中，编译器停止在位置8处提取（不是在第8位之后）。这意味着第8位的字母不包含在子字符串中。因此，提取的子字符串是ello Wo。

因此，secondSubstring等于ello Wo。

message仍为Hello World。

charAt( )

charAt( )方法返回指定位置的单个字符。然后可以将此字符赋值给char变量。

例如，声明语句：

```
char myChar = "Hello World".charAt(1);
```

提取索引1处的字符并将其赋值给myChar。因此，myChar等于e。

equals( )

equals( )方法用于比较两个字符串是否相同。如果字符串相等则返回true，如果不相等则返回false。

如果我们有声明：

```
boolean equalsOrNot = "This is Jamie".equals("This is
Jamie");
boolean equalsOrNot2 = "This is Jamie".equals("Hello
World");
```

equalsOrNot将是true，而equalsOrNot2将是false。

split( )

split( )方法根据用户定义的分离器（也称为分隔符）将字符串拆分为子字符串。拆分字符串后，split( )方法返回一个包含结果子字符串的数组。数组是相关数据的集合。我们将在下一节讨论数组。

假设您要将字符串“Peter，John，Andy，David”拆分为子字符串，您可以按如下方式进行：

```
String names = "Peter, John, Andy, David";
String[] splitNames = names.split(", ");
```

在这里，我们首先将要分割的字符串赋值给变量names。然后我们使用names来调用split( )方法。split( )方法接受一个参数——用于分隔子字符串的分隔符。在我们的示例中，分隔符是逗号后跟空格。

上面代码的结果是以下数组：

```
{"Peter", "John", "Andy", "David"}
```

该数组被赋值给变量splitNames。

我们已经介绍了Java中常用的一些String方法。有关所有可用的String方法的完整列表，请查看oracle官网。

4.2 数组

接下来，让我们看一下数组。

数组是通常彼此相关的一个数据集合。假设我们想要存储5个用户的年龄，我们可以将它们存储为数组，而不是将它们存储为user1Age、user2Age、user3Age、user4Age和user5Age。

声明数组变量有两种方法。第一种方法是声明如下语句：

```
int[] userAge;
```

int表示此变量存储int值。[ ]表示变量是数组而不是普通变量。userAge是数组的名称。

声明它的第二种方式的语句如下：

```
int userAge[];
```

这种风格来自C/C ++语言，并在Java中被采用以适应C/C++程序员。但是，这不是Java中的首选语法。我们将在本书中坚持第一种风格。

声明数组变量后，需要创建一个数组并将其赋值给变量。为此，我们使用new关键字，如下所示：

```
int[] userAge;
userAge = new int[] {21, 22, 23, 24, 25};
```

第一个语句声明数组变量userAge。第二个语句创建数组{21,22,23,24和25}并将其赋值给userAge。由于之前没有为userAge赋值任何数组，因此该语句使用创建时初始化数组userAge。初始化数组后，无法再更改数组的大小。在这种情况下，数组userAge从现在开始只能容纳5个值，因为我们用5个整数初始化它。{21,22,23,24,25}是数组当前存储的5个整数。

除了在两个语句中声明和初始化数组之外，我们还可以使用下面的快捷语法将这两个语句组合成一个语句：

```
int[] userAge2 = new int[] {21, 22, 23, 24, 25};
```

我们也可以更简单地声明这个语句：

```
int[] userAge2 = {21, 22, 23, 24, 25};
```

也就是说，如果在同一语句中声明并初始化数组，则可以省略单词new int[]。

声明和初始化数组的第三种方法如下：

```
int[] userAge3 = new int[5];
```

这个语句声明了一个数组userAge3并用一个含有5个整数的数组初始化它（如方括号[]中的数字5所示）。由于我们没有指定这5个整数的值，因此Java会使用默认值自动创建一个数组，并将其赋值给userAge3。整数的默认值为0。因此，userAge3变为{0,0,0,0,0}。

您可以通过使用索引访问数组中的各个元素来更新它们。回想一下，索引始终以零值开头。数组的第一个元素的索引为0，下一个元素的索引为1，依此类推。假设数组userAge当前是{21,22,23,24,25}。要更新数组的第一个元素，我们编写：

```
userAge[0] = 31;
```

数组变成{31,22,23,24,25}。

如果我们编写：

```
userAge[2] = userAge[2] + 20;
```

数组变成{31,22,43,24,25}。也就是说，20被添加到第三个元素上。

4.2.1 数组方法

像字符串一样，数组也带有许多预先编写的方法。

我们在下面讨论的方法可以在java.util.Arrays类中找到。要使用它们，您必须添加该语句：

```
import java.util.Arrays;
```

到您的程序中。这是告诉编译器在哪里找到这些方法的代码。

import语句必须出现在package语句之后和类声明之前。如下例所示：

```
package helloworld;
import java.util.Arrays;
public class HelloWorld {
//HelloWorld类的代码
}
```

您可能还记得，之前我们使用String类时，我们并没有编写任何import语句。这是因为String类存在于java.lang包中，该包在所有Java程序中默认导入。

现在，让我们看一些常用的数组方法。

equals( )

equals( )方法用于确定两个数组是否相等，如果数组相等则返回true，如果不相等则返回false。如果两个数组具有相同数量的元素并且元素以相同的顺序排列，则认为它们是相等的。

假设您有如下代码段：

```
int[] arr1 = {0,2,4,6,8,10};
int[] arr2 = {0,2,4,6,8,10};
int[] arr3 = {10,8,6,4,2,0};

boolean result1 = Arrays.equals(arr1, arr2);
boolean result2 = Arrays.equals(arr1, arr3);
```

result1将是true而result2将是false。这是因为对于result2，即使arr1和arr3具有相同的元素，元素也不按相同的顺序排列。因此，两个数组不被认为是相等的。

请注意，在上面的示例中，我们在方法名称前面添加了Arrays一词。这是因为Arrays类中的所有方法都是静态的。要调用静态方法，必须在前面添加类的名称。我们将在第7章中详细讨论静态方法。

copyOfRange( )

copyOfRange( )方法允许您将一个数组的内容复制到另一个数组中。这个方法需要3个参数。

假设您有：

```
int [] source = {12, 1, 5, -2, 16, 14, 18, 20, 25};
```

您可以使用以下语句将source的内容复制到新数组dest中：

```
int[] dest = Arrays.copyOfRange(source, 3, 7);
```

第一个参数（source）是提供要复制的值的数组。第二个和第三个参数告诉编译器分别启动和停止复制的索引。换句话说，在我们的例子中，我们将元素从索引3复制到索引6（即索引7处的元素不被复制）。

复制元素后，copyOfRange( )方法返回一个复制了数字的数组。然后将该数组赋值给dest。

因此，dest变为{-2,16,14,18}，而source保持不变。

toString( )

toString( )方法返回这个数组的String字符串格式，这使我们可以轻松显示数组的内容。

例如，假设你有：

```
int[] numbers = {1, 2, 3, 4, 5};
```

您可以使用以下语句显示numbers的内容。

```
System.out.println(Arrays.toString(numbers));
```

你会得到：

```
[1, 2, 3, 4, 5]
```

作为输出。

sort( )

sort( )方法允许我们对数组进行排序。它接受一个数组作为参数。

假设您有：

```
int [] numbers2 = {12, 1, 5, -2, 16, 14};
```

您可以通过编写如下语句对此数组进行排序：

```
Arrays.sort(numbers2);
```

数组将按升序排序。

sort( )方法不会返回一个新的数组。它只是修改传入的数组。换句话说，它修改了我们示例中的numbers2数组。然后，您可以使用如下语句：

```
System.out.println(Arrays.toString(numbers2));
```

打印出已排序的数组。您会得到：

```
[-2, 1, 5, 12, 14, 16]
```

作为输出。

binarySearch( )

binarySearch( )方法允许您在已排序的数组中搜索特定值。要使用此方法，请确保首先对数组进行排序。您可以使用上面提到的sort( )方法来执行此操作。

假设我们有以下数组：

```
int[] myInt = {21, 23, 34, 45, 56, 78, 99};
```

为了确定78是否在数组中，我们输入：

```
int foundIndex = Arrays.binarySearch(myInt, 78);
```

foundIndex将等于5，这表示在索引5处找到了数字78。

另一方面，如果你编写：

```
int foundIndex2 = Arrays.binarySearch(myInt, 39);
```

foundIndex2将等于-4。

这个结果分为两部分，负号和数字4。

负号仅表示未找到39。

另一方面，数字4有点儿奇怪。它告诉你数字在数组中是否存在的位置。但是，它为该索引添加了一个ONE（1）。换句话说，如果数组中存在数字39，则它应该在索引4-1＝3处。

我们已经介绍了本节中一些比较常用的数组方法。有关Java中可用的所有数组方法的完整列表，请查看oracle官网。

4.2.2 寻找数组的长度

最后，让我们看看如何得到数组的长度。一个数组的长度告诉我们这个数组有多少元素。之前当我们讨论字符串时，我们提到可以使用length( )方法来查找字符串的长度。

与大多数人认为的相反，在使用数组时并没有length( )方法。然而，为了找到数组的长度，我们使用length字段。我们将在第7章讨论字段与方法。现在，您只需要知道要查找数组的长度，就不需要在length之后添加括号。

例如，如果我们有：

```
int [] userAge = {21, 22, 26, 32, 40};
```

userAge.length等于5，因为数组中有5个数字。

4.3 基本类型与引用类型

既然我们已经熟悉了字符串和数组，那么让我们讨论一下关于Java中数据类型的重要概念。

Java中的所有数据类型都可以归类为基本类型或引用类型。Java中只有8种基本类型（byte、short、int、long、float、double、char和boolean），其余的都是引用类型。引用类型的示例包括本章中讨论的字符串和数组，以及将在第7章和第8章中讨论的类和接口。

基本类型和引用类型之间的主要区别之一是存储的数据。

基本类型存储其自己的数据。

我们编写的时候：

```
int myNumber = 5;
```

变量myNumber存储实际值5。

另一方面，引用类型不存储实际数据。相反，它存储参考数据。它不告诉编译器数据的值是什么，它只告诉编译器在哪里找到实际数据。

引用类型的一个例子是String字符串。当你编写一个如下的声明：

```
String message = "Hello";
```

变量message实际上不存储字符串Hello。

而是创建字符串Hello并将其存储在计算机内存的其他位置。变量message存储该内存位置的地址。

这就是我们目前需要了解的关于参考类型的所有内容。由于这是一本适合初学者的书，我们不会详细介绍为什么需要参考类型。请注意基本类型和引用类型之间存在差异，前者存储值，后者存储地址。

4.4 字符串是不可改变的

在结束本章之前，我想再介绍一下有关字符串的概念。具体来说，我想指出字符串在Java（以及大多数其他语言）中是不可变的。

不可变意味着不能更改字符串的值。每当我们更新一个String变量时，我们实际上是创建一个新字符串并将内存地址分配给String变量。我们来看一个例子吧。假设我们有：

```
String message = "Hello";
```

我们之前了解到编译器将创建字符串Hello并将其存储在计算机内存中的某个位置。变量message存储了该位置的地址。现在，如果我们将message的值更新为World，如下所示：

```
message = "World";
```

编译器实际上没有转到存储Hello的位置，以将其值更改为World。相反，它创建一个新的字符串world，并将其存储在计算机内存中的其他位置。然后将此新地址分配给message。换句话说，现在有两个字符串：Hello和World。message存储World的地址。如果程序中不再需要Hello，它最终会被销毁以释放该内存位置。此过程称为垃圾收集，是由Java自动处理的。

第5章　让我们的程序有互动性

现在我们已经介绍了变量和数据类型的基础知识，让我们编写一个接受用户输入的程序，将数据存储在变量中并向用户显示消息。毕竟，如果计算机程序无法与其用户交互，那么它有什么用呢？

5.1　输出展示

我们已经看到了第2章和第4章中向用户显示输出的一些示例。

简单地说，为了向用户显示输出，我们可以使用Java提供的print( )或println( )方法。为了使用这些方法，我们必须在方法名称前面添加System.out。这是因为这两个方法属于PrintStream类，我们必须使用System.out来访问它们。如果这听起来很混乱，请不要担心。我们将在第7章中了解有关类和方法的更多信息。

println( )和print( )方法之间的区别在于println( )在显示消息后将光标向下移动到下一行，而print()则没有。

例如，如果我们编写：

```
System.out.println("Hello ");
System.out.println ("How are you?");
```

我们会得到：

```
Hello
How are you?
```

如果我们输入：

```
System.out.print("Hello ");
System.out.print("How are you?");
```

我们会得到：

```
Hello How are you?
```

除此之外，这两种方法是相同的。

让我们看一下如何使用println( )向用户显示消息的几个例子。和print( )方法的工作方式是完全相同。

显示简单的消息

我们编写：

```
System.out.println("Hi, my name is Jamie.");
```

输出：

```
Hi, my name is Jamie.
```

显示变量的值

我们将变量名称作为参数传递。例如，假设我们有：

```
int number = 30;
```

我们可以通过以下语句来显示number的值：

```
System.out.println(number);
```

输出：

```
30
```

请注意，我们不会将变量名称（number）括在双引号中。如果我们编写：

```
System.out.println("number");
```

我们会得到的：

```
number
```

作为新的输出。

显示结果而不将它们赋值给变量

我们也可以使用println()方法直接显示数学表达式或方法的结果。

例如，如果我们编写：

```
System.out.println(30+5);
```

我们会得到：

```
35
```

作为输出。要显示一个方法的结果，我们可以编写：

```
System.out.println("Oracle".substring(1, 4));
```

这里，我们显示substring()方法的结果。我们会得到：

```
rac
```

作为输出。

使用串联符号

接下来，让我们看一些示例，说明如何通过组合两个或更多个较短的字符串来显示更复杂的字符串。为此，我们使用串联（+）符号。

例如，如果我们编写：

```
System.out.println("Hello, " + "how are you?" + " I love Java.");
```

我们会得到：

```
Hello, how are you? I love Java.
```

要将字符串与变量连接起来，我们可以编写：

```
int results = 79;
System.out.println("You scored " + results + " marks for your test.");
```

在这里，我们用变量results连接字符串You scored和test for marks.。我们会得到：

```
You scored 79 marks for your test.
```

最后，我们可以使用数学表达式连接字符串，如下所示：

```
System.out.println("The sum of 50 and 2 is " + (50 + 2) + ".");
```

我们会得到：

```
The sum of 50 and 2 is 52.
```

请注意，在上面的示例中，我们在数学表达式“50 + 2”中添加了括号。这是为了强制编译器在将结果与其他两个子字符串连接之前首先执行计算表达式。每当您使用数学表达式连接字符串时，强烈建议您这样做。如果不这样做可能会导致错误。

5.2 转义序列

接下来，让我们看一下转义序列。有时在我们的程序中，我们可能需要打印一些特殊的“不可打印”字符，例如制表符或换行符。在这种情况下，您需要使用\（反斜杠）字符来转义具有不同含义的字符。

例如，要打印制表符，我们在字母t之前键入反斜杠字符，如下所示：\t。

如果没有\字符，将打印字母t。有了它，就会打印一个标签。\ t被称为转义序列。如果输入：

```
System.out.println("Hello\tWorld");
```

我们会得到：

```
Hello	World
```

其他常用的转义序列包括：

<u>**打印换行符\n**</u>

例如：

```
System.out.println("Hello\nWorld");
```

输出是：

```
Hello
World
```

<u>**要打印反斜杠字符本身（\\）**</u>

例如：

```
System.out.println("\\");
```

输出是：

```
\
```

<u>**为了打印双引号（\"），以便双引号不会结束字符串**</u>

例如：

```
System.out.println("I am 5'9\" tall");
```

输出是：

```
I am 5'9" tall
```

5.3 格式化输出

在前面的例子中，我们研究了如何使用println( )和print( )方法向用户显示输出。但是，有时我们希望更好地控制输出的格式。例如，如果我们写：

```
System.out.println("The answer for 5.45 divided by 3 is "
+ (5.45/3));
```

我们会得到：

```
The answer for 5.45 divided by 3 is
1.8166666666666667
```

在大多数情况下，我们不希望向用户显示这么多小数位。在这种情况下，我们可以使用printf( )方法来显示输出给我们的用户。printf( )方法比println( )方法稍微复杂一点，但它提供了对输出显示方式的更多控制。要格式化上面的输出，我们可以编写：

```
System.out.printf("The answer for %.3f divided by %d is
%.2f.", 5.45, 3, 5.45/3);
```

这将输出为：

```
The answer for 5.450 divided by 3 is 1.82.
```

printf( )方法需要一个或多个参数。在上面的示例中，我们向该方法传递了4个参数。

第一个参数“The answer for %.3f divided by %d is %.2f..”是要格式化的字符串。

您可能会注意到字符串中有一些奇怪的符号：%.3f、%d和%.2f.这些称为格式说明符。它们用作占位符，并由后面的参数替换。第一个格式说明符（%.3f）由第一个参数（5.45）替换，第二个参数（%d）由第二个参数（3）替换，依此类推。

格式说明符始终以百分号（%）开头，以转换符（例如f或d）结束。它们指定如何格式化替换它们的参数。在百分号（%）和转换器之间，您可以添加称为标志的附加信息。

在我们的示例中，第一个格式说明符是%.3f。

f是转换器。它告诉编译器应该用浮点数（即带小数位的数字，如float或double）代替。如果我们尝试用非浮点数替换它，我们将收到错误。

.3是标志。它表示我们要显示3位小数的数字。因此，数字5.45在输出中显示为5.450。除了%.3f说明符之外，我们可以在Java中使用许多其他说明符。接下来的两节将讨论我们说明符中的一些其他常用转换器和标志。

5.3.1 转换器

整数转换器：d

此转换器用于格式化整数，例如byte、short、int和long。

举例：

```
System.out.printf("%d", 12);
```

输出是：

```
12
```

> **注意：**
> System.out.printf（"%d", 12.9）;将给出一个错误，因为12.9不是整数。

类似地，System.out.printf（"%f", 12）;将给出一个错误，因为12不是浮点数。

换行转换器：n

此转换器将光标移动到下一行

例如：

```
System.out.printf("%d%n%d", 12, 3);
```

输出是：

```
12

3
```

5.3.2 标志

宽度标志

该标志用于指定总宽度。

例1：

```
System.out.printf("%8d", 12);
```

输出是：

```
      12
```

在上面的输出中，12号前面有6个空格，总宽度为8。

例2：

```
System.out.printf("%8.2f", 12.4);
```

输出是：

```
   12.40
```

在上面的输出中，数字前面有3个空格，总长度为8，包括小数点。

千位分隔符（,）

此标志用于显示具有千位分隔符的数字

例1：

```
System.out.printf("%,d", 12345);
```

输出是：

```
12,345
```

例2：

```
System.out.printf("%,.2f", 12345.56789);
```

输出是：

```
12,345.57
```

5.4 接受用户输入

现在我们知道如何向用户显示输出，让我们看看我们如何接受来自他们的输入。接受输入实际上非常简单。有几种方法可以做到，但最简单和最常见的方法是使用Scanner对象。

要接受用户输入，我们需要首先使用以下语句导入Scanner类：

```
import java.util.Scanner;
```

接下来，我们需要创建一个Scanner对象并将System.in作为参数传递。

System.in告诉编译器你想从标准输入设备获得输入，通常是键盘获得输入。如果您不熟悉编程，则可能无法理解对象是什么。别担心，您将在第7章中了解类和对象。现在，您只需要知道编写下面的语句来接受来自用户的输入：

```
Scanner reader = new Scanner(System.in);
```

Scanner类包含一些我们可以用来读取用户输入的方法。常用的方法是nextInt( )、nextDouble( )和nextLine( )分别用于读取int、double和String数据类型。

要了解这些方法的工作原理，让我们在NetBeans中创建一个新项目，并将其命名为 InputDemo 。如果您忘记了如何在NetBeans中创建新项目，请参阅本书2.2那节。用下面的代码替换之前的代码（添加行号以供参考）：

```
package inputdemo;
import java.util.Scanner;

public class InputDemo {
  public static void main(String[] args) {
    Scanner input = new Scanner(System.in);

    System.out.print("Enter an integer: ");
    int myInt = input.nextInt();
    System.out.printf("You entered %d.%n%n", myInt);

    System.out.print("Enter a double: ");
    double myDouble = input.nextDouble();
    System.out.printf("You entered %.2f.%n%n", myDouble);
```

```
15
16      System.out.print("Enter a string: ");
17      input.nextLine();
18      String myString = input.nextLine();
19      System.out.printf("You entered \"%s\".%n%n",
myString);
20
21   }
22}
```

在第2行，我们导入java.util.Scanner类。

接下来，我们在第6行创建一个Scanner对象，并将其命名为input。

在第8行，我们提示用户输入一个整数。然后我们使用nextInt( )方法来读取整数。最后在第10行，我们使用printf( )方法显示用户的输入。

从第12行到第14行，我们做了类似的事情，除了我们提示用户输入double数据并使用nextDouble( )方法来读取输入。

从第16行到第19行，我们提示用户输入一个字符串并使用nextLine( )方法来读取字符串。

但是，您可能会注意到这里有所不同。在第17行，我们还有一个声明语句：

```
input.nextLine();
```

换句话说，我们两次调用nextLine( )方法（在第17和18行）。这是必要的，因为第13行的nextDouble( )方法是如此工作的。nextDouble( )方法只读取double。但是，每当用户输入一个号码时，用户将按Enter键。这个Enter键本质上是换行符（"\ n"），并且因为它不是double类型，它被nextDouble( )方法忽略。我们说nextDouble( )方法不使用换行符。我们需要第17行的nextLine( )方法来使用这个换行符。

如果您删除第17行并尝试再次运行该程序，您将看到您没有机会键入任何字符串。这是因为第18行的nextLine( )方法使用了前一个换行符。由于此后没有其他nextLine( )语句，程序不会等待用户的另一个输入。

每当您在nextDouble()方法之后使用nextLine( )方法时，总是有一个额外的nextLine( )方法来使用前一个换行符。这同样适用于nextInt( )方法。尝试运行此程序并在提示时输入整数，双精度和字符串。该程序应按预期运行。

除了上面提到的三种方法之外，Java还有nextByte( )、nextShort( )、nextLong( )、

nextFloat()和nextBoolean()方法，用于分别读取byte、short、long、float和boolean 值。

这些方法中的每一种都希望读入正确数据类型的值。例如，nextDouble( )方法需要读取double。

如果用户未输入正确数据类型的值，则方法将尝试将输入转换为正确的类型。如果失败，则该方法会返回错误。

例如，如果nextDouble( )方法读入值为20，这个方法将把值转换为double。但是，如果它读入字符串hello，它将生成错误。

我们将在第6章学习如何处理这些错误。

第6章　控制流语句

我们在前面的章节中已经介绍了很多内容。到目前为止，您应该了解Java程序的基本结构，并能够编写一个使用变量的简单Java程序。此外，您还学习了如何使用各种内置Java方法与用户进行交互。

在本章中，我们将更进一步——学习如何控制程序的流程。默认情况下，程序中的语句按照它们出现的顺序从上到下执行。但是，我们可以使用控制流语句来改变此流程。

这些语句包括决策语句（if、switch）、循环语句（for、while、do-while）和分支语句（break、continue）。我们将在后续章节中讲解它们中的每一个。

现在，让我们先来看看比较运算符。

6.1　比较运算符

大多数控制流语句涉及进行某种形式的比较。程序根据比较结果的不同而不同。

最常用的比较运算符是相等运算符。如果我们想比较两个变量是否相等，我们使用==（双=）运算符。例如，如果您编写x == y，则是要求程序检查x的值是否等于y的值。如果它们相等，则满足条件并且语句的计算结果为true。否则，该语句评估为false。

除了评估两个值是否相等之外，我们还可以在控制流语句中使用其他比较运算符。

不相等（！=）

如果左边不等于右边，则返回true

```
5 ！= 2是真的
6 ！= 6是假的
```

大于（>）

如果左边大于右边，则返回true

5 > 2是真的
3 > 6是假的

小于（<）

如果左边小于右边，则返回true

1 < 7是真的
9 < 6是假的

大于或等于（> =）

如果左边大于或等于右边，则返回true

5 > = 2是真的
5 > = 5是真的
3 > = 6是假的

小于或等于（<=）

如果左边小于或等于右边，则返回true

5 <= 7是真的
7 <= 7是真的
9 <= 6是假的

如果我们想要组合多个条件，我们还有两个非常有用的逻辑运算符（&&、||）。

且运算符（&&）

如果满足所有条件，则返回true

5 == 5 && 2>1 && 3! = 7是真的
5 == 5 && 2<1 && 3! = 7是假的，因为第二个条件（2 <1）为假

或运算符（||）

如果满足至少一个条件，则返回true。

5 == 5 || 2<1 || 3 == 7是真的，因为第一个条件（5 == 5）是真的
5 == 6 || 2<1 || 因为所有条件都是假的，所以3 == 7是假的

6.2 决策声明

现在我们已经熟悉了比较运算符，让我们继续学习如何使用这些运算符来

控制程序的流程。我们先来看看if语句。

6.2.1 if语句

if语句是最常用的控制流语句之一。它允许程序评估某个特定条件是否满足某个条件，并根据评估结果执行适当的操作。

if语句的结构如下（添加行前序号以供参考）：

```
1  if (满足条件1)
2  {
3      执行A操作
4  }
5  else if (满足条件2)
6  {
7      执行B操作
8  }
9  else if (满足条件3)
10 {
11     执行C操作
12 }
13 else
14 {
15     执行D操作
16 }
```

第1行是测试的第一个条件。如果满足条件，则将执行后面的一对花括号内的所有内容（第2行到第4行）。其余的if语句（从第5行到第16行）将被跳过。

如果不满足第一个条件，则可以使用后面的else if块来测试更多条件（第5到12行）。可以有多个else if块。最后，如果不满足上述条件，则可以使用else块（第13到16行）执行某些代码。else if和else块是可选的。如果没有其他测试条件，则无须包含它们。

要完全理解if语句是如何工作的，让我们来举个例子。启动NetBeans并创建一个名为IfDemo的新项目。替换使用以下事例生成的代码。

```
package ifdemo;
import java.util.Scanner;

public class IfDemo{
```

```
    public static void main(String[] arg)
    {

        Scanner input = new Scanner(System.in);
        System.out.print("\nPlease enter your age: ");
        int userAge = input.nextInt();
        if (userAge < 0 || userAge > 100)
        {
            System.out.println("Invalid Age");
            System.out.println("Age must be between 0
and 100");
        }
        else if (userAge < 18)
            System.out.println("Sorry you are
underage");
        else if (userAge < 21)
            System.out.println("You need parental
consent");
        else
        {
            System.out.println("Congratulations!");
            System.out.println("You may sign up for the
event!");
        }
    }
}
```

程序首先提示用户输入他的年龄并将结果存储在userAge变量中。该声明

```
if (userAge < 0 || userAge > 100)
```

检查userAge的值是否小于零或大于100。如果其中一个条件为true，程序将执行后面花括号内的所有语句。在这个条件中，它将打印Invalid Age，然后是"Age must be between 0 and 100"（Age必须介于0和100之间）。

另一方面，如果两个条件都是false，程序将测试下一个条件else if（userAge <18）。如果userAge小于18（但由于不满足第一个条件，则大于或等于0），程序将打印"Sorry you are underage"（抱歉您未成年）。

您可能会注意到我们没有在该声明：

```
System.out.println("Sorry you are underage");
```

中使用花括号。这是因为如果只有一个语句要执行，花括号是可选的。

如果用户未输入小于18的值，但输入的值大于或等于18但小于21，则将执行下一个else if语句。在这种情况下，将打印“You need parental conset”（您需要父母同意）的消息。

最后，如果用户输入的值大于或等于21但小于或等于100，程序将执行else块中的代码。在这种情况下，它将打印“Congratulations”（祝贺），然后是“You may sign up for the event”（您可以报名参加活动）。

运行程序5次，每次运行分别输入-1,8,20,23和121。您将获得以下输出：

```
Please enter your age: -1
Invalid Age
Age must be between 0 and 100

Please enter your age: 8
Sorry you are underage

Please enter your age: 20
You need parental consent

Please enter your age: 23
Congratulations!
You may sign up for the event!

Please enter your age: 121
Invalid Age
Age must be between 0 and 100
```

6.2.2 三元运算符

三元运算符（?）是一个简单形式的if语句，如果您想根据条件的结果为变量赋值，这非常方便。语法是：

```
condition ? value to return if condition is true :value to
return if condition is false;
```

例如，声明

```
3>2 ? 10 : 5;
```

返回值10，因为3大于2（即条件3>2为真）。然后可以将该值赋给变量。

如果我们编写：

```
int myNum = 3>2 ? 10 : 5;
```

myNum将被赋值为10。

6.2.3 开关语句

switch语句类似于if语句，只是它不适用于一系列值。switch语句要求每个条件事例都基于一个值。根据切换的变量的值，程序将执行正确的代码块。

switch语句的语法如下：

```
switch (用于切换的变量)
{
    case 变量条件1:
      执行A;
      break退出;

    case 变量条件2:
      执行B;
      break退出;

    default默认条件:
      执行C;
      break退出;
}
```

使用switch语句时，您可以拥有任意数量的条件事例。default 事例是可选的，如果没有其他情况适用则执行。您可以使用byte、short、char或int变量进行切换。从Java 7开始，您还可以使用String变量进行切换。

当某个条件事例满足时，从下一行开始的所有内容都会执行，直到达到break语句。break语句指示程序跳出switch语句并继续执行程序的其余部分。

让我们看一下关于switch语句如何工作的例子。要尝试此示例，请启动NetBeans并创建名为SwitchDemo的新项目。替换使用以下代码生成的代码。使用String变量进行切换。

```
1  package switchdemo;
2  import java.util.Scanner;
3
4  public class SwitchDemo{
5
6   public static void main(String[] args) {
7
8      Scanner input = new Scanner(System.in);
9
10     System.out.print("Enter your grade: ");
11     String userGrade =
input.nextLine().toUpperCase();
12
13     switch (userGrade)
14     {
15         case "A+":
16         case "A":
17             System.out.println("Distinction");
18             break;
19         case "B":
20             System.out.println("B Grade");
21             break;
22         case "C":
23             System.out.println("C Grade");
24             break;
25         default:
26             System.out.println("Fail");
27             break;
28     }
29   }
30 }
```

该程序首先用第10行语句让用户可以录入成绩。接下来，在第11行，它读取用户的输入并使用以下语句将结果存储在userGrade中：

```
String userGrade = input.nextLine().toUpperCase();
```

对于一些读者来说，这个语句可能看起来有些陌生。在这里，我们在同一个语句中调用两个方法。

```
input.nextLine()
```

首先读取用户的输入。此方法返回一个字符串。然后我们使用结果字符串来调用toUpperCase()方法。此语句显示了如何在同一语句中调用两个方法的示例。方法从左到右执行。也就是说，首先执行nextLine()方法，然后执行toUpperCase()方法。

因为Java区分大小写，所以我们必须先将用户的输入转换为大写，然后再将其赋值给userGrade。无论用户输入A还是a，我们都希望程序显示Distinction。因此，在将任何小写输入分配给userGrade之前，我们首先将它们转换为大写。

获得用户的成绩后，我们使用后面的switch语句来确定输出。

如果输入的等级是A +（第15行），程序将执行下一个语句，直到它到达break语句。这意味着它将执行第16行到第18行。因此输出为Distinction。

如果等级为A（第16行），则程序执行第17行和第18行。同样，输出为Distinction。

如果成绩不是A +或A，程序将检查下一个案例。它始终从上到下检查，直到事件满足为止。如果没有适用的情况，则执行default情况。

如果您运行上面的代码，您将为显示的每个输入获得以下输出：

```
Enter your grade: A+
Distinction

Enter your grade: A
Distinction

Enter your grade: B
B Grade

Enter your grade: C
C Grade

Enter your grade: D
Fail

Enter your grade: Hello
Fail
```

6.3 循环语句

现在，让我们看看Java中的循环语句。Java中四个常用的循环语句是for语句、增强的for语句、while语句和do-while语句。

6.3.1 For语句

for语句重复执行一段代码，直到判断条件不再有效。

for 循环体语句的语法如下：

```
for （初始值； 判断推荐； 修改值）
{
    //执行一些操作
}
```

要理解for语句是如何工作的，让我们思考如下的示例：

```
1 for (int i = 0; i < 5; i++)
2 {
3   System.out.println(i);
4 }
```

这段代码的主要焦点是在第1行：

```
for (int i = 0; i < 5; i++)
```

它有三个部分，每个部分用分号分隔。

第一部分声明并初始化int变量i为零。该变量用作循环计数器。

第二部分判断i是否小于5。如果是，则执行大括号内的语句。在此示例中，花括号是可选的，因为只有一个语句。

执行System.out.println（i）语句后，程序返回到第1行的最后一段。i ++将i的值递增1。因此，i从0增加到1。

在递增之后，程序判断i的新值是否仍然小于5。如果是，则它再次执行System.out.println（i）语句。

重复判断和递增循环计数器的过程，直到条件i <5不再为true。此时，程序退出for语句并继续执行语句后的其他命令。

代码段的输出是：

```
0
1
2
3
4
```

输出在4处停止，因为当i为5时，不执行System.out.println（i）语句，因为5不小于5。

for语句通常用于循环遍历数组。例如，如果我们有数组：

```
int[] myNumbers = {10, 20, 30, 40, 50};
```

我们可以使用for语句和数组的length字段循环遍历数组，如下所示。

```
for (int i = 0; i < myNumbers.length; i++)
{
    System.out.println(myNumbers[i]);
}
```

当myNumbers.length等于5时，此代码从i = 0运行到i = 4。如果我们运行代码，我们将得到以下输出：

```
10
20
30
40
50
```

6.3.2 增强的for语句

除了for语句之外，我们还可以在使用数组和集合时使用增强的for语句（我们将在第9章中讨论集合）。如果要从数组中获取信息而不对其进行任何更改，增强的for语句是非常有用的。

增强的for语句的语法是：

```
for (变量声明：数组名)
{

}
```

假设您有：

```
int[] myNumbers = {10, 20, 30, 40, 50};
```

您可以使用以下代码显示数组的元素：

```
for (int item : myNumbers)
    System.out.println(item);
```

在上面的代码中，我们声明了一个用于循环的int变量项。每次循环运行时，myNumbers数组中的一个元素被赋给变量item。例如，第一次循环运行时，整数10被赋值给item。

这行代码是：

```
System.out.println(item);
```

然后输出数字10。

第二次循环运行时，整数20被赋值给item。这条语句：

```
System.out.println(item);
```

打印出数字20。

语句将持续进行，直到打印出数组中的所有元素。

6.3.3 while语句

接下来，让我们看看while语句。顾名思义，while语句在某个条件持续有效的情况下重复执行循环内的指令。while语句的结构如下：

```
while (条件为true)
{
    执行A
}
```

大多数情况下，当使用while语句时，我们需要首先声明一个变量来充当循环计数器。我们称这个变量为counter。下面的代码显示了while语句如何工作的示例：

```
int counter = 5;

while (counter > 0)
{
    System.out.println("Counter = " + counter);
    counter = counter - 1;
```

```
}
```

如果您运行代码，您将获得以下输出：

```
Counter = 5
Counter = 4
Counter = 3
Counter = 2
Counter = 1
```

while语句具有相对简单的语法。花括号内的语句只要满足counter> 0就可以执行。

有没有注意到我们在花括号内有“counter = counter - 1”这行？这一行至关重要。每次循环运行时，它会将counter的值减1。

我们需要将counter的值减1，这样循环条件（counter> 0）最终将评估为false。如果我们忘记这样做，循环将继续无限运行，导致无限循环。该程序将继续打印counter = 5，直到你以某种方式终止该程序。这不是一个愉快的体验，特别是如果你有一个大型程序，您不知道哪个代码段导致无限循环。

6.3.4 do-while语句

do-while语句类似于while语句，它们的主要区别在于：do-while语句的花括号中的代码至少执行一次。以下是do-while语句如何工作的示例：

```
int counter = 100;

do {
    System.out.println("Counter = " + counter);
    counter++;
} while (counter<0);
```

由于判断条件[while (counter <0)]放在结束花括号之后，所以在花括号内的代码至少执行一次后才进行判断。

如果你运行上面的代码，你会得到：

```
Counter = 100;
```

在System.out.println（"Counter ="+ counter）;

语句第一次执行之后，counter递增1。counter的值现在是101。当程序执行到判断条件时，判断条件失败，因为counter不小于0。程序将退出循环。即使counter的原始值不符合测试条件（counter <0），花括号内的代码仍然执行一次。

请注意，对于do-while语句，在测试条件之后需要使用分号（;）。

6.4 分支语句

我们现在已经学习了Java中的大多数控制流语句。接下来，让我们看一下分支语句。

分支语句是指示程序分支到另一行代码的语句。分支语句通常用在循环和其他控制流语句中。

6.4.1 break语句

第一个分支语句是break语句。我们已经看到这个语句如何在switch语句中使用。除了在switch语句中使用它之外，break语句也可以用在其他控制流语句中。它会导致程序在满足某个条件时提前退出循环。让我们看一下如何在for语句中使用break语句的示例。

思考下面的代码段：

```
for (int i = 0; i < 5; i++)
{
  System.out.println("i = " + i);
  if (i == 2)
    break;
}
```

在这个例子中，我们在for语句中使用了if语句。我们在编程中“混合并匹配”各种控制流语句是很常见的，例如在if语句中使用while语句或在while语句中使用for语句，这称为嵌套控制语句。

如果您运行上面的代码段，您将获得以下输出：

```
i=0
i=1
i=2
```

是否注意到循环在i = 2处提前结束？

如果没有break语句，循环应该从i = 0运行到i = 4，因为循环条件是i <5。但

是对于break语句，当i = 2时，第4行的判断条件评估为true。第5行的break语句导致循环提前结束。

6.4.2 继续语句

另一个常用的分支语句是continue语句。当我们使用continue时，该单词之后的其余语句会在该循环迭代中跳过，继续执行下一循环迭代。如下示例将解释清楚。

如果您运行下面的代码段：

```
1 for (int i = 0; i<5; i++)
2 {
3   System.out.println("i = " + i);
4   if (i == 2)
5     continue;
6   System.out.println("I will not be printed if i=2.");
7 }
```

您将获得以下输出：

```
i =  0
I will not be printed if i=2.
i =  1
I will not be printed if i=2.
i =  2
i =  3
I will not be printed if i=2.
i =  4
I will not be printed if i=2.
```

当i = 2时，不执行continue语句后面的行。程序跳回第1行并从那里继续执行。之后一切都按照正常情况运行。

6.5 异常处理

我们现在知道如何使用控制流语句在“正常”情况下控制程序的流程。现在让我们学习如何在发生错误时控制程序的流程，这称为异常处理。

当我们编写程序时，我们应该学会预先防止可能的错误。如果我们认为某个代码块可能会导致错误，我们应该尝试使用try-catch-finally语句来管理它。 try-catch-finally语句的语法如下：

```
try
{
    执行一些操作
}
catch (一些错误类型)
{
    发生错误时执行其他操作
}
finally
{
    无论是否满足try或catch条件，都要执行此操作。
}
```

你可以拥有多个catch块。另外，finally块是可选的。

我们来看一个例子吧。启动NetBeans并创建一个名为ErrorDemo的新项目。用以下内容替换生成的代码：

```
package errordemo;
import java.util.Scanner;

public class ErrorDemo{
  public static void main(String[] args) {

    int num, deno;

    Scanner input = new Scanner(System.in);

     try
     {
        System.out.print("Please enter the numerator: ");
        num = input.nextInt();

        System.out.print("Please enter the denominator: ");
        deno = input.nextInt();

        System.out.println("The result is " + num/deno);

```

```
21 }
22      catch (Exception e)
23      {
24         System.out.println(e.getMessage());
25      }
26      finally
27      {
28         System.out.println("---- End of Error Handling Example ----");
29      }
30   }
31 }
```

在这个例子中，try模块是从第11行到第21行，catch模块是从第22行到第25行，finally模块是从第26行到29行。

如果您运行代码并输入12和4，您将收到消息：

```
The result is 3
---- End of Error Handling Example ----
```

在这种情况下，程序尝试执行try模块中的代码并成功执行。因此，它显示该区域内的结果。执行try模块中的代码后，执行finally模块中的代码。无论是否执行try或catch模块，始终会执行finally模块。

现在，再次运行程序并输入12和0。你会得到：

```
/ by zero
---- End of Error Handling Example ----
```

在这种情况下，程序尝试执行try模块中的代码并失败。这是因为您不能将数字除以零。因此，执行catch模块中的代码。在执行catch模块之后，也会执行finally模块中的代码。

catch模块允许我们指定它应该捕获的错误类型。在我们的示例中，我们试图捕获一般错误。因此，我们编写：

```
catch (Exception e)
```

其中Exception指的是错误所属的类，e是指给错误的名称。

Exception是Java中预先编写的类。它处理所有一般错误并有一个名为getMessage()的方法，解释了异常的原因。要显示错误消息，我们编写：

```
System.out.println(e.getMessage());
```

在我们的示例中，我们收到以下错误消息：

```
/ by zero
```

6.5.1 特殊错误

在上面的例子中，我们使用Exception类来捕获一般错误。除了Exception类之外，Java还有其他可以处理更多特定错误的类。如果要根据捕获的错误执行特定任务，这是非常有用的。例如，您可能希望显示自己的错误消息。

要了解其工作原理，请启动NetBeans并创建一个名为ErrorDemo2的新项目。用以下代码替换代码：

```
package errordemo2;

import java.util.InputMismatchException;
import java.util.Scanner;

public class ErrorDemo2{

    public static void main(String[] args) {

       int choice = 0;

       Scanner input = new Scanner(System.in);

       int[] numbers = { 10, 11, 12, 13, 14, 15 };
       System.out.print("Please enter the index of the
array: ");
       try
       {
          choice = input.nextInt();
          System.out.printf("numbers[%d] = %d%n",
choice, numbers[choice]);
       }catch (ArrayIndexOutOfBoundsException e)
       {
```

```
            System.out.println("Error: Index is
invalid.");
        }catch (InputMismatchException e)
        {
            System.out.println("Error: You did not enter
an integer.");
        }catch (Exception e)
        {
            System.out.printf(e.getMessage());
        }
    }
}
```

如果您输入：

```
10
```

您将会得到：

```
Error: Index is invalid.
```

如果您输入：

```
Hello
```

您将会得到：

```
Error: You did not enter an integer.
```

第一个错误是一个ArrayIndexOutOfBoundsException异常，由第一个catch模块处理。当您尝试访问索引超出其边界的数组元素时，会发生此异常。

第二个错误是InputMismatchException异常，由第二个catch模块处理。当Scanner方法接收的输入与预期类型不匹配时，会触发InputMismatchException异常。在我们的例子中，input.nextInt( )生成了一个InputMismatchException错误，因为输入Hello不是一个整数，它不是nextInt( )方法所期望的数据类型。

在两个特定的catch模块之后，我们还有一个catch模块来捕获我们没有预先判断的一般错误。

上面的示例显示了Java中的许多异常中的3个。

InputMismatchExpection类在java.util包中找到，必须先导入才能使用它。相比之下，另外两个异常类（ArrayIndexOutOfBoundsException和Exception）可以在

java.lang中找到，所有Java程序默认导入java.lang包。如果您不记得需要导入哪些异常类以及默认导入哪些异常类，请不要担心，每当您需要自己导入任何包或类时，NetBeans都会提示您。

6.5.2 抛出异常

接下来，让我们看看如何抛出异常。在上面的示例中，我们尝试在预定义的条件下捕获错误。

例如，当用户尝试访问索引超出其边界的数组元素时，我们会捕获ArrayIndex-OutOfBoundsException错误。在上面的示例中，用户输入的是负数或大于5的正数。

除了在预定义条件下捕获错误之外，我们还可以为何时应该会发生错误定义我们自己的条件，这被称为抛出异常。

假设无论出于何种原因，您不希望用户访问数组的第一个元素。您可以通过强制在用户输入数字0时触发异常来执行此操作。

要了解其工作原理，请尝试运行上一个程序并输入值0。您将注意到程序正常运行并为您提供：

```
numbers[0] = 10
```

作为输出。

现在尝试添加语句：

```
if (choice == 0)
    throw new ArrayIndexOutOfBoundsException();
```

在此语句之后：

```
choice = input.nextInt();
```

在上面的try模块中。再次运行程序并输入值0。你会注意到：

```
catch(ArrayIndexOutOfBoundsException e)
```

模块被thow语句替代执行。

这是因为当用户输入值0时，条件choice == 0的计算结果为true。因此，语句

```
throw new ArrayIndexOutOfBoundsException();
```

被执行。此语句阻止了：

```
catch(ArrayIndexOutOfBoundsException e)
```

模块执行。

第7章　面向对象编程第一部分

在本章中，我们将讨论Java编程中一个非常重要的概念——面向对象编程的概念。

我们将学习什么是面向对象编程以及如何编写自己的类并从中创建对象。此外，我们还将讨论关于字段、getter和setter、构造函数和方法的概念。

7.1　什么是面向对象编程？

简单地说，面向对象编程是一种编程方法，它是将编程问题分解为彼此交互的对象的编程方法。

对象是从称为类的模板中创建的。您可以将一个类视为建筑的蓝图。对象是我们基于蓝图构建的实际“建筑”。

7.2　编写我们自己的类

声明类的语法如下：

```
访问修饰符 类 类名{
    //类的内容
    //包括字段，构造函数和方法
}
```

参考示例：

```
public class ManagementStaff{

}
```

在上面的示例中，我们首先使用访问修饰符来声明类的访问级别。访问修饰符就像守门人一样，它们控制谁有权访问该类。换句话说，它们控制其他类是否可以使用该类中的特定字段或方法。

一个类可以是public（公共的）或者是package-private包私有。在上面的例子中，类是public。

public表示该类可以被程序中的任何类访问。

另一方面，package-private意味着该类只能在同一个package中的其他类中访问。单个Java应用程序中可以有多个包。如果您忘记了包的内容，请参阅第2.3.1节。package-private是默认访问级别。如果我们不写任何访问修饰符，则表示该类是包私有的。

我们将在第8.5节中更深入地介绍访问修饰符。

在声明类的访问级别之后，我们键入class关键字以指示我们声明一个类，然后是类的名称（ManagementStaff）。

在命名我们的类时，通常使用驼峰式命名方式。驼峰式是指将每个单词的首字母大写的方法，包括第一个单词（例如ThisIsAClassName）。这是我们将在本书中遵循的惯例。

该类的内容包含在类名后面的一对花括号中。类的内容包括构造函数、字段、方法、接口和其他类。我们将在本章中介绍其中的一些内容。

现在，让我们一起构建一个类。

首先，启动NetBeans并创建一个名为ObjectOrientedDemo的新Java应用程序。

学习已经为您自动生成的代码。有没有注意NetBeans已自动为您创建了一个公共类?

此公共类称为ObjectOrientedDemo，与文件名称相同，称为ObjectOrientedDemo.java。在Java中，每个java文件只能有一个公共类，并且公共类必须与文件具有相同的名称。main()方法在这个公共类中。

在本例中，我们将创建第二个与ObjectOrientedDemo类交互的Java类。我们将在objectorienteddemo包中创建这个类。为此，在Project Explorer中右键单击包名称，然后选择New> Java Class。在创建新类时，单击Project Explorer中的正确项目是很重要的。例如，如果要向objectorienteddemo包添加新类，请确保在创建类时单击包名称（请参阅下图）。

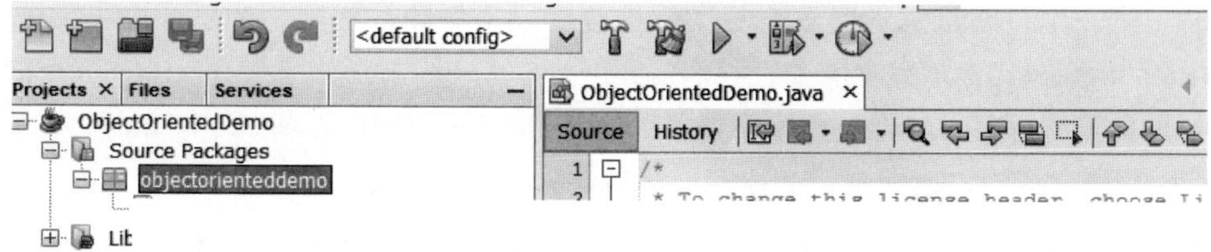

右键单击包名称

我们将这个新类称为Staff，并为该类添加字段，构造函数和方法。该类的声明如下：

```
public class Staff {
    //包的内容
}
```

我们将在这个类中添加字段、方法和构造函数。在类开始和结束的括号里键入类的内容是非常重要的。如果您在错误的位置键入它们，程序将无法运行。本章的完整代码可以在learncodingfast网站的java页面下载。

7.2.1 字段

我们首先要为Staff类声明字段。为此，请在这个类的花括号中添加以下代码行：

```
private String nameOfStaff;
private final int hourlyRate = 30;
private int hoursWorked;
```

在这里，我们声明一个String变量（nameOfStaff）和两个int变量（hourlyRate和hoursWorked）。这些变量称为类的字段。

所有这三个字段都被声明为private。

我们可以将字段声明为private、public或protected。如果我们选择不说明类成员的访问级别，则默认情况下将其视为包私有（即只能访问同一包中的其他类）。在我们的例子中，我们将这三个字段声明为private。这意味着只能从Staff类本身访问它们。其他类，例如ObjectOrientedDemo类，无法访问这些字段。

我们不希望其他类访问这些字段有两个原因。

第一个原因是其他类不需要了解这些字段。例如，在我们的例子中，字段hourlyRate只在Staff类中需要。我们在Staff类中有一个方法，它使用hourlyRate来计算员工的月薪。其他类根本不使用hourlyRate字段。因此，将hourlyRate声明为private是合适的，以便将该字段对于其他类隐藏。

这称为封装。封装使类能够对其他不需要了解它们的类隐藏该类的数据和行为。这样，我们可以在将来更轻松地对代码进行更改。我们可以安全地更改hourlyRate的值而不影响其他类。

将字段声明为private的第二个原因是我们不希望其他类自由地修改它们。这有助于防止字段被破坏。

我们将在第八章中详细讨论访问修饰符。

除了private关键字，我们还在声明hourlyRate字段时添加了final关键字。

```
private final int hourlyRate = 30;
```

final关键字表示在创建后无法更改该值。声明为final的任何变量必须在声明时或构造函数内初始化（稍后我们将讨论构造函数）。在我们的示例中，我们在声明它时将hourlyRate初始化为30。随后在代码中的任何位置都不能更改此值。

7.2.2 方法

接下来，让我们看看方法。

方法是执行特定任务的代码块。

让我们为Staff类添加一个简单的方法。请记住，您必须在Staff类的开始和结束括号内添加此方法。

```
public void printMessage()
{
    System.out.println("Calculating Pay…");
}
```

此方法声明为：

```
public void printMessage()
{
}
```

方法声明首先声明方法的访问级别。在这里，我们将方法声明为public，以便该方法可以在程序中的任何位置访问（不仅仅在Staff类中）。

接下来，我们声明方法的返回类型。方法可以在执行其任务之后返回一个特定结果。如果该方法没有返回任何结果，我们使用void关键字，如我们的示例中所示。

最后，我们声明方法的名称（在我们的例子中是printMessage）。

方法名称后面的括号( )是我们包含方法参数的位置。参数是我们传递给方法以便执行任务的数据的名称。如果该方法不需要数据（如我们的示例中所示），我们只需在方法名称后面添加一对空括号。

在我们声明方法之后，我们定义它在后面的花括号内该做什么，这被称为实现该方法。在我们的例子中，printMessage( )方法只是打印“Calcurating Pay …”这行。

这就是printMessage( )方法的全部内容。

让我们继续讨论一个更复杂的方法。第二个方法计算每个员工的工资并返回计算结果。将以下代码行添加到“Staff”中：

```
public int calculatePay()
{
    printMessage();


    int staffPay;
    staffPay = hoursWorked * hourlyRate ;

    if (hoursWorked > 0)
      return staffPay;
    else
      return -1;
}
```

此方法声明为：

```
public int calculatePay()
{
}
```

int关键字表示此方法返回一个int类型的值。

在花括号内，我们有声明：

```
printMessage();
```

这称为调用或请求printMessage( )方法。当程序到达此语句时，它将执行我们之前编写的printMessage( )方法，并在执行calculatePay( )方法的其余部分之前先打印calculatepay这行。此示例演示如何在另一个方法中调用一个方法。

接下来，我们声明一个名为staffPay的局部变量，并将私有字段hourlyRate和hoursWorked的乘积赋值给它。

一个方法可以访问在类中声明的所有字段。此外，它可以声明自己的变量。这些称为局部变量，仅存在于方法中。我们示例中的staffPay变量就是这样一个例子。

在给staffPay变量赋值之后，calculatePay( )方法使用if语句来确定该方法应返回的结果。

方法通常至少有一个return语句。return是一个用于从方法返回结果的关键字。方法中可以有多个return语句。但是，一旦该方法执行return语句，该方法将结束执行。

在我们的示例中，如果hoursWorked大于零，程序将执行该语句：

```
return staffPay;
```

并退出该方法。然后可以将该返回值赋值给变量。稍后我们将在main( )方法中看到如何做到这一点。

另一方面，如果hoursWorked小于或等于零，程序将执行该语句：

```
return -1;
```

并退出该方法。

可能存在一种方法不需要返回答案但需要仅使用return语句退出方法的情况。当我们在本书末尾完成我们的项目时，我们将看一个这样的例子。

重载

接下来，让我们看一下重载。在Java（以及大多数其他语言）中，只要具有不同的签名，就可以创建两个同名的方法，这称为重载。方法的签名是指方法的名称及其具有的参数。

在先前的calculatePay()方法下面添加以下方法：

```
public int calculatePay(int bonus, int allowance)
```

```
{
    printMessage();
    if (hoursWorked > 0)
      return hoursWorked * hourlyRate + bonus + allowance;
    else
      return 0;
}
```

第一种方法的签名是calculatePay( )，而第二种方法的签名是calculatePay（int bonus, int allowance）。

第二种方法有两个参数——bonus和allowance。它通过将这两个参数的值添加到hoursWorked和hourlyRate的乘积来计算员工的工资。在这个例子中，我们没有使用局部变量来存储hoursWorked * hourlyRate + bonus + allowance的结果。我们直接返回计算结果，这很好。我们稍后将学习如何使用此方法。

Getter and Setter 方法

现在，让我们为类编写getter和setter方法。我们将为hoursWorked字段执行此操作。

回想一下hoursWorked字段被声明为private，这意味着在Staff类之外的任何地方都无法访问该字段。但是，可能存在其他类需要该字段的情况。在这种情况下，我们必须编写setter和getter方法，允许其他类访问这些私有字段。

这可能听起来很矛盾。之前，我们提到我们使用私有字段，以便其他类无法访问它们。如果是这种情况，为什么我们允许通过getter和setter方法访问它们?

其中一个主要原因是，使用getter和setter方法可以更好地控制其他类在评估这些私有字段时具有的权限。我们现在将看到如何做到这一点。

将以下setter方法添加到Staff类：

```
public void setHoursWorked(int hours)
{
    if (hours>0)
      hoursWorked = hours;
    else
    {
      System.out.println("Error: HoursWorked Cannot be Smaller
than Zero");
```

```
            System.out.println("Error: HoursWorked is not updated");
        }
    }
```

我们的惯例是使用单词set，后跟字段名称来命名setter方法，。

在上面的setter方法中，我们接受一个名为hours的参数，并使用它来设置hoursWorked字段的值。但是，我们先做了一个简单的判断。如果小时值大于零，我们将其赋值给hoursWorked。否则，我们不会将其赋值给hoursWorked并打印错误消息。

此示例演示了如何使用setter方法来控制我们的私有字段可以被分配的值。

除了setter方法，我们还可以为私有字段编写getter方法。将以下代码添加到Staff类。我们的惯例是使用get一词后跟字段名称来命名getter方法。

```
public int getHoursWorked()
{
    return hoursWorked;
}
```

此方法只返回hoursWorked字段的值。

7.2.3 构造函数

现在，让我们看一下构造函数。

构造函数是一个代码块（类似于一个方法），用于从类模板“构造”一个对象。它总是与类的名称相同（我们的示例中的Staff方法）并且通常用于初始化类的字段。

构造函数的主要特性在于它是我们从类中创建对象时调用的第一个代码块。除此之外，构造函数非常类似于方法。但是，构造函数不返回任何值，并且我们在声明构造函数时不必使用void关键字。

现在让我们学习如何为Staff类声明一个构造函数吧。

将以下代码行添加到Staff类。

```
public Staff(String name)
{
    nameOfStaff = name;
    System.out.println("\n" + nameOfStaff);
    System.out.println("----------------------------");
```

```
}
```

在上面的例子中，构造函数接受一个名为name的参数，并使用它来初始化nameOfStaff字段。然后它在屏幕上显示nameOfStaff的值，并加上一系列横线。就是这样。我们将学习如何使用这个构造函数稍后来“构造”我们的对象。

接下来，让我们为该类添加另一个构造函数。与方法类似，只要签名不同，我们就可以拥有多个构造函数。

```
public Staff(String firstName, String lastName)
{
    nameOfStaff = firstName + " " + lastName;
    System.out.println("\n" + nameOfStaff);
    System.out.println("---------------------------");
}
```

第二个构造函数有两个参数——firstName和lastName。第一行连接两个字符串并将结果字符串赋值给nameOfStaff。接下来的两行是在屏幕上打印nameOfStaff，并加上一系横线。

声明构造函数是可选的。如果我们不声明自己的构造函数，NetBeans将自动为我们生成默认构造函数。此默认构造函数没有任何参数。它会将任何未初始化的字段初始化为其默认值，即0或其等效值，具体取决于数据类型。例如，数值数据类型的默认值为0，而引用数据类型的默认值为null（这意味着该变量不存储任何地址）。

7.3 实例化对象

现在我们编写了Staff类，让我们看一下如何利用类来创建一个对象。这个创建对象的过程称为实例化对象，对象也称为实例。

总结一下，我们的Staff类有以下几个部分：

字段

```
private String nameOfStaff;
private final int hourlyRate = 30;
private int hoursWorked;
```

方法

```
public void printMessage()
```

```
public int calculatePay()
public int calculatePay(int bonus, int allowance)
public void setHoursWorked(int hours)
public int getHoursWorked()
```

构造函数

```
public Staff(String name)
public Staff(String firstName, String lastName)
```

我们将在ObjectOrientedDemo class中的main()方法中实例化一个Staff对象。

实例化对象的语法是：

```
ClassName objectName = new ClassName(arguments);
```

为此，双击“项目”窗口中的文件名ObjectOrientedDemo.java，并在main()方法的花括号内添加以下行。

```
Staff staff1 = new Staff("Peter");
staff1.setHoursWorked(160);
int pay = staff1.calculatePay(1000, 400);
System.out.println("Pay = " + pay);
```

第一条声明：

```
Staff staff1 = new Staff("Peter");
```

使用第一个构造函数（带有一个参数）来实例化我们的staff1对象。

一旦我们创建了staff1对象，我们就可以在对象的名称后面使用点运算符来访问Staff类中的任何公共的字段或方法。我们必须在这里使用点运算符，这是因为我们试图从ObjectOrientedDemo类中访问Staff类的成员。每当我们想要从另一个类访问该类的字段或方法时，点运算符是必需的。

如果要访问同一类的成员，则不需要使用点运算符。这里有个例子是我们之前从calculatePay()方法调用printMessage()方法。我们并没有使用点运算符，因为两个方法都来自同一个类。

在创建staff1对象之后，下一行显示了我们如何使用public setter方法setHoursWorked()为hoursWorked字段赋值。

```
staff1.setHoursWorked(160);
```

在这里，我们将hoursWorked字段设置为160。如果我们尝试通过编写以下语句直接访问hoursWorked字段：

```
staff1.hoursWorked = 160;
```

我们将得到一个错误，因为hoursWorked是一个私有字段，因此只能在Staff类中访问。

接下来，我们通过编写调用calculatePay( )方法：

```
staff1.calculatePay(1000, 400);
```

在这个例子中，由于我们在括号内有数字1000和400，我们使用第二个calculatePay( )方法。我们将值1000和400分别传递给参数bonus和allowance。我们传入的值称为参数。然后程序使用该方法计算工资并返回结果。这个结果赋值给变量pay。

最后，我们使用System.out.println( )方法在屏幕上显示pay的值。

如果您运行上面的代码，会显示：

```
Peter
--------------------------
Calculating Pay...
Pay = 6200
```

您可以稍微尝试使用代码来更好地了解类的工作方式。尝试添加以下代码行：

```
Staff staff2 = new Staff("Jane", "Lee");
staff2.setHoursWorked(160);
pay = staff2.calculatePay();
System.out.println("Pay = " + pay);
```

在这里，我们使用第二个构造函数（带有2个参数）来实例化staff2。如果你运行上面的代码，会显示：

```
Jane Lee
--------------------------
Calculating Pay...
Pay = 4800
```

现在，让我们添加一些代码来演示在使用setter方法时，数据验证是如何工作的。将以下代码行添加到main( )方法中。

```
System.out.println("\n\nUpdating Jane's Hours Worked to
```

```
-10");
staff2.setHoursWorked(-10);
System.out.println("\nHours Worked = " +
staff2.getHoursWorked());
pay = staff2.calculatePay();
System.out.println("Pay = " + pay);
```

在这里，我们尝试将hoursWorked的值设置为-10。如果你运行上面的代码，你会得到：

```
Updating Jane's Hours Worked to -10
Error: HoursWorked Cannot be Smaller than Zero
Error: HoursWorked is not updated

Hours Worked = 160
Calculating Pay…
Pay = 4800
```

由于-10不是hoursWorked的一个有效值，setter方法不会更新Jane（staff2）的字段。因此，当我们使用getter方法获取hoursWorked的值时，我们会发现到它的值仍然是160。

上面的示例显示了我们如何使用setter方法来控制字段可以采用的值。我们应该始终保持在包含私有字段本身的类中，进行这些数据验证。如果我们不这样做，我们将不得不依赖于使用Staff类的人来进行验证，这个是非常有风险的。

7.4 静态

我们在本章中介绍了一些非常复杂的概念。您现在知道类是什么，包括哪些是字段、方法和构造函数。您还学习了如何声明和使用类。如果您不熟悉面向对象编程，我强烈建议您从learncodingfast网站的java页面下载本章的完整程序并尝试运行它。在我们继续后面的内容之前，学习代码并确保完全理解本章中涉及的主题。

在本节中，我们将介绍面向对象编程中使用的另一个关键字——static。

之前，我们研究了如何使用Staff类来创建staff1和staff2对象。然后我们使用这些对象来调用Staff类中的方法（例如staff1.calculatePay(1000,400)）。

现在假设我们想调用一些方法或访问Staff类中的某些字段而不创建一个Staff

对象。有可能吗？

答案是肯定的。我们需要使用static关键字。

要理解static关键字，请思考以下代码。启动NetBeans并创建一个名为StaticDemo的新Java应用程序。替换成以下代码：

```
package staticdemo;

class MyClass
{
    //非静态字段和方法
    public String message = "Hello World";
    public void displayMessage()
    {
       System.out.println("Message = " + message);
    }

    //静态字段和方法
    public static String greetings = "Good morning";
    public static void displayGreetings()
    {
       System.out.println("Greeting = " + greetings);
    }
}

public class StaticDemo {
    public static void main(String[] args) {

       MyClass sd = new MyClass();

       System.out.println(sd.message);
       sd.displayMessage();

       System.out.println(MyClass.greetings);
       MyClass.displayGreetings();
    }
}
```

在上面的例子中，我们创建了两个名为MyClass和StaticDemo的类。

在此示例中，我们在一个文件中创建了它们。如果您愿意，可以将这两个类分成两个单独的文件。尽可能将不同的类分成单独的文件是一种很好的做法。但是为了简单起见，我们将在此示例中使用单个文件。此外，我们将字段声明为public以缩短代码。在实践中，强烈建议您将字段设置为private，并使用getter和setter方法。

在我们的例子中，MyClass包含一个非静态字段message和一个非静态方法displayMessage()。

它还包含一个静态字段greetings和一个静态方法displayGreetings()。

要从另一个类访问MyClass类的非静态成员，我们需要像以前一样实例化一个对象。我们在StaticDemo类的main()方法中做了这个操作。

```
MyClass sd = new MyClass();

System.out.println(sd.message);
sd.displayMessage();
```

但是，要访问静态成员，我们不需要创建任何对象。我们只需要使用类名来访问它们，如下所示：

```
System.out.println(MyClass.greetings);
MyClass.displayGreetings();
```

如果您运行上面的代码，您将获得以下输出：

```
Hello World
Message = Hello World
Good morning
Greeting = Good morning
```

这是静态字段/方法与非静态字段/方法之间的主要区别。对于前者，您不必创建对象来访问它，使用类本身的名称。对于后者，一个类的对象是非常必要的。

Java中有一些预先编写的方法被声明为static。其中一个例子是Arrays类中的方法。要访问此类中的方法，我们使用类的名称。例如，要使用sort()方法，我们可以编写Arrays.sort()语句。

7.5 高级方法概念

7.5.1 在方法中使用数组

在我们结束本章之前，我想讨论另外两个关于方法的概念。第一个是关于在方法中使用数组。

之前，我们学习了如何使用类似int等基本数据类型作为方法的参数。除了使用基本数据类型之外，我们还可以使用数组。

要使用数组作为参数，我们可以在方法声明中，参数的数据类型之后添加一个方括号[]。如下所示：

```
public void printFirstElement(int[] a)
{

}
```

要调用此方法，我们需要声明一个数组并将其作为参数传递给该方法。我们稍后会看到这样一个例子。

除了使用数组作为参数之外，我们还可以从方法中返回一个数组。要从方法中返回一个数组，我们在方法声明里的返回类型后添加一个方括号[ ]。示例如下：

```
public int[] returnArray()
{
    int[] a = new int[3];

    //一些代码用于更新数组中的值

    return a;
}
```

要使用此方法，我们需要声明一个数组并将方法的运行结果赋值给它。

为了完全理解我们如何在方法中使用数组，让我们创建一个名为ArrayMethodDemo的新Java应用程序，并用以下代码替换代码：

```
package arraymethoddemo;

import java.util.Arrays;
```

```
4
5 class MyClass{
6
7   public void printFirstElement(int[] a)
8   {
9     System.out.println("The first element is " + a[0]);
10   }
11
12   public int[] returnArray()
13   {
14     int[] a = new int[3];
15     for (int i = 0; i < a.length; i++)
16     {
17        a[i] = i*2;
18     }
19     return a;
20   }
21
22 }
23
24 public class ArrayMethodDemo {
25  public static void main(String[] args) {
26
27    MyClass amd = new MyClass();
28
29    int[] myArray = {1, 2, 3, 4, 5};
30    amd.printFirstElement(myArray);
31
32    int[] myArray2 = amd.returnArray();
33    System.out.println(Arrays.toString(myArray2));
34
35  }
36 }
```

在这个例子中，为了简单起见，我们在同一个文件中包含了两个类——MyClass和ArrayMethodDemo。

在MyClass类（第5行到第22行）中，我们有两种方法。

第一个方法printFirstElement( )显示了如何使用数组作为参数。

第二种方法returnArray()显示了如何从方法中返回数组。

要使用这两个方法，我们在main()方法（第27行）中初始化一个名为amd的MyClass对象。

然后，我们在第29和第30行声明了一个数组，并将其作为参数传递给printFirstElement()方法。

```
int[] myArray = {1, 2, 3, 4, 5};
amd.printFirstElement(myArray);
```

另外，我们还在main()方法中声明了第二个数组，并在第32行为它赋值了returnArray()方法的结果。

```
int[] myArray2 = amd.returnArray();
```

最后，在第33行，我们打印了数组的内容。

如果您运行上面的程序，您将获得以下输出：

```
The first element is 1
[0, 2, 4]
```

7.5.2 基本数据类型与引用数据类型的参数传递

既然您已经知道如何将数组传递给方法，那么让我们看一下基本类型参数与引用类型参数（例如数组）之间的区别。这里有一个重要的区别。

当您传入基本类型变量时，对该变量值的任何更改仅在方法本身内有效。程序退出方法后，更改不再有效。

另一方面，当您传入引用类型变量时，即使在方法结束后，对该变量的值所做的任何更改也都有效。

要了解其工作原理，请将以下两个方法添加到ArrayMethodDemo.java中的MyClass。

```
public void passPrimitive(int primitivePara)
{
    primitivePara = 10;
    System.out.println("Value inside method = " + primitivePara);
}

public void passReference(int[] refPara)
```

```
{
    refPara[1] = 5;
    System.out.println("Value inside method = " + refPara[1]);
}
```

第一种方法中有一个基本类型参数（int primitivePara）并尝试更改该参数的值。然后打印参数的值。

第二种方法有一个引用类型参数（一个数组），并尝试更改数组中第二个元素的值。然后它打印该元素的值。

在我们的main()程序中，添加以下代码行：

```
int number = 2;
System.out.println("number before = " + number);
amd.passPrimitive(number);
System.out.println("number after = " + number);

System.out.print("\n");

System.out.println("myArray[1] before = " + myArray[1]);
amd.passReference(myArray);
System.out.println("myArray[1] after = " + myArray[1]);
```

如果您运行该程序，您将获得以下额外输出：

```
number before = 2
Value inside method = 10
number after = 2

myArray[1] before = 2
Value inside method = 5
myArray[1] after = 5
```

如您所见，number的值在方法调用之前和之后保持不变。另一方面，myArray[1]的值在方法调用后改变。

这是因为当您传入引用类型变量时，您传入的是变量的地址。编译器可以转到您传入的地址并对变量进行相关更改。

另一方面，当您传入基本类型变量时，您传入的是变量的值而不是地址。

例如，如果number的值是2，则写入：

```
amd.passPrimitive(number);
```

与以下写法效果一致：

```
amd.passPrimitive(2);
```

该值2被赋值给参数primitivePara。由于我们没有传入number的地址，因此方法内发生的任何更改都不会影响number。

当您将基本类型变量（例如int、float等）与引用类型变量（例如数组）传递给方法时，您必须了解这一重要区别。

第8章　面向对象编程第二部分

现在，让我们继续讨论面向对象编程中的一些更高级的主题。在本章中，我们将学习继承、多态、抽象类和接口。

8.1　继承

继承是面向对象编程中的关键概念之一。简单地说，继承允许我们从现有的类中创建一个新类，以便我们可以有效地重用现有代码。事实上，Java中的所有类都是从一个称为Object类的预编写基类继承而来的。

Object类由许多预先编写的方法组成，我们可以随时在编写类时使用它们。其中一种预编写的方法是toString( )方法，它返回一个表示对象的字符串。我们之前在讨论数组时使用了toString( )方法。当我们编写项目时，我们将再次了解toString( )方法。

那究竟什么是继承?

8.1.1　编写父类

让我们一起通过一个小程序来说明继承的概念。

假设我们正在为一个健身俱乐部编写一个程序，该俱乐部有两种类型的会员资格——贵宾和普通会员。为此，让我们启动NetBeans并创建一个名为InheritanceDemo的新Java项目。

在inheritancedemo包中添加一个名为Member的新类。有关如何在必要时添加新类的说明，请参阅第7.2章。

我们将在Member类中获得用户输入。因此，我们需要声明如下语句：

```
import java.util.Scanner;
```

在我们的类中。

该句声明需要添加在以下这行语句之后：

```
package inheritancedemo;
```

现在，我们已经准备好这个类了。将以下代码行添加到Member类中（在花括号内）。

```
public String welcome = "Welcome to ABC Fitness";
protected double annualFee;
private String name;
private int memberID;
private int memberSince;
private int discount;
```

在这里，我们为Member类声明了6个字段。

第一个是存储欢迎消息的公共字段。我们使用字符串Welcome to ABC Fitness来初始化此字段。

其他5个字段包括一个受保护字段和4个私有字段。我们将在后面的部分中详细讨论受保护的字段。现在，我们只需要知道在声明它的类，从中派生的其他类以及同一包中的任何类中，都可以访问受保护的字段。派生类将在下一节中介绍。

接下来，让我们为我们的类添加两个构造函数：

```
public Member()
{
    System.out.println("Parent Constructor with no parameter");
}

public Member(String pName, int pMemberID, int pMemberSince)
{
    System.out.println("Parent Constructor with 3 parameters");

    name = pName;
    memberID = pMemberID;
    memberSince = pMemberSince;
}
```

第一个构造函数只打印Parent Constructor with no parameter（没有参数的父构造函数）行。

第二个构造函数更有趣。它打印Parent Constructor with 3 parameters（具有3个

参数的父构造函数）行，并将其参数赋值给Member类中的3个私有字段。

在编写构造函数之后，我们将继续讨论getter和setter方法。我们将为私有字段discount添加一个getter和setter方法，以便其他类可以访问该字段。

```
public double getDiscount(){

    return discount;
}

public void setDiscount(){

    Scanner input = new Scanner(System.in);
    String password;
    System.out.print("Please enter the admin password: ");
    password = input.nextLine();

    if (!password.equals("abcd"))
    {
      System.out.println("Invalid password. You do not have
authority to edit the discount.");
    }else
    {
      System.out.print("Please enter the discount:");
      discount = input.nextInt();
    }
}
```

这个getter方法只返回discount字段的值。

这里setter方法更复杂一点。它会提示用户输入管理员密码，然后才能编辑discount字段。此方法演示了如何使用setter方法来防止对私有字段的未授权访问。但是，老实说，这段代码对于黑客来说太容易破解了。在现实生活中，您需要更强大的安全措施，而不仅仅是一个简单的密码来保护您的数据。

现在，让我们在Member类中再添加两个方法。

第一种方法是名为displayMemInfo( )的公共方法。它使用一系列println( )语句来显示有关会员的信息。

```
public void displayMemInfo(){
```

```
        System.out.println("Member Name: " + name);
        System.out.println("Member ID: " + memberID);
        System.out.println("Member Since " + memberSince);
        System.out.println("Annual Fee: " + annualFee);
    }
```

第二种方法是名为calculateAnnualFee( )的公共方法。它将用于计算会员的年费。

```
    public void calculateAnnualFee()
    {
        annualFee = 0;
    }
```

是否注意到我们将会员的年费设定为零？此刻无须担心，我们稍后会更新此方法。

完成上述操作后，Member类就完成了。

8.1.2 编写子类

现在我们已经完成了Member类，让我们学习如何从中派生一个类。派生类称为子类或亚类，而派生它们的类称为父类、基类或超类。

回顾一下，我们的父类（Member）具有以下内容：

字段

```
public String welcome = "Welcome to ABC Fitness";
protected double annualFee;
private String name;
private int memberID;
private int memberSince;
private int discount;
```

构造函数

```
public Member()
public Member(String pName, int pMemberID, int pMemberSince)
```

方法

```
public double getDiscount()
public void setDiscount()
```

```
public void displayMemInfo()
public void calculateAnnualFee()
```

我们将从Member类中派生出两个类——NormalMember和VIPMember。

首先，让我们声明子类NormalMember。

在inheritancedemo包中添加一个新的Java类，并将其命名为NormalMember。是否注意到生成新类时，NetBeans会为您自动将该类声明为如下代码：

```
public class NormalMember {

}
```

我们需要通过在类声明中添加extends Member来指出，NormalMember是从Member类派生的，如下所示：

```
public class NormalMember extends Member{

}
```

extends是一个Java关键字，用于表示一个类是从另一个类继承而来的。在我们的示例中，NormalMember类继承自Member类。

每当我们想要显示一个类是继承于另一个类时，我们必须使用extends关键字。唯一的例外是从Object类继承。由于Java中的所有类都继承自Object类，因此我们无须显示声明此继承。

当一个类是继承于另一个类时，它会继承来自父类的所有公共和受保护的字段和方法。这意味着子类可以使用这些字段和方法，就好像它们是自己代码的一部分一样。我们不必在子类中再次声明这些字段和方法。换句话说，即使我们还没有开始编写我们的子类，它已经有从父类继承的两个字段（welcome和annualFee）和4个方法（getDiscount，setDiscount，displayMemInfo和calculateAnnualFee）。这有利于代码的重用，并且如果父类具有子类可以使用的大量公共/受保护的字段和方法时，这尤其有价值。

但是，子类不会继承父类的私有字段和方法。这意味着子类将无法直接访问这些私有的字段和方法，它必须使用其他方法来访问它们。我们稍后会看到这个例子。

现在我们已经将NormalMember声明为Member的子类，我们需要编写子类的构造函数。

无论何时当我们编写子类的构造函数时，我们必须首先调用父类的构造函数。如果我们不这样做，Java将自动为我们调用父类中的无参数构造函数。

例如，将以下构造函数添加到NormalMember类：

```
public NormalMember() {
    System.out.println("Child constructor with no parameter");
}
```

当我们如上所述声明构造函数时，Java在父类中查找无参数构造函数（即没有参数的构造函数），并在子类的构造函数执行代码之前先调用它。如果使用此构造函数创建子对象，则屏幕上将显示以下两行：

```
Parent Constructor with no parameter
Child constructor with no parameter
```

第一行来自父类的构造函数，而第二行来自子类的构造函数。

如果要在父类中调用有参数的构造函数，则必须使用super关键字。如下例所示：

```
public NormalMember(String pName, int pMemberID, int
pMemberSince)
{
    super(pName, pMemberID, pMemberSince);
    System.out.println("Child Constructor with 3 parameters");
}
```

当我们使用super关键字在父类中调用有参数的构造函数时，该语句：

```
super(pName, pMemberID, pMemberSince);
```

必须是子构造函数中的第一个语句。如果我们不这样做，Java会提示我们一个错误。

在上面的例子中，我们使用super关键字来调用父类中的第二个构造函数（即具有3个参数的构造函数）。我们将pName、pMember和pMemberSince的值传递给父类构造函数。

当我们用这个构造函数创建一个子对象时，我们写了类似的东西：

```
NormalMember myChildMember = new
NormalMember("James", 1, 2010);
```

运行此代码时，您将获得以下输出：

```
Parent Constructor with 3 parameters
Child Constructor with 3 parameters
```

在该场景后面，值James、1和2010分别赋值给字段name、memberID和memberSince。

在这一点上，你们中的一些人可能想知道字段name、memberID和memberSince来自何处？由于这些是Member类中的私有字段，我们提到私有字段没有被继承，为什么子类有这些字段？

造成这个的原因是，当我们说私有字段没有被继承时，它只是意味着子类不能直接访问这些字段。但是，这些字段确实存在于子类中。唯一的区别是子类不能直接访问它们，而是必须使用构造函数或setter和getter方法。我们稍后将用一个示例说明如何使用getter和setter方法访问这些私有字段。

重写方法

现在我们已经为子类创建了构造函数，让我们继续创建一个计算普通会员年费的方法。回想一下，我们之前已在父类中编写了calculateAnnualFee( )方法，由于此父类方法是public，它可以被子类继承。因此，子类可以使用此方法，就好像它是自己的代码的一部分。

但是，请记住父类中的calculateAnnualFee( )方法将会员的年费设置为零。如果我们想在子类中使用不同的公式来计算年费，该怎么办？在这种情况下，我们必须覆盖继承的方法。

覆盖方法只是意味着在子类中编写父类方法的新版本。

要覆盖calculateAnnualFee()方法，请将以下代码添加到NormalMember类：

```
@Override
public void calculateAnnualFee()
{
     annualFee = (1-0.01*discount)*(100 + 12*30);
}
```

请注意，保存代码时，在discount一词下面有一条红色的波浪线，这表示一个错误。如果您将鼠标悬停在该行上，您将收到消息“discount在Member类中具有私人访问权限”。这是因为discount是Member中的private字段，因此不能由NormalMember直接访问。

为了让NormalMember访问discount字段，我们必须使用Member中声明的getter方法。将上面的代码更改为：

```
annualFee = (1-0.01*getDiscount())*(100 + 12*30);
```

一旦用getDiscount()替换discount，错误就会消失。

注释

接下来，您是否注意方法声明上方的@Override行？这被称作为注释。在Java中，注释是我们添加到代码中的元数据，用于向编译器提供额外信息。

当我们使用@Override注释时，我们会通知编译器，后面的方法是为了覆盖在父类中声明的calculateAnnualFee()方法（即Member类）。

当使用覆盖方法时，我们必须遵循一些规则。例如，子类中的方法必须与父类中的方法具有相同的参数列表。如果子类中的方法无法正确覆盖父类中的方法，则编译器将生成错误。如果发生这种情况，您可以将鼠标悬停在错误上以获取更多信息。

当覆盖一个方法时，使用@Override注释是可选的。但是，强烈建议您这样做以防止编译错误。

注释遵循固定语法并且区分大小写。@override，@ overriding或@ThisMethodOverrideAnother都是无效的注释。Java附带了许多预定义的注释。您可以登录oracle官网—Documentation—Java—Java SE documentation—Java Tutorials—Learning the Java Language—Annotations—Predetined Annotation Types找到预定义注释的完整列表。

这就是我们的子类NormalMember。此类包含以下内容：

字段

从父类继承：

```
public String welcome = "Welcome to ABC Fitness";
protected double annualFee
```

构造函数

```
public NormalMember()
public NormalMember(String pName, int pMemberID, int
pMemberSince)
```

方法

从父类继承：

```
public void setDiscount()
```

```
public double getDiscount()
public void displayMemInfo()
```

在子类中重写：

```
public void calculateAnnualFee()
```

接下来，我们将在inheritance包中添加另一个类——VIPMember。这个类也继承自Member。为此，在inheritancedemo包中添加一个新的类并将其命名为VIPMember。用以下代码替换代码：

```
package inheritancedemo;

public class VIPMember extends Member {

    public VIPMember(String pName, int pMemberID, int
pMemberSince)
    {
      super(pName, pMemberID, pMemberSince);
      System.out.println("Child Constructor with 3
parameters");
    }

    @Override
    public void calculateAnnualFee()
    {
      annualFee = (1-0.01*getDiscount())*1200;
    }
}
```

这个类有一个构造函数（有3个参数）和一个方法calculateAnnualFee( )。这里的calculateAnnualFee( )方法使用不同的公式计算来自NormalMember类中calculateAnnualFee( )方法的年费。两个方法共享相同的名称（和签名）是没有关系的，因为它们在不同的类中。

VIPMember类有以下内容：

<u>字段</u>

从父类继承：

```
public String welcome = "Welcome to ABC Fitness";
protected double annualFee
```

构造函数

```
public VIPMember(String pName, int pMemberID, int
pMemberSince)
```

方法

从父类继承：

```
public void setDiscount()
public double getDiscount()
public void displayMemInfo()
```

在子类中重写：

```
public void calculateAnnualFee()
```

8.1.3　主函数

现在我们已经编写了我们需要的3个类，让我们编写main( )方法的代码。切换到InheritanceDemo.java文件，并将以下两行添加到main()方法中。

```
NormalMember mem1 = new NormalMember("James", 1, 2010);
VIPMember mem2 = new VIPMember("Andy", 2, 2011);
```

在这里，我们为两个派生类创建两个对象。

mem1是使用NormalMember类中的带有3个参数的构造函数创建的。

mem2是使用VIPMember类中的带有3个参数的构造函数创建的。

现在我们将在各自的类中使用calculateAnnualFee( )方法来计算每个会员的年费。

```
mem1.calculateAnnualFee();
mem2.calculateAnnualFee();
```

由于mem1是执行该类的calculateAnnualFee( )方法的一个实例。因此，mem1的年费是100 + 12 * 30 = 460。对于mem2，年费是1200，因为它使用了VIPMember类的方法

最后，让我们使用父类（Member）中的displayMemberInfo( )方法在屏幕上显示信息。我们编写：

```
mem1.displayMemInfo();
mem2.displayMemInfo();
```

由于displayMemberInfo( )方法属于父类并且是public，因此mem1和mem2都继承了该方法，因此能够在main()方法中使用它。

运行程序时，您将获得以下输出：

```
Parent Constructor with 3 parameters
Child Constructor with 3 parameters
Parent Constructor with 3 parameters
Child Constructor with 3 parameters
Member Name: James
Member ID: 1
Member Since 2010
Annual Fee: 460.0
Member Name: Andy
Member ID: 2
Member Since 2011
Annual Fee: 1200.0
```

现在，我们将尝试对mem1的年费申请一些折扣。由于discount是父类中的私有字段，我们不能通过编写类似以下的语句来改变它的值：

```
mem1.discount = 100;
```

相反，我们必须使用setDiscount( )方法。为此，将以下行添加到main( )方法中：

```
mem1.setDiscount();
```

接下来，我们将添加以下语句以重新计算折扣后的年费并显示信息：

```
mem1.calculateAnnualFee();
mem1.displayMemInfo();
```

再次运行该程序。出现提示时，输入“abcd”表示密码，输入“30”表示折扣。您将在原始输出中添加以下行：

```
Please enter the admin password: abcd
Please enter the discount: 30
Member Name: James
Member ID: 1
Member Since 2010
Annual Fee: 322.0
```

现在年费为322，因为可以享受30%的折扣。

8.2 多态

现在我们已经看到了关于一个继承如何工作的例子，让我们继续讨论与继承密切相关的另一个主题——多态的概念。多态是指程序基于其运行时的类型对对象使用正确方法的能力。

解释多态的最好方法是举例说明。让我们扩展上面的健身俱乐部示例。

首先，删除或注释掉前一个main()方法中的所有代码，并添加以下行：

```
Member[] clubMembers = new Member[6];

clubMembers[0] = new NormalMember("James", 1, 2010);
clubMembers[1] = new NormalMember("Andy", 2, 2011);
clubMembers[2] = new NormalMember("Bill", 3, 2011);
clubMembers[3] = new VIPMember("Carol", 4, 2012);
clubMembers[4] = new VIPMember("Evelyn", 5, 2012);
clubMembers[5] = new Member("Yvonne", 6, 2013);
```

在这里，我们声明一个Member对象的数组，并添加6个会员。前三个会员是NormalMember类的对象，接下来的两个是VIPMember类的对象，而最后一个是Member类的对象。

虽然clubMembers被声明为Member类型的数组，但我们可以为它赋值NormalMember和VIPMember对象，因为它们是Member类的子类。我们不需要为NormalMember和VIPMember对象声明单独的数组。

接下来，我们将使用增强的for语句来计算每个会员的年费并显示信息。

要做到这一点，我们编写：

```
for (Member m : clubMembers)
{
    m.calculateAnnualFee();
    m.displayMemInfo();
}
```

现在保存并运行程序。您会注意到前三名会员（NormalMember）的年费为460美元，后面两个（VIPMember）的年费为1200美元，最后一名会员的年费为0美元。

这是多态的结果。在运行时（即程序运行时），程序确定clubMembers的前三个会员是NormalMember类型，并从该类执行calculateAnnualFee( )方法。它还确定接下来的两个会员VIPMember类型并从该类执行该方法。最后，它确定最后一个会员是Member类型并从父类执行该方法。

我们说clubMembers的前三个元素的运行时间类型是NormalMember，后两个的运行时间类型是VIPMember，最后一个元素的运行时间类型是Member。相反，所有5个元素的声明类型是Member。

多态只是意味着在运行时间中，虽然所有对象都被声明为Member类型，但程序足够聪明，可以根据元素的运行时间类型使用正确的calculateAnnualFee()方法。

8.3 抽象类和方法

接下来，让我们继续讨论Java中的两种特殊类型的父类——抽象类和接口。

我们先来看一下抽象类。

抽象类是一种特殊类型的类，它是被严格创建为其他类派生的基类。它们无法实例化。换句话说，如果FourWheelVehicles是一个抽象类，那么该语句：

```
FourWheelVehicle myVeh = new FourWheelVehicle();
```

会给你一个错误，因为你不能创建一个抽象类的对象。

抽象类可以像任何其他类一样具有字段和方法。此外，它们可以有一种特殊类型的方法，称为抽象方法。Abstract方法是没有主体的方法，必须在派生类中实现。它们只能存在于抽象类中。

在上面的健身俱乐部示例中，我们在父类（Member）中声明了一个名为calculateAnnualFee( )的方法，并将年费设置为零。由于年费为零，因此该方法没有任何逻辑意义。

与其在我们的父类中添加这种毫无意义的方法，更好的方法是将该方法声明为抽象方法。

让我们看看我们如何在健身俱乐部的例子中做到这一点。我们将不得不对我们的程序进行一些更改。

修改父类

首先，我们需要修改以下几行代码：

```
public void calculateAnnualFee()
{
    annualFee = 0;
```

```
}
```

在Member类中：

```
abstract public void calculateAnnualFee();
```

我们在上面的方法声明中添加abstract关键字，表明这是一个抽象方法。另外，在方法声明之后我们不添加花括号{}，因为抽象方法没有主体。相反，我们用分号（;）结束声明。

接下来，我们需要将Member类声明为抽象类。这是因为抽象方法只能存在于抽象类中。

为此，我们将abstract关键字添加到Member类声明中，如下所示：

```
abstract public class Member
```

这就是我们需要对Member类进行的所有更改。

修改 InheritanceDemo 类

接下来，我们需要对Inheritance Demo类进行一次更改。

由于抽象类无法实例化，因此这一行：

```
clubMembers[5] = new Member("Yvonne", 6, 2013);
```

在inheritance Demo.java文件中会给我们一个错误。

为了解决这个问题，我们可以将clubMember数组中的最后一项更改为NormalMember或VIPMember对象。这适用于我们程序的逻辑，因为会员应该是NormalMember或VIPMember，而不仅仅是Member。

在我们的示例中，我们将项目更改为VIPMember对象。将该行更改为：

```
clubMembers[5] = new VIPMember("Yvonne", 6, 2013);
```

这就是InheritanceDemo类的全部内容。

修改子类

最后，让我们继续讨论子类。由于抽象方法必须由子类实现，我们需要确保在两个子类中都实现了calculateAnnualFee()方法。

在前面的示例中，我们已经在两个子类中实现了此方法。因此，我们不需要对子类进行任何的更改。

我们现在准备保存并运行该程序。除了最后一个会员（Yvonne）的输出之外，一切都应该像以前一样正常运行。年费现在应为1200美元，如下所示：

```
Member Name: Yvonne
Member ID: 6
Member Since 2013
Annual Fee: 1200.0
```

这是抽象类的要点。总之，抽象类是一种无法实例化的特殊类型的基类。它可以包含没有任何实现细节的抽象方法，并且抽象方法必须在子类中实现。

8.4 接口

接下来，让我们看看接口。接口很像抽象类，因为它们无法实例化。而且它们必须由类实现或由其他接口扩展。当类实现接口时，它必须实现该接口中的所有抽象方法。

直到Java 7，接口只能包含抽象方法（即没有主体的方法）和常量（即声明为final的字段）。接口中的所有方法都是隐式public的，而所有常量值都是隐式的public、static和final。您不必指定这些修饰符。

抽象类和接口之间的关键区别之一是类只能扩展一个抽象类，但可以实现多个接口。但是，我们不会在本书中展示多个接口实现的示例，因为这是超出本书范围的高阶主题。

抽象类和接口之间的另一个区别是接口只能包含抽象方法（直到Java 7），而抽象类可以包含非抽象方法。

让我们首先看一下接口如何在Java 7之前工作的示例。

启动NetBeans并创建一个名为InterfaceDemo的新Java项目。

用以下内容替换InterfaceDemo.java中的代码：

```
package interfacedemo;

public class InterfaceDemo {

  public static void main(String[] args) {
    MyClass a = new MyClass();
    a.someMethod();

```

```
9     System.out.println("The value of the constant is " + MyInterface.myInt);
10    }
11 }
12
13 class MyClass implements MyInterface
14 {
15  @Override
16  public void someMethod()
17  {
18    System.out.println("This is a method implemented in MyClass");
19  }
20 }
21
22 interface MyInterface{
23
24  int myInt = 5;
25  void someMethod();
26
27 }
```

在上面的例子中，接口是在第22到第27行声明的。在第24行，我们声明了一个字段（隐式的是public、static和final），在第25行，我们声明了一个方法。在接口中声明方法时，不需要使用abstract关键字。它默认是抽象的。

在第13行到第20行，我们有一个名为MyClass的类来实现接口。我们使用implement关键字来表示这种关系。在类中，我们从第15行到第19行实现了someMethod()方法。

从第3行到第11行，我们有InterfaceDemo类，它包含main()方法。在main()方法中，我们实例化了一个MyClass对象并使用它来调用第7行的someMethod()。在第9行，我们打印出常量myInt的值。请注意，因为接口中的常量是static，我们使用接口的名称（MyInterface.myInt）而不是MyClass对象的名称来访问它们。

如果你运行这个程序，你会得到：

```
This is a method implemented in MyClass
The value of the constant is 5
```

上面展示了一个简单的例子，它说明接口如何在Java 7之前工作。但是，在

Java 8中，事情发生了一些变化。

在Java 8之前，接口只能包含抽象方法。在Java 8中，Java添加了对接口中的默认和静态方法的支持。

要查看默认和静态方法的工作方式，请将以下两个方法添加到MyInterface中。请注意，这两个方法都在接口本身中实现。

```
public static void someStaticMethod()
{
    System.out.println("This is a static method in an
interface");
}

public default void someDefaultMethod()
{
    System.out.println("This is a default method in an
interface");
}
```

接下来，将以下两行添加到main()方法中：

```
a.someDefaultMethod();
MyInterface.someStaticMethod();
```

现在，保存并运行该程序。您将获得以下输出：

```
This is a method implemented in MyClass
The value of the constant is 5
This is a default method in an interface
This is a static method in an interface
```

这就是接口从Java 8开始的工作方式。我们现在可以在接口中添加方法实现。但是，只能在接口中实现默认和静态方法。

Java在接口中添加了默认和静态方法，主要是为了确保二进制兼容性。简单地说，二进制兼容性意味着当您更改界面时，您不需要对实现它的类进行任何更改。

例如，假设我们想要在我们的接口MyInterface中添加一个新方法。如果我们只是将方法声明添加到接口，如下所示，我们将收到错误。

```
interface MyInterface{
```

```
    int myInt = 5;
    void someMethod();
    void someNewMethod();
}
```

这是因为实现此接口的类（MyClass）没有实现新方法。实现接口的类必须实现接口中的所有抽象方法。因此，如果向接口添加抽象方法，则需要确保实现接口的所有类都实现新方法。这通常是不可能的，因为您可能不知道哪个类实现了您的界面。

为了解决这个问题，Java增加了对接口的默认和静态方法的支持。这允许我们向接口添加方法，而不必对实现它的类进行任何更改。

8.5 访问修饰符

现在我们已经介绍了与继承相关的各种主题，让我们再来看一下面向对象编程中访问修饰符的概念。之前，我们了解到访问修饰符就像一个守门员。它控制谁有权访问某个字段或方法。Java附带3个访问修饰符：private、public和protected。如果未声明访问修饰符，则访问级别将被视为私有包。

为了理解private、public、protected和私有包工作的方式，让我们思考下面的例子。我们将使用字段来演示这个概念。这同样适用于方法。

创建一个新的NetBeans项目并将其命名为ModifierDemo。用以下代码替换ModiferDemo.java中的代码：

```
package modifierdemo;

public class ModifierDemo {

    public int publicNum = 2;
    protected int protectedNum = 3;
    int packagePrivateNum = 4;
    private int privateNum = 1;

}
```

现在在modifierdemo包中创建另一个类，并将其命名为ClassesInSamePackage。使用以下内容替换ClassesInSamePackage.java中的代码：

```
package modifierdemo;
```

```
public class ClassesInSamePackage
{
    //一个空类
}

class ClassA extends ModifierDemo
{
    public void printMessages()
    {
      //这样可以
      System.out.println(publicNum);

      //这样可以
      System.out.println(protectedNum);

      //这样可以
      System.out.println(packagePrivateNum);

      //这样不可以
      System.out.println(privateNum);
    }
}

class ClassB
{
    public void printMessages()
    {

      ModifierDemo p = new ModifierDemo();

      //这样可以
      System.out.println(p.publicNum);

      //这样可以
      System.out.println(p.protectedNum);

      //这样可以
      System.out.println(p.packagePrivateNum);
```

```
        //这样不可以
        System.out.println(p.privateNum);
    }
}
```

在上面的代码中，我们向ClassesInSamePackage.java文件添加了两个类。ClassA继承了ModifierDemo类，而ClassB没有。

在ClassA中，前两个println( )语句不会给我们任何错误，因为派生类可以访问父类中的任何public和protected字段。另外，第三个println( )语句也不会给我们一个错误，因为两个文件（ModifierDemo.java和ClassesInSamepacker.java）都在同一个包中。默认情况下，声明没有任何访问修饰符的字段是私有包。私有包字段可供同一包中的所有文件访问。

但是，第四个语句给出了一个错误，因为privateNum是一个私有字段，因此只能在ModifierDemo本身中访问。

在ClassB中，由于该类不是来自于ModifierDemo类，所以我们需要实例化一个ModifierDemo对象p以访问ModifierDemo的字段。

和以前一样，第一个和第三个println( )语句不会给我们任何错误。这是因为任何类都可以访问公共字段，而同一个包中的任何类都可以访问私有包字段。

第二个println( )语句也没有给我们任何错误。即使ClassB不是来自ModifierDemo，它也可以访问protectedNum，因为受保护的字段不仅可以被声明它们的类的所有子类访问，它们也可以被同一个包中的所有类访问（类似于私有包）。

第四个println()语句给出了一个错误，因为私有字段只能在声明它的类中访问。

现在，让我们来看看当两个类不在同一个包中时会发生什么。为项目创建一个新包。

为此，在Project Explorer中右键单击项目名称，然后选择New> Java Package …（参见下图）。将此包命名为anotherpackage。

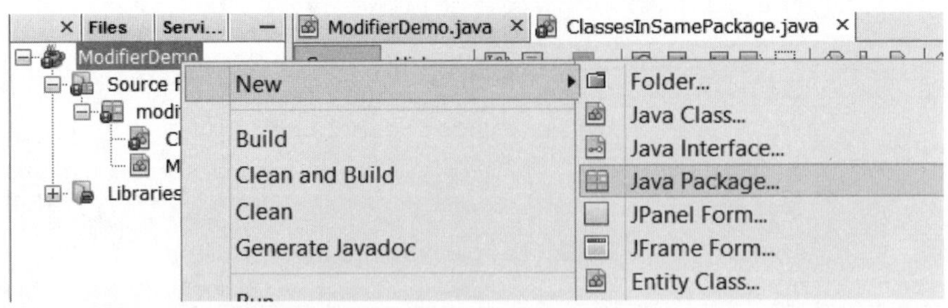

当您为ModifierDemo项目创建新包时，实质上是在主项目文件夹下创建子文件夹。

如果现在您浏览到主项目文件夹，您将看到创建了两个子文件夹——一个用于默认包modifierdemo（由NetBeans在创建项目时创建），另一个用于新创建的包，anotherpackage。如果您找不到主文件夹，您可以在NetBeans的Project Explorer中右键单击项目名称，然后选择 Properties 。这将打开一个对话框，显示项目的存储位置。

现在，向此包添加一个新类。为此，右键单击Project explorer中的anotherpackage包并选择“New> Java Class …”，如果您看不到此包，您可能需要单击Project Explorer中的+号。在NetBeans中创建新类时，单击正确的包非常重要。

将此类命名为ClassesInAnotherPackage。如果您已正确完成，则应在Project Explorer中看到以下结构。

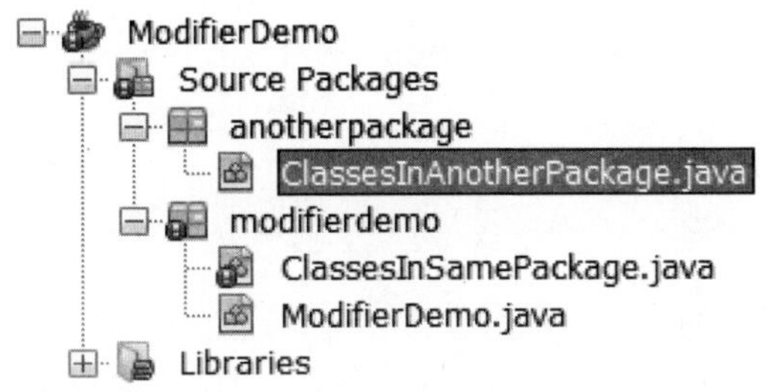

用以下代码替换ClassesInAnotherPackage.java中的代码：

```
package anotherpackage;

import modifierdemo.ModifierDemo;

public class ClassesInAnotherPackage
{
    //一个空类
}

class MyClassC extends ModifierDemo{
    public void printMessages()
    {

      //这样可以
      System.out.println(publicNum);
```

```
        //这样可以
        System.out.println(protectedNum);

        //这样不可以
        System.out.println(packagePrivateNum);

        //这样不可以
        System.out.println(privateNum);
    }
}

class MyClassD {

    public void printMessages()
    {
        ModifierDemo p = new ModifierDemo();

        //这样可以
          System.out.println(p.publicNum);

        //这样不可以
        System.out.println(p.protectedNum);

        //这样不可以
        System.out.println(p.packagePrivateNum);

        //这样不可以
        System.out.println(p.privateNum);
    }
}
```

在上面的例子中，ClassC可以访问publicNum和protectedNum，但不能访问packagePrivateNum和privateNum。它可以访问protectedNum，因为它是ModifierDemo的子类，即使它与ModifierDemo不在同一个包中。另一方面，它无法访问packagePrivateNum，因为该字段只能由与ModifierDemo相同的包中的类访问。

接下来，对于ClassD，它只能访问publicNum。它不能访问protectedNum，因为它既不是ModifierDemo的子类，也不是同一个包。同样地，它也无法访问

packagePrivateNum和privateNum。

简而言之，任何被声明为public的东西都可以随处访问，访问public字段是没有限制的。另一方面，任何声明为private的东西只能在声明它的类中访问。任何声明为protected的东西都可以在声明它的类中，从它派生的任何类以及与声明它的类在同一个包中的任何其他类中访问。最后，私有包是指没有声明任何访问修饰符的东西，它只能在声明它的包中访问。

第9章　集合

祝贺您已经学习到本书的这一章节。我们已经学习了很多概念。

在前面两章中，您学习了如何编写自己的类和实例化对象。

在本章中，我们将介绍Java提供的框架，以便我们轻松地存储和操作这些对象。具体来说，我们将关注Java 集合框架。

9.1　Java集合框架

Java集合框架是Java提供的一组预先编写的类和接口，用于帮助我们组织和操作对象组。使用集合框架，我们可以选择以不同的格式组织对象，例如列表、集合、队列或映射。

我们将在本章中讨论如何使用列表。

Java集合框架标准化了处理对象组的方式。因此，一旦您知道如何使用列表，您就会发现学习其他集合（如集合或队列）也会很容易。

9.2　自动分装和拆箱

在我们讨论Java 集合框架之前，我们首先需要讨论自动分装和拆箱的概念。

在第3章中，我们了解了Java中的8种基本类型。这8种基本类型是基本数据类型而不是对象。

但是，Java是一种面向对象的语言，而且大部分语言都围绕着将所有东西都视为对象的想法。因此，我们经常发现有必要将基本类型转换为对象。

为了促进这种转换，Java为我们提供了所谓的包装类。Java中的每个基本类型都有一个相应的包装类。这些包装类包含许多我们可以使用的有用方法。包装类为：

`boolean`, `char`, `byte`, `short`, `int`, `long`, `float` 和 `double`

分别对应着：

Boolean, Character, Byte, Short, Integer, Long, Float 和 Double 。

从基本数据类型转换为包装类对象很容易。

例如，要将int转换为Integer对象，我们执行以下操作：

```
Integer intObject = new Integer(100);
```

在这里，我们通过将int值100传递给Integer类构造函数来声明和实例化一个Integer对象。此构造函数接受该值并基于该值创建Integer对象。

如果我们想将Integer对象转换回int，我们使用intValue()方法。代码如下：

```
int m = intObject.intValue();
```

intValue()方法返回一个我们赋给m的int类型。

如您所见，从基本数据类型转换为对象（反之亦然）是相对简单的。然而在实践中，它实际上比上面所示的更简单。Java为我们提供了两种称为自动分装和拆箱的机制。这允许自动转换。

要从int转换为Integer，而不是编写：

```
Integer intObject = new Integer(100);
```

我们可以简单地编写：

```
Integer intObject = 100;
```

在这里，我们只需将值100赋给intObject。我们不需要将这个int值传递给Integer构造函数，Java在幕后为我们做了这件事。此过程称为自动分装。

要从Integer转换为int，不是编写：

```
int m = intObject.intValue();
```

而我们可以简单地写成：

```
int m = intObject;
```

我们不需要显式使用intValue()方法。当我们将Integer对象赋值给int变量时，Java会自动将Integer对象转换为int类型。此过程称为拆箱。

正如我们所看到的，包装类为我们提供了一种将基本类型转换为对象的便捷方法，反之亦然。除此之外，包装类还有另一个主要用途——它们为我们提供将字符串转换为基本类型的方法。假设您要将字符串转换为int，您可以在Integer类中使用parseInt()方法，如下所示：

```
int n = Integer.parseInt("5");
```

请注意，“5”是一个字符串，因为我们使用双引号。Integer.parseInt（"5"）方法返回int值5，然后我们将它赋给n。

如果字符串无法转换为int，则该方法将抛出NumberFormatException异常。例如，下面的语句会抛给我们这个错误：

```
int p = Integer.parseInt("ABC");
```

除了将字符串转换为int之外，我们还可以使用Double类中的parseDouble( )方法将字符串转换为double：

```
double q = Double.parseDouble("5.1");
```

同样，如果字符串无法转换为double，我们将收到错误。

9.3 List列表

现在我们熟悉了包装类，让我们看一下列表。列表与数组非常相似，但更灵活。具体来说，它的大小可以改变。

之前，在第4章中，我们了解到，一旦初始化了数组或者在声明数组时我们声明了元素的数量，就无法更改数组的大小。

例如，如果将数组声明为：

```
int[] myArray = new int[10];
```

myArray只能容纳10个值。如果你写myArray [10]（它指的是数组索引从零开始的第11个值），你就会得到一个错误。

如果您的程序需要更大的灵活性，可以使用列表。Java附带了一个预先编写的List接口，它是Java 集合框架的一部分。该接口由几个类实现。

实现List接口的最常用的类是ArrayList和LinkedList类。我们先来看看ArrayList。

9.4 ArrayList

ArrayList类是一个预编写的类，它实现了List接口。与Java集合框架中的所有其他集合一样，ArrayList只能用于存储对象（不是基本数据类型）。因此，如果我们要声明一个整数列表，我们必须使用Integer而不是int。

每当您使用ArrayList时，您必须使用下面的语句导入java.util.ArrayList类：

```
import java.util.ArrayList;
```

声明和实例化ArrayList的语法如下：

```
ArrayList<Type> nameOfArrayList = new ArrayList<>();
```

例如，要声明并实例化Integer对象的ArrayList，我们输入：

```
ArrayList<Integer> userAgeList = new ArrayList<>();
```

在语句的左侧，我们声明了一个ArrayList变量。

ArrayList是一个关键字，表示你正在声明一个ArrayList。

<Integer>表示这个ArrayList用于存储Integer对象。

userAgeList是ArrayList的名称。

在右侧，我们使用new关键字实例化一个新的ArrayList对象，并将其赋值给userAgeList。

如果您希望ArrayList存储String对象，则您可以声明并将其实例化它为：

```
ArrayList<String> userNameList = new ArrayList<>();
```

在上面的两个例子中，我们专门声明了一个ArrayList并为它分配了一个ArrayList。不管怎么样，如果您愿意，也可以选择声明一个List并为其指定一个ArrayList。

这个语句是被允许的，因为List是ArrayList的超接口。

要声明一个List并为它分配一个ArrayList，我们编写：

```
List<String> userNameList2 = new ArrayList<>();
```

如果您这样做，你需要导入java.util.List。

ArrayList 方法

ArrayList类附带了大量我们可以使用的预编写方法。无论您是声明了一个ArrayList还是声明了一个List并为它分配了一个ArrayList，下面讨论的所有方法都可以使用。

add( )

要将成员添加到列表，请使用add( )方法。

```
userAgeList.add(40);
userAgeList.add(53);
userAgeList.add(45);
userAgeList.add(53);
```

userAgeList现在有4个成员。

您可以使用System.out.println( )打印出列表的成员。如果您编写：

```
System.out.println(userAgeList);
```

您将会得到：

```
[40, 53, 45, 53]
```

作为输出。

要在特定位置添加成员，请执行以下操作：

```
userAgeList.add(2, 51);
```

这将数字51插入索引2（即第三位置）。

userAgeList现在变成[40,53,51,45,53]。

set( )

要用另一个元素替换指定位置的元素，请使用set( )方法。

例如，要将索引3处的元素更改为49，请执行以下操作：

```
userAgeList.set(3, 49);
```

第一个参数是要替换的元素的索引，第二个参数是要替换它的值。

userAgeList现在变成[40,53,51,49,53]。

remove( )

要从列表中删除特定位置的成员，请使用remove( )方法。remove( )方法接受要作为参数删除的项的索引。例如，如果我们编写：

```
userAgeList.remove(3);
```

删除索引3处的元素。

userAgeList变成[40,53,51,53]。

get()

要得到特定位置的元素，请使用get()方法。

```
userAgeList.get(2);
```

给我们的数值是51。

size()

要找出列表中元素的数量，请使用size()方法。

userAgeList.size()给出了4，因为目前ArrayList中有4个元素。

contains()

要检查列表是否包含某个成员，请使用contains()方法。

要检查userAgeList是否包含“51”，我们编写：

```
userAgeList.contains(51);
```

我们将得到true的结果。

如果我们输入：

```
userAgeList.contains(12);
```

我们将得到false的结果。

indexOf()

要获取某个指定元素第一次出现的索引，请使用indexOf()方法。如果元素在ArrayList中不存在，则该方法返回-1。

例如，我们输入：

```
userAgeList.indexOf(53);
```

我们将获得1作为结果。即使53出现在ArrayList中两次，我们也只会获得第一次出现的索引。

如果我们输入：

```
userAgeList.indexOf(12);
```

我们将得到-1，因为ArrayList中不存在数字12。

toArray( )

要获取ArrayList中的所有元素，请使用toArray( )方法。此方法以适当的顺序（从第一个元素到最后一个元素）返回一个Object类型的数组，该类型包含ArrayList中的所有元素。

例如，我们输入：

```
Object[] myArray = userAgeList.toArray();
```

将userAgeList转换为Object [ ]数组。（回想一下，Object类是Java中所有类的父类。）

如果你想让toArray( )返回一个特定类型的数组，你可以将数组类型作为参数传递。例如，如果你想toArray( )返回一个Integer [ ]数组而不是默认的Object [ ]数组，你可以编写：

```
Integer[] myIntArray = userAgeList.toArray(new Integer[0]);
```

这里我们将一个大小为0的整数数组（new Integer [0]）传递给toArray( )方法。

当我们这样做时，toArray( )方法返回一个Integer数组，然后我们可以将它赋值给myIntArray。

clear( )

要删除列表中的所有项，请使用clear()方法。如果我们编写：

```
userAgeList.clear();
```

我们将不会在列表中留下任何元素。

有关Java中可用的所有ArrayList方法的完整列表，请进入Oracle Help Center主页，在“Search”选项卡中的“All Products”下拉菜单中选中“Java”后，在“Search products”中键入“ ArrayList”，即可查看完整列表。

9.5 LinkedList

接下来，让我们看看LinkedList。

LinkedList非常类似于ArrayList，因此在使用上也是非常相似的。它们都实现了List接口。

LinkedList和ArrayList之间的主要区别在于它们的实现。ArrayList被实现为可调整大小的数组。随着更多元素的添加，其大小会动态增加。每当我们在ArrayList的中间添加一个新元素时，它之后的所有元素都必须被移位。例如，如果myArrayList有3个元素，如下所示：

```
myArrayList = {"Hello", "Good", "Morning"};
```

并且我们想要将字符串World插入位置1（即在Hello之后），Hello之后的所有元素都必须被移位。

类似地，当我们从ArrayList中删除一个元素时，删除元素之后的所有元素都必须向上移动。如果ArrayList很大，这可能会导致明显的延迟。

如果需要频繁添加和删除List中的元素，最好使用LinkedList。LinkedList存储每个元素之前和之后的元素的地址。例如，假设LinkedList分别在地址111、122和133处具有三个元素Hello、Good和Morning。下图显示了如何实现LinkedList。

由于Hello是第一个元素，因此之前没有元素。所以，左侧的框显示一个指向null的箭头（null只表示它指向什么都没有）。右侧的框存储地址122，它是下一个元素的地址。

对于元素Good，左侧的框存储地址111（前一个元素的地址），右侧的框存储地址133（下一个元素的地址）。

现在假设我们删除元素Good。下图显示了地址的更新方式（带下划线的地址）。

对于元素Hello，右侧的框现在存储地址是133，它是元素Morning的地址。

当像这样实现List时，在添加或删除元素时不需要移动任何元素。必要时只需更新地址即可。

由于现在没有元素指向元素Good，Java虚拟机最终将删除此元素以释放它可能正在使用的任何内存。

什么时候使用LinkedList多于ArrayList

通常，当需要经常添加或删除元素时，我们使用LinkedList。

另外，LinkedList类在List接口之上实现Queue和Deque接口。Queue和Deque是Java 集合框架中的另外两个接口。因此，如果要使用这两个接口中的任何方法（例如offer( )、peek( )、poll( )、getFirst( )，则必须使用LinkedList而不是ArrayList、 getLast( )等）。

但是，请注意，LinkedList具有比ArrayList更高的内存消耗，因为它需要内存来存储相邻元素的地址。在LinkedList中查找特定元素也比较耗时，因为您必须从列表中的第一个元素开始并按照引用查找，直到找到该项目。这与ArrayList形成对比，其中可以基于第一元素的地址计算每个元素的地址。因此，如果考虑到内存消耗或者经常需要搜索元素，则不建议使用LinkedList。

现在，让我们看一下我们如何声明和实例化LinkedList。语法如下：

```
LinkedList<Type> nameOfLinkedList = new LinkedList<>();
```

例如，要声明并实例化Integer对象的LinkedList，我们编写：

```
LinkedList<Integer> userAgeLinkedList = new LinkedList<>();
```

这与声明和实例化ArrayList的方式非常相似。唯一的区别是您将ArrayList改为LinkedList。使用LinkedList时需要导入LinkedList类。为此，请使用以下import语句：

```
import java.util.LinkedList;
```

类似于ArrayList，您也可以选择声明List并为其分配LinkedList。要做到这一点，您编写：

```
List<Integer> userAgeLinkedList2 = new LinkedList<>();
```

如果您这样做，您也需要导入List类。

LinkedList 方法

LinkedList类附带了大量我们可以使用的预编写方法。但是，由于LinkedList和ArrayList类都实现了List接口，所以它们共享许多相同的方法。实际上，ArrayList部分中涉及的所有方法都可以与LinkedList一起使用。

这意味着您对于ArrayList和LinkedList，可以以相同的方式使用add( )、set( )、get( )、size( )、remove( )、contains( )、indexOf( )、toArray( )和clear( )方法。要了解这一事实，请启动NetBeans并启动名为ListDemo的新项目。

用以下代码替换原代码：

```
package listdemo;
import java.util.ArrayList;
import java.util.LinkedList;
import java.util.List;

public class ListDemo {

    public static void main(String[] args) {

      List<Integer> userAgeList = new ArrayList<>();

      userAgeList.add(40);
      userAgeList.add(53);
      userAgeList.add(45);
      userAgeList.add(53);
      userAgeList.add(2, 51);

      System.out.println(userAgeList.size());
      userAgeList.remove(3);
      System.out.println(userAgeList.contains(12));
      System.out.println(userAgeList.indexOf(12));
      System.out.println(userAgeList.get(2));

      Integer[] userAgeArray = userAgeList.toArray(new
Integer[0]);
      System.out.println(userAgeArray[0]);
      System.out.println(userAgeList);
    }
}
```

此代码演示了ArrayList部分中提到的一些方法。如果您运行代码，会得到

```
5
false
-1
```

```
51
40
[40, 53, 51, 53]
```

现在，修改声明：

```
List<Integer> userAgeList = new ArrayList<>();
```

为：

```
List<Integer> userAgeList = new LinkedList<>();
```

并再次运行该程序。

您注意到了什么？一切都运行得很好，您得到相同的输出了吗？

这是因为ArrayList类和LinkedList类都实现了List接口。因此，两个类都有很多共同的方法。

但是，如上所述，除了实现List接口之外，LinkedList类还实现了Queue和Deque接口。因此，它还拥有在List接口和ArrayList类中缺少的一些额外的方法。

如果要使用这些方法，则必须专门声明LinkedList而不是List。

修改声明：

```
List<Integer> userAgeList = new LinkedList<>();
```

为：

```
LinkedList<Integer> userAgeList = new LinkedList<>();
```

尝试下面的方法。

poll( )

poll( )方法返回列表的第一个元素（也称为head），并从列表中删除该元素。如果列表为空，则返回null。

如果userAgeList当前是[40,53,51,53]并且您编写以下语句：

```
System.out.println(userAgeList.poll());
```

你会得到：

```
40
```

作为输出，因为userAgeList中的第一个元素是40。如果再次打印出userAgeList

的元素，你将得到：

```
[53,51,53].
```

第一个元素将从列表中删除。

peek( )

peek( )方法类似于poll( )方法。它返回列表的第一个元素，但不从列表中删除元素。如果列表为空，则返回null。

getFirst( )

getFirst( )方法几乎与peek( )方法相同。它返回列表的第一个元素，但不删除元素。但是，当列表为空时，它会抛出一个NoSuchElementException异常。

getLast( )

getLast( )方法返回列表的最后一个元素，但不删除该元素。当列表为空时，它会抛出一个NoSuchElementException异常。

有关Java中可用的所有LinkedList方法的完整列表，请查看此页面https://docs.oracle.com/javase/8/docs/api/java/util/LinkedList.html

9.6 在我们的方法中使用列表

现在我们熟悉了Java中最常用的两个列表，让我们看一下如何在我们的方法中使用这些列表。在我们的方法中使用列表与我们在方法中使用数组的方式非常相似。在下面的例子中，我们将使用一个Integer对象的ArrayList来演示。相同的语法适用于其他类型的集合。

要接受ArrayList <Integer>作为参数，我们将方法声明为：

```
public void methodOne(ArrayList<Integer> m)
{
    //一些实现代码
}
```

要从方法返回ArrayList <Integer>，我们将方法声明为：

```
public ArrayList<Integer> methodTwo()
{
    ArrayList<Integer> a = new ArrayList<>();
```

```
    //一些实现代码

    return a;
}
```

假设methodOne()和methodTwo()都在一个名为MyClass的类中：

```
MyClass mc = new MyClass();
```

要调用methodOne()，我们传入一个ArrayList作为参数：

```
ArrayList<Integer> b = new ArrayList<>();

mc.methodOne(b);
```

要调用methodTwo()，我们将结果赋值给ArrayList。

```
ArrayList<Integer> c = mc.methodTwo();
```

第10章　文件处理

我们学习到这一章节。到目前为止，您已经熟悉了Java中的一些核心概念。在本章中，我们将介绍Java中的另一个重要主题——读取和写入外部文件。

在之前的第5章中，我们学习了如何使用诸如nextInt( )、nextDouble( )和nextLine( )等方法从用户那里获得输入。但是，在某些情况下，让用户将数据输入到我们的程序中可能不切实际，特别是如果我们的程序需要处理大量的数据。在这种情况下，更方便的方法是将所有需要的信息准备成为外部文件，并让我们的程序从文件中读取信息。

Java为我们提供了许多用于处理文件的类和方法。本章的目的是向您介绍其中一种方法。我们将在本章中讨论的类是File、BufferedReader、FileReader、BufferedWriter和FileWriter类。所有这些类都可以在java.io包中找到。要使用本章中的方法，您需要添加以下import语句：

```
import java.io.*;
```

到您的程序。

*表示我们将要导入整个java.io包，其中包含我们将要使用的所有类。或者，如果您愿意，可以逐个导入各个类。

10.1　读取文本文件

要从文本文件中读取数据，我们使用FileReader类。FileReader类将文件的内容作为字符流读取，一次读取一个字符。

从理论上讲，这就是从文件中读取数据所需的全部内容。一旦您创建了一个FileReader对象后，就可以从文件中读取数据了。但是，在实践中，这不是最有效的方法。一种更有效的方法是利用FileReader对象封装一个BufferedReader对象。

顾名思义，BufferedReader对象为我们的文件读取操作提供缓冲。这个概念类似于当我们在线观看视频时的视频缓冲。BufferedReader对象不是从网络或磁盘中一次读取一个字符，而是一次读取一个更大的模块以加速进程。

假设我们要从与您的项目位于相同的文件夹中的文件myFile.txt中读取数据。

以下示例显示这个程序是如何完成的。要尝试此示例，请启动NetBeans并创建名为FileHandlingDemo的新项目。用以下代码替换原代码：

```
package filehandlingdemo;
import java.io.*;

public class FileHandlingDemo {

  public static void main(String[] args) {

    String line;
    BufferedReader reader = null;

     try
     {
        reader = new BufferedReader(new FileReader("myFile.txt"));
        line = reader.readLine();
        while (line != null)
        {
           System.out.println(line);
           line = reader.readLine();
        }
     }
     catch (IOException e)
     {
        System.out.println(e.getMessage());
     }
     finally
     {
        try
        {
           if (reader != null)
              reader.close();
        }
        catch (IOException e)
        {
           System.out.println(e.getMessage());
        }
     }
```

```
37   }
38 }
```

在上面的代码中，我们使用try-catch-finally语句来处理我们的文件操作。这是因为在处理文件时，可能会发生错误。例如，当我们尝试打开文件时，系统可能无法找到该文件。然后，这将抛出一个错误，该错误将在catch模块中被捕获。

我们现在来看看try模块。

在第13行，我们有以下声明：

```
reader = new BufferedReader(new FileReader("myFile.txt"));
```

在这里，我们首先通过传入我们想要读取的文件的路径来创建一个FileReader对象（带下划线的部分）。由于此文件与项目位于同一文件夹中，因此路径只是myFile.txt。

在创建FIleReader对象之后，我们通过将FileReader对象作为参数传递给BufferedReader的构造函数来创建一个新的BufferedReader对象。这就是我们所说的“利用FileReader对象封装一个BufferedReader对象”。这是非常有必要的，因为BufferedReader对象需要知道要缓冲的数据流。

在创建BufferedReader对象之后，我们将它赋值给变量reader。现在，我们准备从文件中读取。

在第14行，我们使用BufferedReader类提供的readLine( )方法来读取文件中的第一行。我们使用该声明来做到这一点：

```
line = reader.readerLine();
```

如果line不是null（即数据存在），则执行从15行到19行的while语句。在while语句中，我们首先使用println( )方法来显示读到屏幕上的行。然后我们使用另一个readLine( )语句（在第18行）来读取下一行。此循环继续运行，直到读取最后一行。

接下来，从第21行到第24行，我们编写了catch模块。如果发生异常，此模块将显示抛出的错误消息。

从第25行到第36行，我们编写finally模块。在这个模块中，我们使用内部try模块（第27行到第31行）来尝试关闭BufferedReader对象，以便释放BufferedReader对象可能正在使用的任何系统资源。一旦不再需要它，您应该关闭您的BufferedReader对象。如果因为任何其他原因，我们无法正确关闭对象，则从第32行到第35行的内部catch模块将捕获此错误并显示相应的错误消息。

这就是您用Java读取文本文件的方式。要运行此程序，首先要创建一个名为myFile.txt的文本文件，并将该文件保存在与项目相同的文件夹中。如果找不到项目文件夹，可以在NetBeans的Project Explorer中右键单击项目名称，然后选择Properties 。这将打开一个对话框，显示项目的存储位置。

您也可以将文件保存在其他位置，但请记住更新程序中的路径。例如，如果您使用Windows并将其保存在Documents文件夹中，则路径将类似于：

C:\\Users\\<UserName>\\Documents\\myFile.txt

其中<UserName>应替换为您自己的用户名。在编写此路径时，我们必须使用双斜杠\\。这是因为如果我们只使用一个斜杠，编译器会认为单斜杠是转义序列的开头，并将\ U、\ D等解释为转义序列。这将会导致错误。

现在尝试运行该程序。您将看到文本文件的内容作为输出结果显示在屏幕上。不算太复杂吧?

事实上，有一种更简单的方法来读取Java中的文件。这个方法包含上面一节内容，因为有许多遗留代码仍然使用这种前面的旧方法里的内容。但是，如果您使用的是Java 7或更高版本，则可以使用所谓的try-with-resources语句。这个语句会自动为我们关闭BufferedReader对象，这样我们就不必调用close( )方法来关闭了。要尝试此方法，请使用以下代码替换main( )方法中的先前代码。

```
String line;

try (BufferedReader reader = new BufferedReader(new
FileReader("myFile.txt")))
{

    line = reader.readLine();
    while (line != null)
    {
      System.out.println(line);
      line = reader.readLine();
    }
}
catch (IOException e)
{
```

```
    System.out.println(e.getMessage());
}
```

请注意，我们移动了该声明：

```
BufferedReader reader = new BufferedReader(new
FileReader("myFile.txt"))
```

并将它放在try关键字后的一对括号内。如果以这种方式执行，则不必显式关闭BufferedReader对象。当不再需要这个对象时，Java将自动关闭该对象。这使代码更短，也更安全，因为它消除了我们忘记关闭对象的风险。尝试运行这个新程序。它的工作方式与之前的程序相同。

10.2 写入文本文件

接下来，让我们看看如何写入文本文件。写入文件与从中读取非常相似。

要写入文本文件，我们使用BufferdWriter和FileWriter类。下面的代码显示了它是如何完成的。使用下面的代码替换上面示例中的main()方法中的代码。

```
String text = "Hello World";
try (BufferedWriter writer = new BufferedWriter(new
FileWriter("myFile2.txt", true)))
{
    writer.write(text);
    writer.newLine();
}
catch ( IOException e )
{
    System.out.println(e.getMessage());
}
```

有没有注意到上面的代码与我们想要读取文件时编写的代码非常相似？实际上，主要区别在于我们在这里是创建了一个BufferedWriter和一个FileWriter对象。

另外，当我们创建FileWriter对象时，我们传入了两个参数——文件的路径和值true。

当我们以这种方式创建FileWriter对象时，程序将在项目文件夹中创建文件myFile2.txt（如果它不存在）。如果该文件存在，程序将会把您要写入任何新数据添加到原始文件上（因为我们为第二个参数指示了true）。

如果您想覆盖文件中现有的任何数据，您可以像这样创建一个FileWriter对象：

```
new FileWriter("myFile2.txt", false)
```

或者像这样：

```
new FileWriter("myFile2.txt")
```

当您省略第二个参数时，程序将默认覆盖任何现有数据。

接下来，在我们创建FileWriter对象之后，我们将它作为参数传递给BufferedWriter的构造函数以创建一个新的BufferedWriter对象。然后我们使用write( )和newLine( )方法写入文件。

write( )方法将文本写入文件。newLine( )方法将光标移动到一个新行。

尝试运行此代码。如果文件myFile2.txt尚不存在，将在项目文件夹中创建一个新文件。双击创建的文件，您将看到写在这个文件中的Hello World字样。

现在再次运行程序。你会看到第二个Hello World行添加到这个文件里。

如果您不想附加新数据，请更改语句：

```
try (BufferedWriter writer = new BufferedWriter(new
FileWriter("myFile2.txt", true)))
```

成为

```
try (BufferedWriter writer = new BufferedWriter(new
FileWriter("myFile2.txt")))
```

运行两次程序，看看会发生什么。当程序第二次运行时，文件上只显示一个Hello World行。这是因为之前的Hello World行已被覆盖。

在上面的例子中，我们使用try-with-resources语句来创建我们的BufferedWriter对象。因此，我们不必关闭BufferedWriter对象。如果您使用的是早于Java 7的Java版本，则必须关闭finally模块中的BufferedWriter对象。这样做的方式与本章展示的第一个例子非常相似。如果您不确定如何操作，可以参考它。

10.3 重命名和删除文件

现在我们知道如何读取和写入文件，那么让我们看看如何在Java中重命名和删除文件。要重命名和删除文件，我们使用在File类中找到的两个预先编写的方法。

要重命名文件，我们需要创建两个File对象。例如，如果我们想将myFile.txt重命名为myNewFile.txt，我们创建两个带有两个文件名的File对象，如下所示：

```
File f = new File("myFile.txt");
File nf = new File("myNewFile.txt");
```

然后我们可以通过编写以下语句来重命名该文件：

```
f.renameTo(nf);
```

如果文件成功重命名，renameTo()方法返回true，如果不成功则返回false。

如果您想删除一个文件，我们使用delete()方法，如下所示：

```
nf.delete();
```

如果文件被成功删除，则此方法返回true。否则，它返回false。

我们稍后会在您的项目中使用这两种方法。

第11章 高阶Java主题

恭喜！我们已经来到项目之前的最后一章。在本章中，我们将简要介绍Java中的一些高阶主题，即：泛型、Lambda表达式和功能接口。

11.1 泛型

首先，让我们看一下泛型。

其实当我们在第9章讨论LinkedList和ArrayList时，我们就已经使用了泛型。回想一下，在第9章中，你学会了使用以下语句声明Integer的ArrayList：

```
ArrayList<Integer> myArrayList = new ArrayList();
```

这里注意到您在尖括号<>里写Integer来表示ArrayList包含Integer对象。相反，如果您想声明一个StringList的String对象，你编写：

```
ArrayList<String> myArrayList = new ArrayList();
```

这就是泛型的要点。泛型允许我们创建类（例如ArrayList类）、接口和方法，其中操作的数据类型被指定为尖括号中的参数。

为了理解它是如何工作的，让我们来编写自己的泛型类。我们首先从普通类开始。

启动NetBeans并创建一个名为GenericsDemo的新项目。

用下面的代码替换代码：

```
package genericsdemo;
public class GenericsDemo {

    public static void main(String[] args) {

      MyGenericsClass g = new MyGenericsClass();

      g.setMyVar(6);
      g.printValue();
    }
```

```
    }

    class MyGenericsClass{

        private Integer myVar;

        void setMyVar (Integer i){
          myVar = i;
        }

        void printValue(){
          System.out.println("The value of myVar is " + myVar);
        }
    }
```

在上面的代码中，我们创建了一个名为MyGenericsClass的类。这个类包含一个私有字段（myVar）和两个名为setMyVar( )和printValue( )的方法，它们分别设置和打印了myVar的值。

在main( )方法中，我们实例化了一个MyGenericsClass对象。接下来，我们将myVar的值设置为6，并使用printValue( )方法打印出它的值。如果您运行这个程序，一切都会正常工作，您会得到以下输出：

```
The value of myVar is 6
```

但是，我们假设您要将myVar的值设置为6.1。尝试把这行：

```
g.setMyVar(6);
```

更改成为：

```
g.setMyVar(6.1);
```

并再次运行该程序。现在看看发生了什么？您是否得到一个错误呢？这是因为myVar在MyGenericsClass中被声明为Integer类型。由于6.1不是“整数”类型，所以我们得到一个错误。

如果您希望您的类和方法同时使用Integer和Double类型，该怎么办？在这种情况下，您可以使用泛型。为此，您必须对MyGenericsClass进行两处更改。

首先，您需要将类声明更改为：

```
class MyGenericsClass<T>
```

T被称为类型参数。换句话说，它是一个参数，用于指定类将进行操作的数据类型。使用大写字母T表示类型参数是一种惯例。

接下来，您需要将myGenericsClass中的所有Integer关键字更改为T。

换句话说，您需要将：

```
private Integer myVar;
```

更改为：

```
private T myVar;
```

和：

```
void setMyVar (Integer i)
```

更改为：

```
void setMyVar (T i)
```

现在再次尝试运行程序。效果有什么变化吗？

该程序现在是否正常工作了？实际上，您可以将myVar的值设置为字符串，程序仍然可以正常工作。尝试更改此行：

```
g.setMyVar(6.1);
```

成为：

```
g.setMyVar("Java");
```

并再次运行该程序。它仍然有效。

实质上，这就是泛型是如何工作的。泛型允许我们创建一个自动使用不同类型数据的类、接口或方法。

很简单吧？

但是，这不是使用泛型的唯一优势。泛型的另一个优点是它允许进行类型检查。

在上面的例子中，我们看到MyGenericsClass使用Integer、Double和String类型。实际上，它适用于任何引用类型。虽然这使我们的代码更灵活，但也可能导致错误。

例如，假设myVar实际上用于存储班级中的学生数量。如果班上有十个学

生，我们会编写

```
g.setMyVar(10);
```

一切都很好。但是，假设我们犯了错误并且编写了：

```
g.setMyVar(10.2);
```

编译器将无法发现此错误，因为setMyVar( )是一个通用方法。这导致在大型程序中很难检测到逻辑错误。为了克服这个问题，Java为我们提供了一个解决方案。与其使用下面的语句声明g：

```
MyGenericsClass g = new MyGenericsClass();
```

不如用更具体的声明泛型语句，如下：

```
MyGenericsClass<Integer> g = new MyGenericsClass();
```

当我们在声明中添加<Integer>时，编译器会知道在我们使用g时，MyGenericsClass的类型参数T应该替换为Integer。

因此，如果我们输入：

```
g.setMyVar(10.2);
```

我们会收到一个错误。

简而言之，泛型为我们提供了一种编写适用于不同类型数据的类、接口和方法的方法。因此，我们不需要为我们使用的每种数据类型编写一个新的类。

另外，当我们实例化一个对象时，我们可以指定我们希望该对象使用的数据类型。这允许编译器检查我们在使用错误的数据类型时，可能出现的任何错误。

有界类型

在上一节中，我们讨论了泛型是如何工作的。MyGenericClass中的类型参数T可以接受任何数据类型，只要它是引用类型（泛型不适用于基本类型）。

在本节中，我们将了解如何更具体地使用泛型。有时，在限制可传递给类型参数的数据类型时，是很有用的。例如，我们可能想要创建一个只适用于数字的泛型类。这个泛型类可能包含计算这些数字的总和和平均值的方法。对于这些情况，我们可以使用有界类型参数。这可以使用extends子句来完成。

如果将type参数指定为：

```
<T 继承 A>
```

T只能接受作为A子类型的数据类型。

Java中的所有数字类（例如Integer和Double）都是Number类的子类。如果我们希望我们的类只使用数值数据类型，我们可以将类声明为：

```
class MyGenericsClass2 <T extends Number>
{

}
```

现在，如果我们实例化一个MyGenericsClass2对象，如下所示：

```
MyGenericsClass2<String> g2 = new MyGenericsClass2();
```

我们会得到一个错误，因为String不是Number的子类。

相反，声明如下代码：

```
MyGenericsClass2<Integer> g3 = new MyGenericsClass2();
MyGenericsClass2<Double> g4 = new MyGenericsClass2();
```

是有效的，因为Integer和Double都是Number的子类。

我们刚刚介绍了泛型。如果完整地讨论泛型需要一整章的内容，这超出了本书的范围。

接下来，让我们继续讨论功能接口和lambda表达式。

11.2 功能接口和lambda表达式

功能接口和lambda表达式的概念是密切相关的。首先，让我们看一下功能接口的概念。

功能接口只是包含一个且只有一个抽象方法的接口。它可以包含其他静态和默认方法，但只能有一个抽象方法。

请思考以下接口：

```
@FunctionalInterface
interface MyNumber{
    double getValue();
}
```

这个接口包含一个抽象方法（回想一下，这里不需要使用abstract修饰符，因为接口中的方法默认是抽象的）。由于此接口仅包含一个抽象方法，因此它被称为功能接口。在功能接口中，抽象方法指定接口的预期用途。在这个例子中，接口的功能是返回一个double类型的值。

您可以添加@ FunctionalInterface注释以通知编译器这是一个功能接口，如上面的示例所示。

现在我们已经定义了功能接口是什么，让我们来看看我们如何实现这个接口。之前，我们学习了如何使用类来实现接口。在本章中，我们将学习如何使用lambda表达式来实现接口。

lambda表达式的语法如下

```
(parameter list) -> lambda body
```

此语法目前可能看起来毫无意义。让我们看一些例子来说明它是如何使用的。

假设您要实现getValue()方法，如下所示：

```
double getValue()
{
    return 12.3;
}
```

此方法没有参数，只返回值12.3。我们可以将该方法重写为以下lambda表达式：

```
() -> 12.3;
```

lambda表达式的左侧显示一对空括号，它表示该方法没有参数。右侧只包含数字12.3。这相当于声明：

```
return 12.3;
```

省略了return关键字。

让我们看另外一个例子。假设您想实现getValue()：

```
double getValue()
{
    return 2 + 3;
}
```

此方法没有参数，并返回2和3之和。我们可以将方法重写为lambda表达式，如下所示：

```
() -> 2 + 3;
```

接下来，让我们看一个更复杂的例子。

假设您想实现getValue()：

```
double getValue()
{
    int counter = 1;
    int sum = 0;
    while (counter<5)
    {
      sum = sum + counter;
      counter++;
    }

    return sum;
}
```

您可以将其重写为以下lambda表达式：

```
() -> {
      int counter = 1;
      int sum = 0;
      while (counter<5)
      {
        sum = sum + counter;
        counter++;
      }

      return sum;
    };
```

请注意，此lambda表达式与前两个略有不同。首先，lambda体即lambda表达式的右侧不是由单个表达式组成（例如前两个例子中的12.3和2 + 3）。相反，它包含一个while语句。前两个lambda体称为表达体，因为它们由单个表达式组成。而第三个示例中的lambda体被看作为一个块体。

块体允许lambda表达式的主体包含多个语句。要创建块体，只需将语句括在花括号中，如上例所示。此外，您必须在结束括号后添加分号。最后，由于块体具有多个表达式，因此必须使用return关键字来返回值。这与省略return关键字的前两个示例形成对比。

现在我们熟悉了没有参数的lambda表达式是如何工作的，让我们看一下涉及参数的lambda表达式的一些例子。假设我们有另一个名为MyNumberPara的功能接口，如下所示：

```
@FunctionalInterface
interface MyNumberPara{
    double getValue2(int n, int m);
}
```

这个接口有一个名为getValue2()的方法，它有两个int参数n和m。

如果你想实现getValue2()：

```
double getValue2(int n, int m)
{
    return n + m;
}
```

我们可以将该方法重写为以下lambda表达式：

```
(n, m) -> n + m;
```

此lambda表达式的左侧包含两个参数，右侧显示用于计算返回值的表达式。当我们使用lambda表达式时，我们没有必要显式声明参数的数据类型。但是，当我们调用getValue2( )方法时，我们必须传入正确的数据类型。我们稍后将讨论如何调用getValue2()方法。

接下来，假设我们想要实现getValue2()：

```
double getValue2(int n, int m)
{
    if (n > 10)
      return m;
    else
      return m+1;
}
```

我们可以将该方法重写为以下lambda表达式：

```
(n, m) -> {
```

```
        if (n > 10)
            return m;
        else
            return m+1;

};
```

现在我们已经熟悉一些基本的lambda表达式了，让我们看一下如何调用这些方法。要调用这些方法，我们必须做两件事：

首先，我们需要声明对每个功能接口的引用。我们通过编写以下语句来做到这一点：

```
MyNumber num1;
MyNumberPara num2;
```

回想一下，我们无法实例化一个接口，因此我们无法编写类似的东西：

```
MyNumber num1 = new MyNumber();
```

但声明引用它是可以的。

在声明引用之后，我们可以为它们赋值多个lambda表达式。

我们将没有参数的lambda表达式赋值给num1，将带有两个参数的lambda表达式赋值给num2。

接下来，我们可以用num1和num2来使用点运算符调用getValue( )和getValue2()方法。让我们看一下它工作的完整示例。

启动NetBeans并创建一个名为LambdaDemo的新项目。

用以下代码替换原代码：

```
package lambdademo;

public class LambdaDemo {

  public static void main(String[] args) {

    MyNumber num1;

    num1 = () -> 12.3;
        System.out.println("The value is " + num1.
```

```
getValue());

      num1 = () -> 2 + 3;
        System.out.println("The value is " + num1.getValue());

      num1 = () -> {
         int counter = 1;
         int sum = 0;
         while (counter<5)
         {
            sum = sum + counter;
            counter++;
         }

         return sum;
     };
        System.out.println("The value is " + num1.getValue());

      MyNumberPara num2;

      num2 = (n, m) -> n + m;
      System.out.println("The value is " + num2.getValue2(2, 3));

      num2 = (n, m) -> {
         if (n > 10)
            return m;
         else
            return m+1;
      };
      System.out.println("The value is " +num2.getValue2(3, 9));
      //System.out.println("The value is " + num2.getValue2(3, 9.1));
   }

}

@FunctionalInterface
interface MyNumber{
 double getValue();
```

```
48 }
49
50 @FunctionalInterface
51 interface MyNumberPara{
52  double getValue2(int n, int m);
53 }
```

从第45行到第48行，我们声明了功能接口MyNumber。从第50行到第53行，我们声明了另一个功能接口MyNumberPara。

从第5行到第41行，我们有main( )方法。在main( )方法中，我们在第7行声明了一个引用（num1）到MyNumber。接下来，我们在第9行为num1分配一个lambda表达式。在第10行，我们通过编写num1.getValue( )的方法调用getValue ( )。然后我们使用println()方法来打印getValue()方法返回的值。

从第12行到第26行，我们包含了不同lambda表达式的其他示例以及我们如何调用getValue( )方法。从第28行到第39行，我们展示了带有两个int参数的lambda表达式的例子。我们通过传入两个int值来调用getValue2()方法。

如果您运行上面的程序，您将获得以下输出：

```
The value is 12.3
The value is 5.0
The value is 10.0
The value is 5.0
The value is 10.0
```

请注意，在第40行，我们注释掉了该声明：

```
System.out.println("The value is " + num2.getValue2(3, 9.1));
```

这是因为在这个语句中，我们试图将值3和9.1传递给num2的getValue2( )方法。但是，MyNumberPara中getValue2( )的声明，它声明了getValue2( )有两个int参数。因此，我们得到一个错误，因为9.1不是int类型。您可以尝试删除此语句前面的//并再次运行程序。您会收到一个错误。

第12章　项目

恭喜大家！现在我们已经到了本书的最后一章，让我们一起开展一个程序项目吧。

在本章中，我们将通过编写一个完整的控制台应用程序来展示您之前学到的不同概念。

准备好了吗？

12.1　概述

对于这个项目，我们将为健身中心制定基本的会员管理程序。这个健身中心有3个俱乐部门店：Club Mercury、Club Neptune和Club Jupiter。它还有两种类型的成员：单一俱乐部会员和多功能俱乐部会员。

单一俱乐部会员只能进入3个俱乐部中的一个。而多功能俱乐部会员可以进入所有3个俱乐部。

会员的会员费取决于他/她是单一俱乐部还是多功能俱乐部会员。对于单一俱乐部会员，费用还取决于他/她可以访问的俱乐部。

最后，多功能俱乐部会员可以获得加入俱乐部的会员积分。注册后，他们将获得100分积分，积分用于兑换商店的礼品和饮料。但我们的程序将不会处理兑换流程。我们要做的就是为多功能俱乐部会员的账户增加100积分。

此应用程序使用csv文件来存储每个会员的相关信息。每当我们启动应用程序时，我们都会从csv文件中读取信息并将其传输到LinkedList。当我们向LinkedList添加成员或从中删除会员时，我们将更新csv文件。

让我们开始编写我们的应用程序吧。

该应用程序由6个类和1个接口组成，如下所示。

类

```
Member
SingleClubMember extends Member
```

```
MultiClubMember extends Member
MembershipManagement
FileHandler
Java Project
```

接口

```
Calculator
```

12.2 Member类

我们将从Member类开始。此类包含每个会员的基本相关信息。它将作为父类，从中派生出另外两个子类。

启动NetBeans并创建一个名为JavaProject的新项目。在javaproject包中添加一个新类，并将其命名为Member。

字段

这个类有4个私有字段。这些字段是memberType、memberID、name和fees，分别是char、int、String和double类型。

请您尝试自己声明这些字段。

构造函数

接下来，让我们为Member类创建构造函数。这个类有一个带有4个参数的构造函数，pMemberType（char）、pMemberID（int）、pName（String）和pFees（double）。在构造函数中，我们将4个参数赋值给适当的字段。请您尝试编写这个构造函数。

方法

现在，我们将为上面的4个私有字段创建setter和getter方法。所有setter和getter方法都是public。

每个setter方法都有一个适当的参数，并将该参数赋值给一个字段。每个getter方法都返回该字段的值。一个例子如下所示：

```
public void setMemberType(char pMemberType)
{
```

```
        memberType = pMemberType;
    }

    public char getMemberType()
    {
        return memberType;
    }
```

您尝试自己编写剩余的setter和getter方法。

最后，让我们为类编写一个toString( )方法。如前面第8章所述，Java中的所有类都派生自一个称为Object类的基类。toString( )方法是Object类中预先编写的方法，它返回一个表示对象的字符串。但是，默认的toString( )方法不是很有用。因此，按惯例（并期望）我们将在自己的类中，重写这个方法。

该方法声明为：

```
@Override
public String toString() {

}
```

建议您添加@Override注释以通知编译器您正在覆盖方法。

此方法只做一件事：它返回一个字符串，这个字符串提供有关一个特定会员的信息。例如，该方法可以返回包含以下信息的字符串：

```
"S, 1, Yvonne, 950.0"
```

其中S、1、Yvonne和950.0分别是该特定会员的memberType、memberID、name和fees字段的值。

请您尝试自己编写此方法。

如果您遇到困难，可以参考下面的示例，该示例显示如何返回前两个字段（memberType和memberID）的字符串。

```
return memberType + ", " + memberID;
```

请您尝试修改此语句以返回包含所有4个字段的字符串。

完成此方法后，Member类就完成了。

下面的列表显示Member类的摘要。

字段

```
private char memberType;
private int memberID;
private String name;
private double fees;
```

构造函数

```
Member(char pMemberType, int pMemberID, String pName,
double pFees)
```

方法

```
public void setMemberType(char pMemberType)
public void setMemberID(int pMemberID)
public void setName(String pName)
public void setFees(double pFees)

public char getMemberType()
public int getMemberID()
public String getName()
public double getFees()

public String toString()
```

12.3 SingleClubMember类

接下来，我们将为Member类编写一个子类。在javaproject包中添加一个新类，并将其命名为SingleClubMember。

首先，我们需要指出这个类通过将类声明更改为如下语句，以此继承Member类

```
public class SingleClubMember extends Member{

}
```

字段

SingleClubMember类有一个名为club的私有int字段。请尝试自己声明这个字段。

构造函数

接下来，让我们编写SingleClubMember类的构造函数。这个类有一个带有5个参数的构造函数，分别为pMemberType（char）、pMemberID（int）、pName（String）、pFees（double）和pClub（int）。在这个构造函数中，我们首先使用super关键字来调用父类中的构造函数。我们将pMemberType、pMemberID、pName和pFees传递给父构造函数。然后，我们将参数pClub赋值给club字段。

请您尝试自己编写这个构造函数。

方法

现在，让我们为club字段添加一个getter和setter方法。setter方法具有一个适当的参数，并将该参数赋值给字段。getter方法返回字段的值。两种方法都是public。请您尝试自己编写这些方法。

最后，我们还将为此类编写一个toString()方法。这个方法是public。它类似于父类中的toString()方法，但显示了一条额外的信息——该会员所属的俱乐部。

例如，该方法可以返回包含以下信息的字符串：

```
"S, 1, Yvonne, 950.0, 2"
```

其中S、1、Yvonne、950.0和2分别是memberType、memberID、name、fees和club字段的值。

我们可以在父类中使用toString()方法来帮助我们在子类中生成字符串。

要在父类中使用一个方法，我们使用super关键字，就像我们调用父类的构造函数时一样。要调用父类中的toString()方法，我们编写：

```
super.toString()
```

回想一下这个方法是否返回一个字符串？然后，我们可以将此字符串与其他子字符串连接以显示其他信息。

请您尝试自己编写此方法。

完成后，SingleClubMember类就完成了。以下显示了该类的摘要。

字段

```
private int club
```

构造函数

```
SingleClubMember(char pMemberType, int pMemberID, String
```

```
pName, double pFees, int pClub)
```

方法

```
public void setClub(int pClub)
public int getClub()

public String toString()
```

12.4 MultiClubMember类

除了SingleClubMember类之外，我们还将从Member基类派生另一个子类。在javaproject包中添加一个新类，并将其命名为MultiClubMember。使用extends关键字来表示此类继承了Member类。

字段

MultiClubMember类有一个字段——一个名为membershipPoints的私有int字段。请尝试自己声明这个字段。

构造函数

接下来，编写MultiClubMember类的构造函数。这个构造函数与SingleClubMember的构造函数非常相似。它也有5个参数。主要区别是最后一个参数是pMembershipPoints（int）而不是pClub。在这个构造函数中，我们将使用super关键字来调用父构造函数。另外，我们将pMembershipPoints赋值给字段membershipPoints。

方法

接下来，我们将为membershipPoints字段编写getter和setter方法。另外，我们将添加一个toString()方法来覆盖父类中的toString()方法。此方法打印出以下信息：

```
"M, 2, Eric, 1320.0, 100"
```

其中M、2、Eric、1320.0和100分别是memberType、memberID、name、fees和membershipPoints字段的值。

请您尝试自己编写这些方法。所有方法都是public。

完成后，MultiClubMember类就完成了。该课程摘要如下：

字段

```
private int membership Points
```

构造函数

```
MultiClubMember(char pMemberType, int pMemberID, String pName,
double pFees, int pMembershipPoints)
```

方法

```
public void setMembershipPoints(int pMembershipPoints)
public int getMembershipPoints()

public String toString()
```

12.5 Calculator接口

现在我们已经完成了Member类及其子类，让我们继续编写一个我们将在项目中使用的功能接口。该接口是泛型接口。如果您不熟悉Java泛型和功能接口，建议您重新阅读第11章。

在javaproject包中创建一个新的Java接口，并将其命名为Calculator。为此，右键单击Project explorer中的包名称，然后选择 New> Java Interface 。

此接口仅适用于数字数据类型。因此，它接受有界类型参数。请您尝试自己声明这个接口。

如果您忘记了有界类型参数，请参阅第11.1.1章节中的“有界类型”部分。该部分中的示例显示了我们如何声明泛型类。声明泛型接口的语法类似，只是我们使用关键字interface而不是class。

声明界面后，我们将添加一个方法。Calculator接口是一个功能接口，因此只包含一个抽象方法。这个方法叫作calculateFees( )。它接受一个名为clubID的参数并返回一个double值。请尝试自己声明这个方法。完成后，接口就完成了。该接口摘要如下所示：

方法

```
double calculateFees(T clubID)
```

12.6 FileHandler类

接下来，我们准备继续编写FileHandler类的代码。在javaproject包中添加一个新类，并将该类命名为FileHandler。

该类由3个公共方法组成——readFile( )、appendFile( )和overWriteFile( )。

我们需要为该类导入以下两个包：

```
import java.util.LinkedList;
import java.io.*;
```

请您尝试自己导入它们。

方法

readFile( )

我们将首先编写readFile( )方法。这个公共方法没有参数，并返回一个Member类型的LinkedList对象。请尝试自己声明这个方法。您可以参考第9.6章节获取帮助。

接下来，让我们实现该方法。readFile( )方法从csv文件中读取信息，该文件包含每个会员的详细信息。然后它将每个会员添加到LinkedList对象中并返回一个LinkedList对象。该csv文件的格式为：

会员类型、会员ID、会员名称、会员费、俱乐部ID对于单一俱乐部会员。会员类型、会员ID、会员名称、会员费、会员积分对于多功能俱乐部会员。

示例如下：

```
S, 1, Yvonne, 950.0, 2
M, 2, Sharon, 1200.0, 100
```

对于第一行，值S、1、Yvonne、950.0和2表示该特定成员的成员类型、成员ID、成员名称、成员费用和俱乐部ID。字母S表示该会员是单一俱乐部会员。

对于第二行，值M、2、Sharon、1200.0和100表示该特定成员的成员类型，成员ID、成员名称、成员费用和成员点数。字母M表示该成员是多功能俱乐部成员。

文本文件的名称是members.csv，并存储在与项目相同的文件夹中。因此，文件的路径只是members.csv（因为它与项目位于同一文件夹中）。

让我们开始编写方法。我们需要声明4个局部变量，如下所示：

```
LinkedList<Member> m = new LinkedList();
String lineRead;
String[] splitLine;
Member mem;
```

在声明变量之后，我们将使用try-with-resources语句来创建BufferedReader对象。我们把BufferedReader对象命名为reader。

reader接受一个从members.csv读取的FileReader对象。使用try-with-resources语句创建BufferedReader对象的代码，如下所示。如果您忘记了此声明的含义，可以参考第10.1章节。

```
try (BufferedReader reader = new BufferedReader(new
FileReader("members.csv")))
{
    //try区块内的代码
}
catch (IOException e)
{
    //catch区块内的代码
}
```

在try块中，我们将使用reader.readLine( )方法来读取csv文件的第一行。然后我们将结果分配给本地String变量lineRead。请您尝试自己编写此声明。

接下来，当lineRead不是null时，我们将使用while语句逐行处理文件。

```
while (lineRead != null)
{


}
```

在while语句中，我们使用split( )方法将lineRead拆分为String数组，使用“,”作为分隔符（参见第4.1.1章节）。然后，我们将此结果赋值给本地String数组splitLine。您试着自己动手吧。

接下来，我们使用equals( )方法来比较splitLine数组的第一个元素。如果您忘记了如何使用equals()方法，可以参考第4.1.1章节。

如果splitLine [0]等于S，我们实例化一个SingleClubMember对象。否则，我们实例化一个MultiClubMember对象。为此，我们使用下面的if-else语句：

```
if (splitLine[0].equals("S"))
{
    //实例化一个SingleClubMember对象
}else
{
    //实例化一个MultiClubMember对象
}
```

在if语句中，我们使用SingleClubMember类的构造函数来实例化一个新的SingleClubMember对象。然后我们将它赋值给局部变量mem。由于SingleClubMember是Member类的子类，我们可以将SingleClubMember对象赋值给Member类变量mem。实例化和赋值SingleClubMember对象的语句如下所示：

```
mem = new SingleClubMember('S', Integer.parseInt(splitLine[1]),
splitLine[2], Double.parseDouble(splitLine[3]), Integer.
parseInt(splitLine[4]));
```

回想一下，您是否还记得SingleClubMember类的构造函数有5个参数：char pMemberType、int pMemberID、String pName、double pFees和int pClub?

由于一些参数是int和double类型，而splitLine数组中的值都是String类型，我们必须使用Integer.parseInt( )和Double.parseDouble( )，如上所示，分别将String值解析为int和double值的方法。

将上面的语句添加到if模块。完成后，您可以继续else模块。

在else语句中，我们实例化一个MultiClubMember对象并将其赋值给mem。MultiClubMember类的构造函数有5个参数：char pMemberType、int pMemberID、String pName、double pFees和int pMembershipPoints。请您尝试实例化一个MultiClubMember对象并自己将其赋值给mem。

完成后，if-else语句就完成了。然后我们可以将mem添加到我们的LinkedList m中。下面的语句说明了如何做到这一点（参见第9.5.1章节）。

```
m.add(mem);
```

接下来，我们再次调用reader.readLine( )方法来读取下一行并使用它来更新lineRead变量。

这是while语句的最后一步。您现在可以退出while语句。接下来，退出try模块。再退出try模块后，我们将处理catch模块以捕获任何IOException错误。该模块只是打印出错误。请您尝试自己编写这个catch模块。

在catch模块之后，我们将返回LinkedList m并关闭方法。

这就是readFile()方法的全部内容。请您尝试自己编写此方法。

appendFile()

现在，让我们继续讨论appendFile()方法。每当添加一个新会员时，此方法都会向members.csv文件追加一条新行。它有一个名为mem的String类型参数，不返回任何内容。请尝试自己声明方法。

在该方法中，我们将使用try-with-resources语句来创建BufferedWriter对象并将其命名为writer。因为我们想要添加到文件而不是覆盖它，所以我们将以下FileWriter对象传递给BufferedWriter构造函数：

```
new FileWriter("members.csv", true)
```

回想一下，第二个参数（true）表示我们要添加到该文件。

尝试自己创建BufferedWriter对象。您可以参考以前的方法获取指导。创建一个BufferedWriter对象非常类似于创建一个BufferedReader对象，只需要稍作修改。

在创建BufferedWriter对象之后，我们将在try模块中使用writer.write()方法将字符串mem追加到members.csv文件中。但是，由于我们想在追加mem之后将光标移动到下一行，我们将"\ n"连接到mem字符串后，然后将它作为参数传递给write()方法。换句话说，我们使用以下语句：

```
writer.write(mem + "\n");
```

如果我们不这样做，我们最终会得到：

```
S, 1, Yvonne, 950.0, 2M, 2, Sharon, 1200.0, 100
```

而不是：

```
S, 1, Yvonne, 950.0, 2
M, 2, Sharon, 1200.0, 100
```

在调用write()方法之后，我们就可以退出try模块。接下来，我们添加一个catch模块来捕获任何IOException错误。该模块只是打印出错误。在catch模块之后，该方法就完成了。请您尝试自己编写此方法。

overwriteFile()

我们现在准备继续使用overwriteFile()方法。此方法有一个名为m的LinkedList

<Member>参数，不返回任何内容。请尝试自己声明这个方法。

每当我们想要从俱乐部中移除一名会员时，就会调用此方法。删除会员时，我们需要更新csv文件。遗憾的是，Java中没有一种方法可以让我们轻松地从文件中删除一行。我们只能编写或添加它，但不能从中删除数据。

因此，我们需要创建一个临时文件。这是编程中相当普遍的做法。下面是它的工作原理。

每当我们想要从俱乐部中删除一个成员时，我们首先会从LinkedList中删除它。接下来，我们将这个LinkedList作为参数传递给overwriteFile( )方法。

在overwriteFile( )方法中，我们将创建一个名为members.temp的临时文件，并将LinkedList中的所有数据写入此临时文件。请注意，我们不直接写入members.csv文件。这是为了防止任何错误损坏文件。如果一切顺利，我们将删除原始members.csv文件并将members.temp重命名为members.csv。

为了实现上述内容，我们首先在overwriteFile( )方法中声明一个局部变量，如下所示：

```
String s;
```

接下来，我们将使用try-with-resources语句创建一个名为writer的BufferedWriter对象，并将以下FileWriter对象传递给它的构造函数。

```
new FileWriter("members.temp", false)
```

在这里，我们声明我们希望BufferedWriter对象通过传入false作为第二个参数来覆盖*members.temp*文件中的任何现有数据。

请您尝试自己编写这个try-with-resources语句。

在创建BufferedWriter对象之后，我们可以开始编写try模块。try模块以for语句开头，如下所示：

```
for (int i=0; i< m.size(); i++)
{


}
```

这个for语句用于遍历传入的LinkedList中的元素。在for语句中，我们首先使用get( )方法获取索引i的元素（参考第9.5.1章节）。然后我们使用toString( )方法获取元素的字符串表示，并将其赋值给局部变量s。回想一下，我们是否在第

6.2.3章节中提到过您可以在同一个语句中调用两个方法吗？我们这里将在同一语句中调用get( )和toString( )方法，如下所示：

```
s = m.get(i).toString();
```

由于多态（参见第8.2章节），程序将根据元素的运行时间类型调用正确的toString( )方法。例如，如果LinkedList中的第一个元素是SingleClubMember对象，则将调用SingleClubMember类中的toString( )方法。

获取元素的字符串表示后，我们使用该语句：

```
writer.write(s + "\n");
```

将字符串s写入members.temp文件。

完成后，可以退出for语句和try模块。

接下来，编写一个简单的catch模块来捕获任何IOException错误并显示错误消息。

完成后，该方法就差不多完成了。

剩下的就是删除原始members.csv文件并将members.temp重命名为members.csv。为此，在前面的try-with-resources语句之后添加一个try-catch语句。

在try块中，我们将声明两个File对象f和tf，如下所示：

```
File f = new File("members.csv");
File tf = new File("members.temp");
```

接下来，我们将使用delete( )方法删除f并使用renameTo( )方法重命名tf。如果您忘记了如何操作，请参阅第10.3章节。

完成后，您可以关闭try模块。后面的catch模块只是捕获任何常规异常并打印出错误消息。请您尝试自己编写catch模块。

完成catch模块后，overwriteFile( )方法也就完成了。这也是FileHandler类的结束。我们现在准备编写MembershipManagement类。FileHandler类的摘要如下所示：

方法

```
public LinkedList<Member> readFile()
public void appendFile(String mem)
public void overwriteFile(LinkedList<Member> m)
```

12.7 MembershipManagement类

MembershipManagement类是程序的主要关注点。此类主要是处理添加和删除会员的过程。它还有一个方法，即允许用户显示相关会员的信息。

在javaproject包中添加一个新类，并将其命名为MembershipManagement。

接下来，将以下3个包导入我们的文件：

```
import java.util.InputMismatchException;
import java.util.LinkedList;
import java.util.Scanner;
```

我们首先在类中声明一个Scanner对象，然后用它来读取用户输入。我们将对象reader声明为final和private，如下所示：

```
final private Scanner reader = new Scanner(System.in);
```

我们将reader声明为final，因为我们不会在稍后的代码中为它赋值任何新的引用。我们还将其声明为private，因为我们只会在MembershipManagement类中使用它。

接下来，让我们编写两个private方法。我们将它们声明为私有，因为这些方法仅在MembershipManagement类中需要。

getIntInput( )

第一种方法叫作getIntInput( )。只要MembershipManagement类中的任何方法使用System.out.println( )语句提示用户输入int值，就会调用此方法。该方法尝试读取输入的int值。如果用户未能输入int值，则该方法会一直提示用户输入新值，直到获得用户的有效输入。它没有任何参数并返回一个int值。请您尝试自己声明这个方法。

在该方法中，我们首先声明一个名为choice的局部int变量并将其初始化为零。接下来，我们将使用try-catch语句尝试读取用户的整数。这个try-catch语句放在while语句中。只要try模块无法从用户获得有效值，while语句就会反复提示用户输入一个整数。while语句如下所示：

```
while (choice == 0)
{
    try
    {
```

```
        //尝试从用户那里获得一个整数的代码
    }
    catch (InputMismatchException e)
    {
        //提示用户输入一个新值的代码
    }
}
```

在try模块中，我们将做三件事：

首先，我们将使用reader.nextInt( )方法尝试读取用户输入的整数并将其赋值给局部变量choice。

接下来，如果用户输入0，我们想抛出一个InputMismatchException错误。这是非常必要的，因为如果用户输入0，while语句将保持循环。我们希望在这种情况下执行catch模块，以便提示用户输入新值。catch模块是我们提示用户输入新值的地方。要抛出异常，我们使用以下语句：

```
if (choice == 0)
    throw new InputMismatchException();
```

如果您忘记了此声明的含义，请参阅第6.5.2章节。

抛出此异常后，最后要做的是在try模块中添加reader.nextLine( )语句。这是为了读取未被nextInt()方法消耗的换行符（有关更多详细信息，请参阅第5.4章节）。

这就是try模块的全部内容。

在try模块之后，我们有一个catch模块来捕获InputMismatchException异常。它做了两件事：

首先，它使用reader.nextLine( )来读取尚未消耗的任何输入。这是必要的，因为当try模块失败时，用户输入的输入值尚未完全消耗。

接下来，catch模块显示以下错误消息，提示用户再次尝试。

```
ERROR: INVALID INPUT. Please try again:
```

只要try模块中的代码没有成功执行，catch模块中的代码就会被执行。这意味着局部变量choice的值不会更新，因为我们没有在catch模块中更新它。因此，条件：

```
choice == 0
```

仍然是true而while语句将继续循环。只有当用户输入有效的整数值时，while语句才会退出。

一旦结束while语句，我们将返回choice的值并退出该方法。

这就是getIntInput()方法的全部内容。请您尝试自己编写此方法。

printClubOptions( )

接下来，让我们继续讨论printClubOptions( )方法。这种方法相对简单。它没有参数，也没有返回任何值。该方法只是使用一系列System.out.println( )语句来打印出以下文本：

```
1) Club Mercury
2) Club Neptune
3) Club Jupiter
4) Multi Clubs
```

请您尝试编写此方法。

getChoice( )

现在，我们将为此类编写另外4种方法。这4种方法都是公共方法。第一个是名为getChoice()的公共方法。它没有参数并返回一个int值。

getChoice( )方法相对简单。它有一个名为choice的局部int变量，它使用一系列System.out.println()或System.out.print()语句来打印出以下文本：

```
WELCOME TO OZONE FITNESS CENTER
================================
1) Add Member
2) Remove Member
3) Display Member Information

Please select an option (or Enter -1 to quit):
```

接下来，它调用getIntInput( )方法来读取用户的输入并将用户输入赋值给变量choice。

最后，它返回choice的值。请您尝试自己编写此方法。

addMembers( )

现在，让我们继续讨论下一个公共方法。这个方法叫做addMembers( )。它接收Member类型的LinkedList对象并向该LinkedList添加一个新成员。将成员添加到LinkedList后，它返回一个字符串，其中包含有关添加的成员的信息。

该方法声明为：

```
public String addMembers(LinkedList<Member> m)
{

}
```

并由7个局部变量组成，如下所示：

```
String name;
int club;
String mem;
double fees;
int memberID;
Member mbr;
Calculator<Integer> cal;
```

请注意，最后一个变量是对我们之前编写的Calculator接口的引用。

声明局部变量后，我们准备开始收集有关新会员的信息。

收集会员名称

首先，我们将使用System.out.print( )语句来提示用户输入会员的名称。然后我们将使用reader.nextLine( )方法读入用户的输入并将结果赋值给局部变量name。请您尝试自己编写这两个语句。

收集会员可访问的俱乐部信息

接下来，我们将获得有关会员可以访问的俱乐部的信息。

我们首先调用printClubOptions( )方法。接下来，我们将提示用户输入该会员有权访问的俱乐部ID。最后，我们将使用之前编码的getIntInput( )方法读取用户的选择，并将值赋值给局部变量club。

club的有效值为1到4。尝试写一个while语句，只要输入的值无效，就会反复提示用户输入俱乐部ID。您可以参考下面的提示寻求帮助：

```
while (club < 1 || club > 4)
{
    //告知用户该值无效
    //并提示用户输入新值
    //读取新值并用它来更新俱乐部值
```

```
}
```

计算会员ID

现在，让我们继续计算新会员的会员ID。会员ID是一个自动递增的数字，分配给每个新会员。

换句话说，如果前一个会员的ID为10，则新成员的ID为11。

使用下面的if语句计算会员ID：

```
if (m.size() > 0)
    memberID = m.getLast().getMemberID() + 1;
else
    memberID = 1;
```

我们首先检查LinkedList是否为空。如果不是，我们使用getLast( )方法来获取LinkedList中的最后一个元素。然后我们使用在Member类中编码的getMemberID( )方法来获取该元素的memberID字段。最后，我们将值增加1并将其赋值给新会员的memberID。

如果LinkedList为空，则成员ID只是1。这意味着我们要添加的会员是LinkedList中的第一个成员。

添加一个会员到Linkedlist

现在我们已经获得了会员的名字、俱乐部ID和会员ID，我们准备将会员添加到LinkedList m。

我们将使用以下if-else语句：

```
if (club != 4)
{
    //添加一个单一俱乐部会员
}
else
{
    //添加一个多功能俱乐部会员
}
```

我们根据变量club添加一个会员。如果club的值是1、2或3，则该成员是单一俱乐部会员。如果值为4，则该成员是多功能俱乐部会员。

添加一个单一俱乐部会员

我们先来看看我们如何添加一个单一俱乐部会员。下面讨论的代码应该添加到上面的if-else语句的if模块中。

我们需要先计算一个俱乐部会员的会员费。为此，我们将使用lambda表达式在我们之前编码的Calculator接口中实现calculateFees( )方法。该方法有一个参数clubID。

每个俱乐部的俱乐部ID和费用如下所示：

Club Mercury ID = 1, Fees = 900

Club Neptune ID = 2, Fees = 950

Club Jupiter ID = 3, Fees = 1000

下面的代码显示了单一俱乐部会员的calculateFees( )方法的实现：

```
cal = (n)-> {
    switch (n)
    {
      case 1:
         return 900;
      case 2:
         return 950;
      case 3:
         return 1000;
      default:
         return -1;
    }
};
```

在这里，我们使用switch语句来实现该方法。如果俱乐部ID为1，我们返回值900。如果它是2或3，我们分别返回值950和1000。如果它不是1、2或3，我们返回值-1。如果您忘记了如何使用它们，可以参考第11.2章节以获取有关lambda表达式的更多信息。

在编写了这个lambda表达式之后，我们将使用如下语句：

```
fees = cal.calculateFees(club);
```

计算单一俱乐部会员的会员费并将其赋值给变量fee。

接下来，我们将通过将char值S和变量memberID、name、fees和club传递给

SingleClubMember构造函数来实例化一个新的SingleClubMember对象。然后我们将此对象分配给局部Member变量mbr，如下所示：

```
mbr = new SingleClubMember('S', memberID, name, fees, club);
```

在此之后，我们使用add( )方法将mbr添加到LinkedList m。请您尝试自己编写这个方法。如果您忘记了如何将成员添加到LinkedList，可以参考FileHandler类中的readFile( )方法。

添加新成员后，我们生成一个表示新成员的字符串，并将其赋值给局部变量mem。为此，我们只需使用mbr来调用SingleClubMember类中的toString( )方法。请您尝试自己编写此声明。

稍后我们将使用这个String变量更新csv文件。

最后，我们使用以下语句通知用户成功添加成员。

```
System.out.println("\nSTATUS: Single Club Member added\n");
```

这将我们带到if模块的末尾。

添加多功能俱乐部会员

现在，让我们使用else模块将多功能俱乐部会员添加到LinkedList。首先，我们需要编写一个新的lambda表达式来计算多功能俱乐部会员的费用。如果传入的参数是4，则此表达式应返回值1200，否则，它应返回值-1。

在对lambda表达式进行编码后，我们将使用它来计算多功能俱乐部成员的费用并将其赋值给变量fee。

接下来，我们将实例化一个新的MultiClubMember对象。回想一下MultiClubMember的构造函数有以下5个参数：char pMemberType、int pMemberID、String pName、double pFees和int pMembershipPoints?

我们将char值M、变量memberID、name和fees以及值100传递给构造函数以创建MultiClubMember对象并将其分配给mbr。

接下来，我们将mbr添加到LinkedList m。

然后我们生成一个字符串来表示新成员并将其赋值给mem。最后，我们将在屏幕上显示一条消息，通知我们的用户已添加新的多功能俱乐部会员。

请您尝试自己编写这个else模块。else模块与上面的if模块非常相似。您可以参考它。

返回mem的值

当您完成else模块的编码后，你可以关闭else模块并简单地返回mem的值。

有了这个，您已经完成了最复杂的类方法的编码。拍拍自己的肩膀，鼓励一下。

removeMember( )

接下来，我们准备继续第三个公共方法——removeMember( )。此方法不返回任何内容。它接收由Member对象组成的LinkedList对象并从该LinkedList中删除一个会员。我们称之为LinkedList m。请您尝试自己声明方法。

在该方法中，我们将首先声明一个名为memberID的局部int变量。

接下来，我们将提示用户输入他/她想要删除的会员的会员ID。然后，我们使用getIntInput( )方法读取用户的输入并将其赋值给变量memberID。完成后，我们将使用下面的for语句循环遍历LinkedList。

```
for (int i = 0; i<m.size();i++)
{

}
```

在for语句中，我们使用下面的if语句将每个元素的memberID与用户输入的成员ID进行比较。

```
if (m.get(i).getMemberID() == memberID)
{

}
```

如果成员ID匹配，我们在if模块中做以下三件事：

首先，我们使用m.remove（i）方法从LinkedList中删除索引i处的元素。

接下来，我们使用System.out.println( )语句来通知用户该成员已被删除。最后，我们使用下面的return语句退出该方法：

```
return;
```

我们希望在找到匹配的会员ID后退出该方法。这是为了防止循环遍历LinkedList中的其余元素而浪费时间。此示例显示如何使用return语句退出方法而不从中返回任何值（请参阅第7.2.2章节）。

完成if语句后，可以关闭if语句和for语句。

一旦我们跳出for语句，这意味着程序已遍历整个LinkedList并且找不到会员ID的匹配项。在这个阶段，您只需使用System.out.println()语句来通知用户找不到会员ID。请您尝试自己编码。

完成上述方法后，我们已经到了removeMember( )方法的末尾。我们现在准备编写最后一个公共方法printMemberInfo( )。

printMemberInfo( )

这个方法与removeMember( )方法非常相似。它还包含Member类型的LinkedList对象并且不返回任何内容。请您尝试自己声明方法。

在方法中，我们对removeMember( )方法做了同样的事情，只是不使用remove( )方法删除会员，反而我们使用toString()方法获取关于某个特定会员的信息。

在我们使用会员的String表示之后，我们使用split( )方法将此字符串拆分为String数组，使用“,”作为分隔符。然后将生成的数组赋值给名为memberInfo的局部String数组。以下声明显示了如何一步完成这个方法。

```
String[] memberInfo = m.get(i).toString().split(", ");
```

获得这个String数组后，我们利用它并使用一系列System.out.println( )语句显示所请求成员的信息。如果该会员是单一俱乐部会员，则显示的信息应如下所示：

```
Member Type = S
Member ID = 1
Member Name = Yvonne
Membership Fees = 950.0
Club ID = 2
```

如果该会员是多功能俱乐部会员，则显示的信息应如下所示：

```
Member Type = M
Member ID = 2
Member Name = Sharon
Membership Fees = 1200.0
Membership Points = 100
```

您需要使用if语句来判断该会员是单一俱乐部会员还是多功能俱乐部会员。如果您不知道如何执行此操作，可以在FileHandler类中引用readFile()方法。

请您尝试修改以前的removeMember( )方法并自己编写printMemberInfo( )方法。

当您完成这个方法后，我们即将结束MembershipManagement类。我们现在准备在最后的类——JavaProject类上工作。

MembershipManagement类的摘要如下所示：

字段

```
final private Scanner reader
```

方法

```
private int getIntInput()
private void printClubOptions()
public int getChoice()
public String addMembers(LinkedList<Member> m)
public void removeMember(LinkedList<Member> m)
public void printMemberInfo(LinkedList<Member> m)
```

12.8 JavaProject类

切换到JavaProject.java文件以开始处理此类。我们需要导入LinkedList类。请您尝试自己导入类。

JavaProject类只有一个方法——main()方法。

我们将使用main()方法的默认声明：

```
public static void main(String[] args){

}
```

在main()方法中，我们有5个变量，如下所示：

```
String mem;

MembershipManagement mm = new MembershipManagement();
FileHandler fh = new FileHandler();

LinkedList<Member> members = fh.readFile();
int choice = mm.getChoice();
```

第一个是名为mem的String变量。

接下来，我们分别有一个名为mm和fh的MembershipManagement类和FileHandler类对象。

在此之后，我们声明Member类型的LinkedList对象。我们使用fh对象来调用FileHandler类中的readFile( )方法。此方法从members.csv文件读取信息并将信息转换为Member对象组成的LinkedList对象。然后将此LinkedList返回给调用者。我们将这个LinkedList赋值给局部变量members。

最后，我们声明一个名为choice的int变量。我们使用mm对象来调用MembershipManagement类中的getChoice( )方法。此方法显示供用户选择的选项列表，并将用户的选择返回给调用者。选项如下：

```
1) Add Member
2) Remove Member
3) Display Member Information
```

或者，用户也可以输入-1退出程序。

一旦我们得到用户的选择，我们就可以执行用户想要的操作了。为此，我们将在while语句中使用switch语句，如下所示：

```
while (choice != -1)
{
    switch (choice)
    {
    }
    choice = mm.getChoice();
}
```

在每个任务完成后，while语句反复提示用户输入选项。例如，用户可以第一次输入1。在我们成功将会员添加到LinkedList之后，我们将再次显示选项并提示用户输入另一个选项（或-1退出）。只要用户没有输入-1，while语句就会继续运行。

在while语句中，我们使用switch语句。这个switch语句由4个判断组成。

如果choice为1，我们将在MembershipManagement类中使用addMembers( )方法将会员添加到LinkedList中。addMembers( )方法将提示用户提供有关新会员的信息，并使用它来更新我们传入的LinkedList。此外，它将返回一个表示添加会员信息的字符串。我们将此字符串分配给局部变量mem。接下来，我们将在

FileHandler类中使用appendFile( )方法将会员添加到我们的members.csv文件中。此方法不返回任何值。

如果choice是2，我们将使用removeMember( )方法删除会员并使用overwriteFile( )方法来更新csv文件。

如果choice是3，我们将使用printMemberInfo( )方法显示有关该会员的信息。

最后，对于默认情况，我们只是通知用户他/她选择了无效选项。

请您尝试自己编写这个switch语句。

当您完成了这个switch语句后，我们的main( )方法也几乎完成了。我们现在可以退出switch语句。一旦我们跳出switch语句，我们只需使用如下该语句：

```
choice = mm.getChoice();
```

提示用户选择新选项。

在此声明之后，我们可以退出while语句。一旦我们退出while语句，就意味着用户输入了-1。因此，我们只需打印一份声明即可向用户报价。请您尝试自己编写此声明。

完成这个方法之后，我们就到了main( )方法的末尾和JavaProject类的结尾。

如果您已成功编写main( )程序，那么恭喜您！您刚刚用Java成功编写了一个完整的程序。做得好！

如果您在编码时遇到问题，请您继续尝试。您可以参考附录A中的建议解决方案。

现在可以运行您的程序了。激动吗？我们开始运行吧！

单击“开始”按钮以运行程序并键入所请求的值。

您可以尝试制作错误并键入字母而不是数字。运行这个程序，看看它是如何工作的。members.csv文件位于与项目相同的文件夹中。如果找不到项目文件夹，可以在NetBeans的Project Explorer中右键单击项目名称，然后选择Properties。这将打开一个对话框，显示项目的存储位置。

一切都按您预期的运行吗？如果确实如此，那么太棒了！您做得很棒！

如果您的代码不起作用，请将其与示例答案进行比较，并尝试找出问题所在。通过分析您的错误，您将学到很多东西。解决问题是最有趣的地方和最有成就的部分。玩得开心，永不放弃！样例答案可以在附录A中找到。

附录A

Member Class

```
package javaproject;

public class Member {

    char memberType;
    int memberID;
    String name;
    double fees;

    Member(char pMemberType, int pMemberID, String pName,
double pFees){

        memberType = pMemberType;
        memberID = pMemberID;
        name = pName;
        fees = pFees;
    }

    public void setMemberType(char pMemberType)
    {
        memberType = pMemberType;
    }

    public char getMemberType()
    {
        return memberType;
    }

    public void setMemberID(int pMemberID)
    {
```

```
        memberID = pMemberID;
    }

    public int getMemberID()
    {
        return memberID;
    }

    public void setName(String pName)
    {
        name = pName;
    }

    public String getName()
    {
        return name;
    }

    public void setFees(double pFees)
    {
        fees = pFees;
    }

    public double getFees()
    {
        return fees;
    }

    @Override
    public String toString(){
       return memberType + ", " + memberID + ", " + name +
", " + fees;
    }
}
```

SingleClubMember Class

```
package javaproject;

public class SingleClubMember extends Member{

    private int club;

    SingleClubMember(char pMemberType, int pMemberID,
String pName, double pFees, int pClub){
        super(pMemberType, pMemberID, pName, pFees);
        club = pClub;
    }

    public void setClub(int pClub){
        club = pClub;
    }

    public int getClub(){
        return club;
    }

    @Override
    public String toString(){
        return super.toString() + ", " + club;
    }
}
```

MultiClubMember Class

```
package javaproject;

public class MultiClubMember extends Member {

    private int membershipPoints;

    MultiClubMember(char pMemberType, int pMemberID, String
pName, double pFees, int pMembershipPoints){
```

```
        super(pMemberType, pMemberID, pName, pFees);
        membershipPoints = pMembershipPoints;
    }

    public void setMembershipPoints(int pMembershipPoints){
        membershipPoints = pMembershipPoints;
    }

    public int getMembershipPoints()
    {
        return membershipPoints;
    }

    @Override
    public String toString(){
        return super.toString() + ", " + membershipPoints;
    }
}
```

Calculator Interface

```
package javaproject;

public interface Calculator <T extends Number> {
    double calculateFees(T clubID);
}
```

FileHandler Class

```
package javaproject;

import java.util.LinkedList;
import java.io.*;

public class FileHandler {

    public LinkedList<Member> readFile(){
```

```
        LinkedList<Member> m = new LinkedList();
        String lineRead;
        String[] splitLine;
        Member mem;

        try (BufferedReader reader = new BufferedReader(new
FileReader("members.csv")))
        {
            lineRead = reader.readLine();
            while (lineRead != null)
            {
                splitLine = lineRead.split(", ");

                if (splitLine[0].equals("S"))
                {
                    mem = new SingleClubMember('S',
Integer.parseInt(splitLine[1]), splitLine[2],
Double.parseDouble(splitLine[3]),
Integer.parseInt(splitLine[4]));
                }else
                {
                    mem = new MultiClubMember('M',
Integer.parseInt(splitLine[1]), splitLine[2],
Double.parseDouble(splitLine[3]),
Integer.parseInt(splitLine[4]));
                }

                m.add(mem);
                lineRead = reader.readLine();
            }
        }
        catch (IOException e)
        {
            System.out.println(e.getMessage());
        }
```

```
            return m;
        }

        public void appendFile(String mem){

            try (BufferedWriter writer = new BufferedWriter(new 
    FileWriter("members.csv", true)))
            {
                writer.write(mem + "\n");
            }
            catch (IOException e)
            {
                System.out.println(e.getMessage());
            }
        }

        public void overwriteFile(LinkedList<Member> m){
            String s;

            try(BufferedWriter writer = new BufferedWriter(new 
    FileWriter("members.temp", false))){
                for (int i=0; i< m.size(); i++)
                {
                    s = m.get(i).toString();
                    writer.write(s + "\n");
                }
            }catch(IOException e){
                System.out.println(e.getMessage());
            }

            try{
                File f = new File("members.csv");
                File tf = new File("members.temp");

                f.delete();
                tf.renameTo(f);
            }catch(Exception e){
```

```
            System.out.println(e.getMessage());
        }
    }
}
```

MembershipManagement Class

```
package javaproject;

import java.util.InputMismatchException;
import java.util.LinkedList;
import java.util.Scanner;

public class MembershipManagement {

    final private Scanner reader = new Scanner(System.in);

    private int getIntInput(){
        int choice = 0;
        while (choice == 0)
        {
            try
            {
           choice = reader.nextInt();
               if (choice == 0)
                   throw new InputMismatchException();
                reader.nextLine();
            }
            catch (InputMismatchException e)
            {
           reader.nextLine();
               System.out.print("\nERROR: INVALID INPUT.
Please try again: ");
            }
        }
        return choice;
    }
```

```
    private void printClubOptions(){
        System.out.println("\n1) Club Mercury");
        System.out.println("2) Club Neptune");
        System.out.println("3) Club Jupiter");
        System.out.println("4) Multi Clubs");

    }

    public int getChoice(){
        int choice;

        System.out.println("\nWELCOME TO OZONE FITNESS
CENTER");

System.out.println("================================");
        System.out.println("1) Add Member");
        System.out.println("2) Remove Member");
        System.out.println("3) Display Member
Information");

        System.out.print("\nPlease select an option (or
Enter -1 to quit): ");
        choice = getIntInput();
        return choice;
    }

    public String addMembers(LinkedList<Member> m)
    {
        String name;
        int club;
        String mem;
        double fees;
        int memberID;
        Member mbr;
        Calculator<Integer> cal;
```

```
        System.out.print("\nPlease enter the member's name: ");
        name = reader.nextLine();

        printClubOptions();
        System.out.print("\nPlease enter the member's clubID: ");
        club = getIntInput();

        while (club < 1 || club > 4)
        {
            System.out.print("\nInvalid Club ID. Please try again: ");
            club = getIntInput();
        }

        if (m.size() > 0)
            memberID = m.getLast().getMemberID() + 1;
        else
            memberID = 1;

        if (club != 4)
        {
            cal = (n)-> {
                switch (n)
                {
                    case 1:
                        return 900;
                    case 2:
                        return 950;
                    case 3:
                        return 1000;
                    default:
                        return -1;
                }
            };
```

```
                fees = cal.calculateFees(club);

                mbr = new SingleClubMember('S', memberID, name,
fees, club);
                m.add(mbr);
                mem = mbr.toString();

                System.out.println("\nSTATUS: Single Club
Member added\n");
            }
            else
            {
                cal = (n) -> {

                    if (n == 4)
                        return 1200;
                    else
                        return -1;
                };

                fees = cal.calculateFees(club);

                mbr = new MultiClubMember('M', memberID, name,
fees, 100);
                m.add(mbr);
                mem = mbr.toString();

                System.out.println("\nSTATUS: Multi Club Member
added\n");
            }
            return mem;
        }

        public void removeMember(LinkedList<Member> m){
            int memberID;

            System.out.print("\nEnter Member ID to remove: ");
```

```
        memberID = getIntInput();

        for (int i = 0; i<m.size();i++)
        {
            if (m.get(i).getMemberID() == memberID)
            {
                m.remove(i);
                System.out.print("\nMember Removed\n");
                return;
            }
        }
        System.out.println("\nMember ID not found\n");
    }

    public void printMemberInfo(LinkedList<Member> m){

        int memberID;

        System.out.print("\nEnter Member ID to display
information: ");
        memberID = getIntInput();

        for (int i = 0; i<m.size();i++)
        {
            if (m.get(i).getMemberID() == memberID)
            {
                String[] memberInfo =
m.get(i).toString().split(", ");

                System.out.println("\n\nMember Type = " +
memberInfo[0]);
                System.out.println("Member ID = " +
memberInfo[1]);
                System.out.println("Member Name = " +
memberInfo[2]);
                System.out.println("Membership Fees = " +
memberInfo[3]);
```

```
                if (memberInfo[0].equals("S"))
                {
                    System.out.println("Club ID = " +
memberInfo[4]);
                }else
                {
                    System.out.println("Membership Points =
" + memberInfo[4]);
                }
                return;
            }
        }
        System.out.println("\nMember ID not found\n");
    }
}
```

JavaProject Class

```
package javaproject;
import java.util.LinkedList;

public class JavaProject {
    public static void main(String[] args) {

        String mem;

        MembershipManagement mm = new
MembershipManagement();
        FileHandler fh = new FileHandler();

        LinkedList<Member> members = fh.readFile();
        int choice = mm.getChoice();

        while (choice != -1)
        {
```

```
            switch (choice)
            {
                case 1:
                    mem = mm.addMembers(members);
                    fh.appendFile(mem);
                    break;
                case 2:
                    mm.removeMember(members);
                    fh.overwriteFile(members);
                    break;
                case 3:
                    mm.printMemberInfo(members);
                    break;
                default:
                    System.out.print("\nYou have selected
an invalid option.\n\n");
                    break;
            }
            choice = mm.getChoice();
        }
        System.out.println("\nGood Bye");
    }
}
```

LEARN C# IN ONE DAY AND LEARN IT WELL

从零起步学编程 C#篇

[新加坡] Jamie Chan（杰米·陈） 著

程晨 耿宁子 黄一天 王磊 译

人民邮电出版社

北京

版权声明

内容提要

本书共四册，从零起步介绍关于Python、Java、C#、CSS这四种常用编程语言的基础知识和实践技巧。作者将以浅显易懂的方式来讲解看似复杂的概念，并通过精选项目来阐述相关问题，进而使你更加深入地理解Python、Java、C#、CSS编程的知识。本书四册全部提供项目的源代码以及附录内容，供读者下载并学习。本书适合无编程基础的读者阅读。

关于作者
杰米·陈（Jamie Chan）

她拥有计算机科学专业硕士学位，目前是一名教师和自由程序员。她非常乐于向尽可能多的人分享编程的乐趣。多年的教学经历使她获得了把编程概念化繁为简的诀窍。在她出版的图书中，她尽力让编程的初学者都可以理解其中的概念并将之运用到操作中，在挑选样例方面更加用心，使得每个样例都非常典型地阐释了相关的概念，便于读者在实践中加深理解。

关于译者

黄一天

2017年毕业于美国乔治华盛顿大学计算机科学专业，获得硕士学位。先后从事软件开发工作多年，内容覆盖前端、后端、系统层应用、软件测试等多个领域，目前在上海某互联网公司从事软件开发工作，专注于数据抓取领域，现在主要使用的语言是Python和TypeScript。敏捷开发理念的追随者，喜欢读书和写作，近几年翻译出版了多本编程书籍。联系方式：wfgydbu@163.com。欢迎交流。

前言

本书可以帮助你迅速并良好学习C#。

本书对编程经验没有任何要求。如果你是一个纯粹的新手，你会发现本书会用一种比较容易理解的方法来解释一些复杂的概念。如果你是一个经验丰富但没有学过C#的编程者，本书会给你提供足够深度的知识，你将可以立刻开始使用C#编写代码。

本书中每一个例子都是经过精心挑选的，它们确保你对这门语言有更深刻的理解。章节也是经过精心整理的，它们确保能你能理解C#各个方面。这些章节包括面向对象编程理念、错误处理技术、文件处理技术等。

另外，如Richard Branson所说："学习任何事情最好的方式就是动手去做。"本书会包含一个项目，它指导你如何从头编写一个简单的薪资软件。这个软件使用到本书中涉及的所有概念，让你有机会将所有内容整合到一起。

你可以从learncodingfast网站下载本书中项目的源代码和所有程序示例。

联系信息

我非常乐意收到你们对本书的评价。

不管是反馈还是问询，你们都可以通过jamie@learncodingfast.com联系我。

目录

第1章 C#概述

欢迎来到C#编程，非常感谢你拿起这本书！

不管你是一个经验丰富的编程者，还是一名菜鸟，这本书都可以帮助你快速学习C#编程。我们精心挑选了每一章节的内容，这使得你既可以学会C#大部分的特性，同时也不会被过量信息所淹没。

当你阅读完本书后，你就可以流畅地编写你自己的C#程序了。事实上，我们将会在本书的最后一起编写一个简单的薪资软件，它会是项目的一部分。准备好开始了吗？

首先，让我来回答一些问题！

什么是C#？

C#，读作C Sharp，是由Microsoft工程师Anders Hejlsberg在2000年初开发的一门面向对象编程的语言。它是.Net框架的一部分，旨在成为一门简单的通用型编程语言，它可以用来开发不同种类的应用，包括命令行、窗口、web和移动应用。

和所有现代编程语言一样，C#的代码类似英语。英语是计算机不能理解的语言。因此，必须使用一种叫编译器的工具将C#语言转化为机器语言[1]。本书中我们将使用的编译器是由Microsoft提供的Visual Studio 2017免费社区版。

为什么学习C#？

C#有类似于像Java和C++等其他编程语言的语法和特性。因此，如果你已经有编程经验，你会发现学习C#易如反掌。即使你是一个完全的编程新手，C#在设计之初就是为了简单易学（不像C或C++)，是一个非常好的首选语言。

1　从一个C#程序转变成机器语言的过程实际上会比较复杂一点。Visual Studio社区版只不过是将一个C#程序转换成了MIL，MIL的意思是Microsoft Intermediate Language，微软中间语言。这个MIL代码之后会被一个名为公共语言运行时（CLR）的虚拟运行系统转化为机器语言。更详细的信息可以参考microsoft官网的相关内容。不管怎么说，就目前而言，如果只要开发我们自己的C#程序，我们不需要知道这些复杂的细节。

另外，C#是.Net框架的一部分。这个框架包含了大量预先编写好的代码库，程序员可以直接使用这些库而不用从头编写所有的内容。这允许程序员非常快速地使用C#开发他们的程序。这使得C#在进度比较仓促的情况下成为一门非常理想的语言。

最后，C#是一门面向对象编程（OOP）的语言。面向对象编程是一种编程方法，它将程序问题分解成一些可以交互的对象。在本书中，我们会遇到各种各样的面向对象编程的场景。一旦你掌握了C#，你就会非常熟悉这些概念。这会使你将来学习掌握其他面向对象编程语言变得容易。

准备好踏足C#的编程世界了吗？让我们开始吧。

第2章　准备开始

安装Visual Studio社区版

在我们开始使用C#开发程序之前，我们需要下载Visual Studio社区版。正如第1章所提，Visual Studio社区版（VSC)是由Microsoft提供的一个免费编译器。

事实上，VSC远不止是一个编译器。它是一个集成开发环境（IDE），包括了一个让我们编写代码的文本编辑器和一个帮助我们定位程序错误的调试器。

要下载VSC，前往visualstudio网站。

单击“Download VS Community 2017”按钮进行文件下载。一旦下载完成，双击这个文件进行安装。你将会看到如下的界面，选择“.Net desktop development”，然后继续。

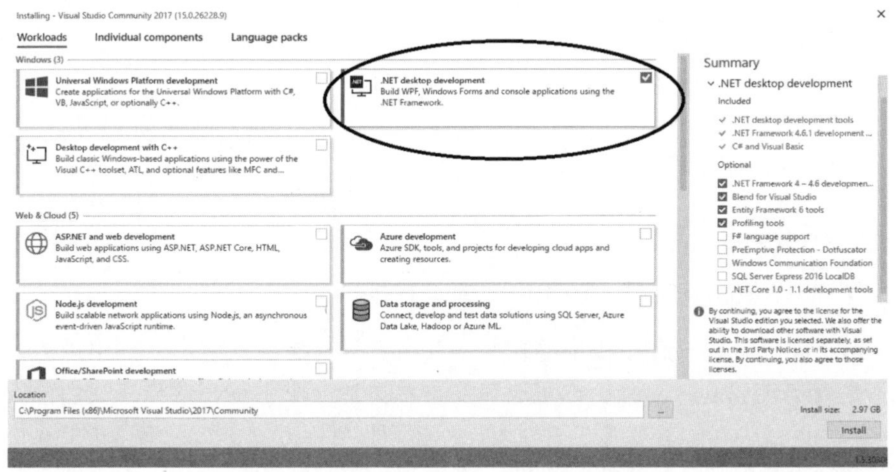

当你完成了IDE安装后，你已经完成了开始编写你第一个C#程序所有的准备工作。

你的第一个C#程序

要编写第一个程序，让我们在桌面上新建一个文件夹并命名为C# Projects。我们会把所有的C#项目都保存到这个文件夹中。

接着，启动VSC并选择 File > New > Project...（如果你不能找到VSC，你可能需要尝试在所有程序中搜索“Visual Studio 2017”）。我们即将编写的第一个程序将会是个命令行程序。命令行程序是指那些没有图形用户界面的程序。

在New Project对话框中，选择Visual C#（在左侧），然后在主对话框中选择Console App(.Net Framework)。

将这个程序命名为HelloWorld，然后将它保存在我们之前新建的“C# Projects”文件夹中。你可以使用“Browse...”按钮来浏览正确的文件夹。最后单击OK来创建这个项目。

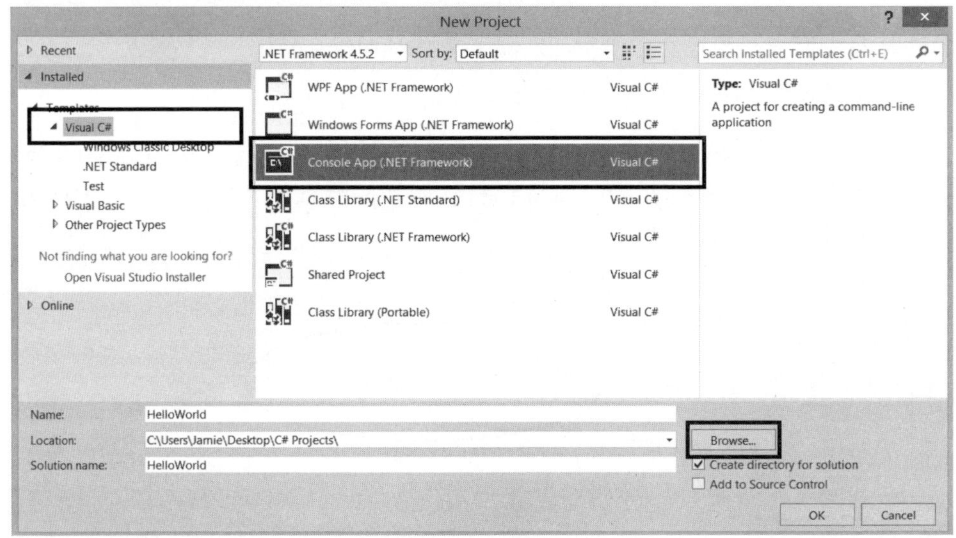

你将会看到由VSC自动为你创建的默认模板。

用下面的代码代替模板中的代码。注意行号只是用来方便代码引用的，它们不是真实代码的一部分。你可能需要给本页加一个书签，这样在我们讨论具体程序的时候你可以轻松定位到这里。你也可以在learncodingfast网站的csharp页面下载到本示例项目以及其他所有示例项目的源代码。

```
using System;
using System.Collections.Generic;
using System.Linq;
using System.Text;
using System.Threading.Tasks;

```

```
namespace HelloWorld
{

    //一个用来打印Hello World的简单程序

    class Program
    {
        static void Main(string[] args)
        {
            Console.WriteLine("Hello World");
            Console.Read( );
        }
    }
}
```

我强烈建议你自己手动输入一遍这些代码，这可以帮助你对VSC是怎么工作的有更好的理解。当你在打字的时候，你会发现在光标附近有一个对话框弹出，它会包含一些基于当前状况的帮助信息，这叫智能感知。比如，当你在Console后输入一个句号(.)时，会出现一个下拉列表，让你知道在句号后面你可以继续输入什么内容。这是VSC的一个特性，它会让编程对于程序员来说变得更简单。

在输入结束后，你可以在顶部菜单上单击Start按钮来运行你的程序（参考下图）。

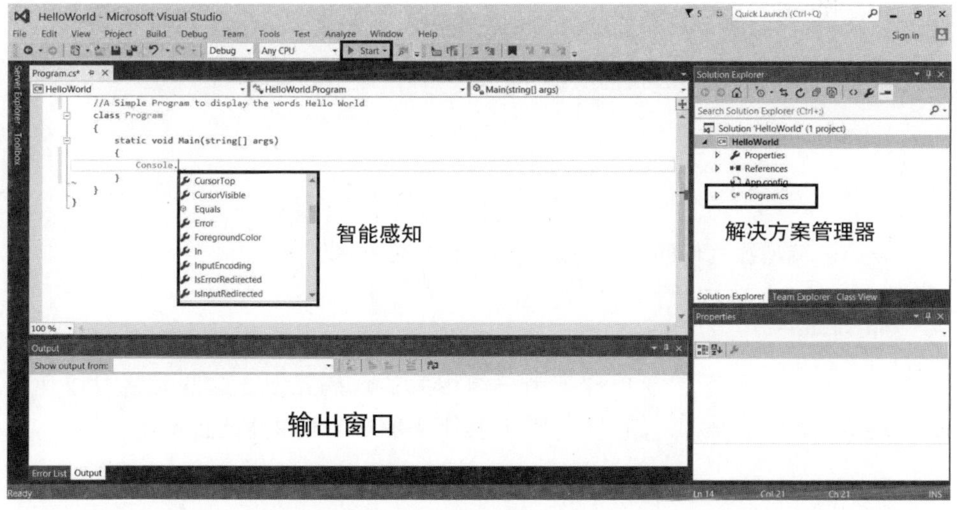

如果你的程序运行失败，VSC会在“Output Window”中显示你的错误。双

击某个错误可以将光标移动到错误对应的位置。此时你可能需要通过将你的代码和上述代码进行比较来找到错误的地方，然后再次运行程序。

如果一切顺利，你的程序会成功运行，白色的单词Hello World会在一个黑色的窗口里出现。这个黑色的窗口就是命令行。按一下回车键关闭这个窗口。

就这么简单！你已经成功编写了你的第一个程序。揉一下自己的肩膀以示鼓励吧。

如果你现在打开你的C# Projects文件夹，会发现一个名为HelloWorld的文件夹。在这个文件夹里，你会找到另一个HelloWorld文件夹和一个HelloWorld.sln文件。这个.sln文件是一个解决方案文件。如果什么时候你想要再次打开一个项目，这就是你需要打开的文件。如果文本编辑器在你打开这个解决方案文件的时候没有显示出你的代码，你只需要通过双击右侧"Solution Explorer"中的Program.cs文件将其打开即可。

你的代码的可执行文件(.exe)可以在HelloWorld > HelloWorld > bin > Debug文件夹下找到。

一个C#程序的基本结构

现在，让我们快速浏览一遍刚才编写的基本程序的代码结构。

指令

在代码的1～5行里，我们有一些以单词using开头的语句。这些语句被称为指令。它们会告诉编译器我们的程序将使用哪些命名空间。

比如说，第一行：

```
using System;
```

告诉了编译器我们的程序使用了System命名空间。

命名空间

一个命名空间可以简单理解为一组相关的代码元素。这些元素可以包含类、接口、枚举和结构体等（我们会在接下来的章节里讲述这些元素）。

C#包含了大量预先编写好的代码，它们会被放在不同的命名空间里。System命名空间包含了允许我们和用户进行交互的方法的代码。我们在程序里使用了其中的两个方法——WriteLine( ) 和Read( )方法。虽然我们的程序没有用到其他的命名空间，但因为这些命名空间是包含在默认模板里的，我们选择将它们保留下来。

除了使用Microsoft提供的预先编写好的代码，我们也可以声明自己的命名空间。

声明命名空间的一个好处是：它可以避免命名冲突。只要处于不同的命名空间，两个或者两个以上的代码元素可以拥有相同的名字。比如，下面的代码定义了两个命名空间，它们两个都包含了一个名为MyClass的类。这在C#中是允许的，因为这两个类属于不同的命名空间（First和Second）。

```
namespace First
{
    class MyClass
    {
    }
}

namespace Second
{
    class MyClass
    {
    }
}
```

在我们的例子中，我们声明了一个命名空间——HelloWorld。

HelloWorld命名空间在代码第7行，从第8行的花括号开始到第20行的花括号结束。花括号被大量地在C#中使用，它们用来标识一个代码元素的开始和结束。在C#中，所有表示起点的花括号必须要有其对应的表示结束的花括号。

在HelloWorld命名空间里，我们包含了一个名为Program的类，它从12行开始到19行结束；在Program类里，我们包含了Main( )方法，它从14行开始到18行结束。

Main( )方法

Main( )方法是所有C#命令行程序的入口。无论什么时候启动一个命令行程序，Main( )方法总是第一个被调用的方法。

在本书中，当你需要尝试某个代码片段的时候，你应该新建一个新的

“Console Application”，然后在Main( )方法中输入这个代码片段（在两个花括号中间）。之后你就可以运行这个程序来进行测试了。

注意到Main( )方法名字后两个圆括号之间的单词“string[ ] args”了吗？它的意思是Main( )方法可以将一个字符串数组作为输入。现在你不需要急着理解它，我们会在接下来的章节中解释它的。

在我们的例子中，Main( )方法包含了两行代码。第一行：

```
Console.WriteLine("Hello World");
```

它用来在屏幕上打印Hello World（不包括引号）。

第二行：

```
Console.Read( );
```

它会在关闭窗口之前，等待一个键盘输入。你必须在本书中编写的所有程序的Main( )方法的最后添加这行代码。

以上两行语句都以一个分号结束。这和大多数C#语句是一样的。在 Console.Read( )语句后，我们以3个表示结束的花括号来结束我们的代码，它们分别对应了之前输入的3个表示开始的花括号。

这就是这个简单程序的所有内容了！

注释

在本章节中，我们已经包含了不少东西。你现在应该已经对C#编程有了一个基本的理解，同时你也开始熟悉使用VSC了。在我们结束这一章节之前，还有一个内容点需要学习——注释。

如果你回头看一下我们的Hello World示例代码的第10行，你应该会发现这一行以两个斜杠开头(//)。

```
//一个用来打印Hello World的简单程序
```

这一行其实不能算程序的一部分。它是我们编写用来增加程序可读性的注释。编译器会无视所有的注释。

要在程序中添加注释，我们需要像这样在每一行的注释之前添加两个斜杠：

```
// 这是一条注释
// 这是另一条注释
// 这又是另一条注释
```

或者，我们可以像这样使用/* … */ 进行多行注释：

```
/* 这是一条注释
这是另一条注释
这又是另一条注释
*/
```

注释也可以放在一条语句的后面，像这样：

```
Console.Read( ); //读取下一个字符
```

第3章　变量和操作符的世界

现在你已经熟悉了VSC并且已经编写了你的第一个程序，让我们开始学习一些真正的内容吧。在本章中，你会学到关于变量和操作符的所有内容。具体来说，你将学习什么是变量以及如何对它们命名、声明和初始化。你也会学习一些可以作用于变量的常用操作符。

什么是变量？

变量是赋予某段我们需要用来存储和操作的数据的名字。举个例子，假如你的程序需要存储一个用户的年龄。为了实现这个，我们可以将这部分数据命名为UserAge，然后通过下面这个语句来声明UserAge变量：

```
int userAge;
```

声明语句首先指明变量的数据类型，类型后面紧跟它的名字。一个变量的数据类型指明了这个变量将要存储的数据的类型（比如它是一个数字还是一段文字）。在我们的例子中，数据类型是int，它表示整数。我们变量的名字是userAge。

C#中的数据类型

在C#中有一些常用的数据类型。

int

int表示integer，整数（不带小数点或者分数的数字），它可以表示-2,147,483,648到2,147,483,647范围的数字。例子有15，407，-908，6150等。

byte

byte也可以用来表示整数，但是范围更小，它只能表示0～255范围的数字。

大多数时候，我们使用int而不是byte来表示整数。但是，如果你编写的程序会在一个内存有限的机器上运行，那么在某些变量的值不会超出0～255的时候，你就应该使用byte类型。

举个例子，如果你需要存储一个用户的年龄，你就可以使用byte类型，因为一名用户不太可能超过255岁。

float

float用来表示浮点数，即包含了小数点的数字，如12.43，5.2和-9.12。

float 可以存储 $-3.4 \times 10^{38} \sim +3.4 \times 10^{38}$范围内的数字。它使用8个字节存储并且拥有大约7位的精度。这句话的意思是如果你使用float存储像1.23456789（10位）的数字，这个数字将会四舍五入为1.234568（7位）。

double

double也是一种浮点数，但是它可以存储更大范围的数字。它可以存储(+/-)$5.0 \times 10^{-324} \sim$ (+/-)1.7×10^{308}范围内的数字，并拥有15~16位的精度。

double是C#中默认的浮点数据类型。换句话说，如果你输入一个如2.34的数字，C#会默认把它当成double处理。

decimal

decimal存储了小数，它所能表示的范围比float和double更小。但是，它拥有很高的精度，有28～29位。

如果你的程序在存储非整数时需要一个非常高的精度，你应该使用decimal数据类型。举个例子，金融应用对精度的要求就特别高。

char

char代表字符（character），它被用来存储单个Unicode编码的字符，比如说A，%，@和p等。

bool

bool代表了布尔类型（boolean），它只能存储两个值：true和false。它一般被用于控制流语句。我们将会在第6章中讲述控制流语句。

命名一个变量

在C#中，一个变量的名字只能包含字母、数字或下划线(_)。同时，第一个字符不能是数字。因此，你可以命名你的变量为userName、username或

userName2，但不能是2userName。

另外，你不能使用一些保留的单词作为变量的名字，这是因为在C#中它们已经被预先赋予了其他含义。这些保留的单词包括Console、if、while等。我们会在接下来的章节中学习它们。

最后，变量名是区分大小写的。username和userName是不一样的。

在C#中，我们有两种关于命名的约定。我们可以使用驼峰法或下划线进行变量命名。驼峰法是指在命名组合单词时混合使用大小写，它将除了第一个单词以外的单词进行首字母大写（比如，thisIsAVariableName）。这也是我们将在下面的章节里将会使用的约定。另一个常用的约定是使用下划线(_)来分割单词。如果你愿意，你可以像这样命名你的变量：this_is_a_variable_name。

初始化一个变量

每当你声明一个变量，你需要赋予它一个初始值，这就是初始化变量。你可以在接下来的程序中改变这个值。

有两种方法可以初始化一个变量。你可以在声明的时候初始化它，也可以在一个单独的语句中初始化它。

下面这个例子展示了如何在声明的时候初始化一个变量：

例1

这些例子展示了如何初始化一个byte和int变量：

```
byte userAge = 20;
int numberOfEmployees = 510;
```

因为byte和int是用来存储不含小数点的数据的，如果你这样写就会产生错误：

```
byte userAge2 = 20.0;
```

在C#中20.0和20是不一样的。

例2

接下来的例子会向你展示如何用整数来初始化double、float和decimal变量。虽然这些数据类型是为带小数部分的数字设计的，我们也可以像下面这样用它们存储整数。

```
double intNumberOfHours = 5120;
float intHourlyRate = 60;
decimal intIncome = 25399;
```

例3

接下来的例子会向你展示如何用非整数来初始化double、float和decimal变量。

```
double numberOfHours = 5120.5;
float hourlyRate = 60.5f;
decimal income = 25399.65m;
```

正如之前所提到的，带小数部分的数字的默认数据类型是double。

因此，在上面的例子中，当你初始化hourlyRate时，你需要在60.5后面添加一个f作为后缀来明确告诉编译器将60.5转化为一个float类型的变量。

类似地，当你初始化income时，你需要添加一个m作为后缀来将25399.65转化为一个decimal数据类型。

例4

一个char数据类型只能保存一个单字符。当你初始化一个char变量时，你需要使用单引号来包裹这个字符。一个例子是这样的：

```
char grade = 'A';
```

例5

一个bool变量只能存储true或false。下面这个例子展示了如何初始化一个bool变量。

```
bool promote = true;
```

例6

除了每次初始化一个变量外，只要多个变量具有相同的数据类型，你也可以在同一个语句中一起初始化它们。下面这个例子展示了如何做到这一点。注意，两个变量之间使用了一个逗号分隔，同时这个语句以一个分号结束。

```
byte level = 2, userExperience = 5;
```

上面几个例子展示了如何在声明一个变量的同时对其进行初始化。同样，你可以选择在分开的语句中初始化一个变量，如下：

```
byte year; //声明这个变量
year = 20; //初始化它
```

赋值运算符

编程中的=号和数学中的=号的意思是完全不一样的。在编程中，=号被称为赋值运算符。它表示将=号右侧的值赋予=左侧的值。一个理解如year = 20这样的语句的好方法就是将它想象成year <- 20。

在编程中，语句x = y和y = x有着截然不同的含义。

觉得困惑了？让我们看一个例子来弄弄清楚。

假设我们有两个变量，x和y，并且有：

```
x = 5,  y = 10;
```

如果你编写：

```
x = y;
```

你的数学老师可能会对于觉得失望，因为x并不等于y。

但是，在编程中，这样是合理的。这条语句表示你正将y的值赋予x（想象成x <- y）。将一个变量的值赋予另一个变量是完全可行的。在我们的例子中，x的值现在已经变成了10，而y的值将保持不变，换句话说，现在x=10同时y=10。

现在假设我们将变量x和y的值改回原来的状态：

```
x = 5; y = 10;
```

如果你编写：

```
y = x;
```

这意味着你正在将x的值赋予y（想象成y <- x）。在数学上，x = y和y = x表示相同的内容。但是，在编程中不是这样的，这里，y的值变成了5而x的值保持不变。换句话说，现在x = 5同时y = 5。

基本运算符

除了给变量赋予一个初始值或将一个变量的值赋予另一个变量，我们也可以将一些常见的数学运算符作用于变量。在C#中基本的运算符包括+, -, *, / 和%, 它们分别表示加、减、乘、除和取模运算。

例

假设x = 7，y = 2

加法：x + y = 9

减法：x - y = 5

乘法：x*y = 14

除法：x/y = 3（除法的结果会向下取整）

取模：x%y = 1（即7除以2的余数）

在C#中，如果x和y都是整数的话，除法运算也会得到一个整数。但是，如果x和y有一个是非整数，我们就会得到一个非整数。比如：

7 / 2 = 3

7.0 / 2 = 3.5

7 / 2.0 = 3.5

7.0 / 2.0 = 3.5

在第一个例子中，当一个整数除以一个整数的时候，你会得到一个整数作为结果。结果里的小数部分会被丢弃。因此，我们会得到3，而不是3.5。

在其他例子中，因为其中至少有一个操作数是非整型的，所以结果也是非整型的。

更多的运算操作符

除了=号，在C#（以及其他大多数编程语言）中还有一些赋值运算符。这些操作符包括+=、-=和*=。

假设我们有变量x，它的初始值是10。如果我们想要将x增加2，我们可以这样写：

```
x = x + 2;
```

程序会先计算右侧的表达式(x + 2)，然后将结果赋予左侧。因此最终上述语句变成了x <- 12。

除了像x = x + 2这样写，我么也可以用x += 2表达相同的意思。+=符实际上是一个将赋值运算符和加法运算符组合起来的简写方式。因此，x += 2可以简单理解为x = x + 2。

类似地，如果我们想要做减法操作，我们可以写x = x -2或x -= 2。上一小节中的五种操作符都有类似的写法。

大多数编程语言也会有++和--的操作符。当你想要将一个变量的值加1时，你可以使用++操作符。比如，假设：

```
int x = 2;
```

如果你编写：

```
x++;
```

x的值会变成3。

在使用++操作符时不需要使用=操作符。x++;语句等同于：

```
x = x + 1;
```

++操作符可以放在一个变量名的前面或者后面，这会影响到其任务执行的顺序。

假设我们有一个整数被命名为counter。如果我们编写：

```
Console.WriteLine(counter++);
```

这个程序在将counter递增1之前会先打印counter原先的值。换句话说，它会按照这样的顺序执行任务：

```
Console.WriteLine(counter);
counter = counter + 1;
```

另一方面，如果我们编写：

```
Console.WriteLine(++counter);
```

程序会在打印counter新的值之前，先把counter递增1。换句话说，它会按照这样的顺序执行任务：

```
counter = counter + 1;
Console.WriteLine(counter);
```

除了++操作符，我们也有--操作符（两个减号）。这个操作符会将变量的值递减1。

C#中的类型转换

在我们的程序中，有时候将一个数据类型转化成另一种数据类型是必要的，比如说从double转换为int。这个过程就是类型转换。

要将一个数值型的数据类型转换为其他类型，我们只需要在我们想要转换的数据前面加上(新的数据类型)。

比如，我么可以像这样将一个非整型转换成整型：

```
int x = (int) 20.9;
```

当我们将20.9转换为整型时，结果值是20而不是21。小数部分会在转换过程中被丢弃。

我们也可以将一个double转换为float或decimal。还记得我们之前提到，在C#中所有的非整型默认都会被当成double吗？如果我们想将一个像20.9的数字赋予float或decimal类型的变量，我们需要分别添加f和m作为后缀。另一种实现这点的方法就是使用类型转换，像这样：

```
float num1 = (float) 20.9;
decimal num2 = (decimal) 20.9;
```

num和num2的值都将是20.9。

除了在数值之间进行转换，我们也可以做其他类型的转换。我们会在接下来的章节里展示一些这种类型的转换。

第4章　数组、字符串和列表

在前面的章节里，我们讲述了一些在C#中常用的基本数据类型。除了这些基本数据类型，C#也有一些高级的数据类型。在本章中，我们将会介绍3种高级数据类型：数组、字符串和列表。另外，我们也会讨论数据类型和引用数据类型的区别。

数组

数组可以简单理解为数据的集合，这些数据通常是相关的。假设我们要存储5位用户的年龄。除了将它们保存为user1Age、user2Age、user3Age、user4Age和user5Age外，我们可以将它们存为一个数组。

一个数组可以向下面这样声明并初始化：

```
int[] userAge = {21, 22, 23, 24, 25};
```

int表示这个变量存储了int类型的值。

[]表示这个变量是一个数组，而不是一个普通的变量。

userAge是这个数组的名字。

{21, 22, 23, 24, 25}是存在这个数值中的5个整数。

除了在声明的时候同时初始化这个数组，我们也可以先声明，然后稍后初始化一个数组。要这样做，我们需要使用new操作符：

```
int[] userAge2;
userAge2 = new [] {21, 22, 23, 24, 25};
```

第一条语句声明了这个数组。第二条语句用整数21，22，23，24和25初始化了这个数组。

最后，我们也可以声明一个数组，然后用默认值来初始化它。我们可以这样写：

```
int[] userAge3 = new int[5];
```

这条语句声明了一个5个整数的数组（由在中括号[ ]中的数字5指明）。因为我们没有具体指出这5个整数的值，C#会自动将它们初始化为默认值。整数的默认值是0。因此，这个数组就变成了{0, 0, 0, 0, 0}。

你可以通过使用每个元素对应的索引值来修改它们的值。索引值总是从数值0而不是1开始的。几乎所有的编程语言都是这样，比如说Python和Java。数组的第一个元素的索引值是0，接着是1，依此类推。假设数组userAge当前的值是{21, 22, 23, 24, 25}。如果要更新数组中的第一个元素，我们可以这样写：

```
userAge[0] = 31;
```

然后这个数组就变成了{31, 22, 23, 24, 25}。

如果我们输入：

```
userAge[2] = userAge[2] + 20;
```

这个数组就变成了{31, 22, 43, 24, 25}。20被加到了第三个元素上。

数组的属性和方法

C#提供了一系列有用的属性和方法以便我们使用数组。

我们会在第7章中在讨论类的时候学到更多关于属性和方法的内容。就现在而言，我们只需要知道如何使用属性和方法，我们需要使用点(.)操作符。要使用一个属性，我们在点操作符之后输入该属性的名字。要使用方法，我们在点操作符后面输入该方法的名字，并在其后面加上一对括号( )。

Length

数组的Length属性表示了这个数组当前拥有的元素数量。

比如，如果我们有：

```
int [] userAge = {21, 22, 26, 32, 40};
```

则userAge.Length将等于5，因为数组中有5个数字。

Copy( )

Copy( )方法允许将一个数组的内容复制到另一个数组中，从第一个元素开始。

在C#中，一个方法可能会有很多不同的变形，比如，Copy( )方法有4种变形。下面的例子讨论了其中一种。如果你学会了其中一种，你就能很容易推断出如何使用Copy()方法的其他变形。

无论何时，当你使用一个方法时，我们需要在方法的名字后面加上一对小括号()。一些方法要求一定格式的数据才能正常工作。这些数据被称为参数。我们将这些参数包含在括号对里。Copy()方法需要3个参数。

假设你有：

```
int [] source = {12, 1, 5, -2, 16, 14};
```

以及

```
int [] dest = {1, 2, 3, 4};
```

你可以使用如下语句将source的前三个元素复制到dest里：

```
Array.Copy(source, dest, 3);
```

第一个参数表示需要被复制的数组。第二个参数表示要把值复制到哪个数组。最后一个参数指明了要复制的元素的数量。

在我们的例子中，我们的dest数组变成了{12, 1, 5, 4}，source数组保持不变。

Sort()

Sort()方法允许我们对数组进行排序。它接受一个数组作为参数。

假设你有：

```
int [] numbers = {12, 1, 5, -2, 16, 14};
```

你可以通过编写如下代码来对这个数组的所有元素进行排序：

```
Array.Sort(numbers);
```

这个数组将会按照升序排序。因此numbers会变成{-2, 1, 5, 12, 14, 16}。

IndexOf()

我们使用IndexOf()方法来判断某个值是否在数组中存在。如果存在，这个方法会返回这个值在数组中第一次出现的位置。如果不存在，这个方法返回-1。

举个例子，如果你有：

```
int [] numbers = {10, 30, 44, 21, 51, 21, 61, 24, 14};
```

你可以通过编写如下代码来判断值21是否在数组中存在：

```
Array.IndexOf(numbers, 21);
```

这个方法返回找到的第一个值的索引，在这个例子里是3，因为21是这个数组里第四个元素。你可以像这样将这个结果赋予一个变量：

```
int ans = Array.IndexOf(numbers, 21);
```

因此ans的值是3。如果你这样编写代码：

```
ans = Array.IndexOf(numbers, 100);
```

ans的值会是-1因为numbers数组中不存在100。

字符串

接下来，让我们看下string数据类型。字符串是一段文本，一个字符串的例子是“Hello World”。

要声明并初始化一个string变量，你可以这样编写：

```
string message = "Hello World";
```

message是这个string变量的名字，Hello World是赋予它的字符串。注意你需要将字符串封装在一对双引号("")里。

你可以给变量赋值一个空字符串，像这样：

```
string anotherMessage = "";
```

最后，我们可以使用串联符(+)将两个或更多的字符串连接起来，并把它们赋予一个变量。举个例子，我们可以像这样编写代码：

```
string myName = "Hello World, " + "my name is Jamie";
```

这和下面的代码是一样的：

```
string myName = "Hello World, my name is Jamie";
```

字符串的属性和方法

和数组一样，字符串也有一系列属性和方法。

Length

一个字符串的Length属性表示了这个字符串包含的字符总数。

如果要知道字符串Hello World的长度，我们可以编写："Hello World" Length。

我们会得到11，因为Hello和World分别包含了5个字符。当你在两个单词中间加了一个空格时，长度一共是11。

Substring( )

Substring( )方法用来从一个长字符串中取出一个子字符串。

它要求两个参数。第一个参数告诉编译器要取出的字符串在原字符串中的位置，第二个参数告诉编译器要取出的字符串的长度。

假设我们声明了一个名为message的string变量，然后将字符串Hello World赋予它：

```
string message = "Hello World";
```

我们可以使用message来调用其Substring( )方法，如下所示。

```
string newMessage = message.Substring(2, 5);
```

Substring(2, 5)从message中索引2（代表第3个字符，因为索引总是从0开始）的位置开始取出一个长度为5个字符的子字符串。

取出的子字符串随后被赋予了newMessage。

newMessage和“llo W”相同。

另一方面，message没有被改变，它仍然为Hello World。

Equals( )

我们可以使用Equals( )方法来比较两个字符串是否相同。

如果我们有如下两个字符串。

```
string firstString = "This is Jamie";
string secondString = "Hello";
```

```
firstString.Equals("This is Jamie");
```

返回true而

```
firstString.Equals(secondString);
```

返回false，因为两个字符串（firstString和ssecondString）不相同。

Split( )

Split( )方法根据用户自定义的分隔符数组将一个字符串分割成若干个子字符

串。在分割完字符串后，Split()方法会返回一个包含所有子字符串的数组。

Split( )方法需要两个参数，第一个参数表示分隔符的字符串数组，第二个参数表示你是否想要去除结果集中的空字符串。

假设你想要将字符串“Peter, John; Andy, ,David”分割成若干字符串，你可以像这样写编写代码（行号仅供方便引用使用）：

```
1 string [] separator = {", ", "; "};
2 string names = "Peter, John; Andy, , David";
3 string [] substrings = names.Split(separator,
StringSplitOptions.None);
```

在第1行，我们先声明一个包含两个字符串的数组用来表示分隔符。第一个字符串是一个后面紧跟一个空格的逗号，第二个是一个后面紧跟一个空格的分号。

在第2行，我们将我们想要分割的字符串赋予了names变量。在第3行，我们使用names变量调用Split()方法，然后将这个结果赋予substrings数组。

上述代码的结果是如下数组：

```
{"Peter", "John", "Andy", "" , "David"}
```

这个数组包含了一个空字符串，因为在Andy之后的逗号和David之前的逗号之间有一个空格。如果你想要从结果中移除空字符串，你需要将第3行改为：

```
string [] substrings = names.Split(separator,
StringSplitOptions.RemoveEmptyEntries);
```

然后substrings数组就变成了：

```
{"Peter", "John", "Andy", "David"}
```

和之前一样，我们只是讲述了一些很常用的字符串方法。如果你想要查阅C#中所有可用的字符串方法的列表，请进入Microsoft官方网站，单击右上角“所有Microsoft”，单击“Developer & IT”分类下“.NET”按钮，再单击“Docs”按钮，进入新页面后用右上角的“搜索”功能搜索“String Class（System）”，即可查阅所有可用列表。

列表

现在，让我们学习本章最后一个数据类型——列表。列表和数组一样存储数据，但是其元素可以按照我们的意愿进行添加或者删除。

一个数组只能保存固定数量的值。如果像这样声明：

```
int [] myArray = new int[10];
```

myArray只能存储10个值。如果你编写myArray[10]（这代表了第11个元素因为数组索引从0开始计数），你会得到一个错误。

如果你的程序需要更大的灵活性，你可以使用列表。

要声明一个整数列表，我们可以这样写：

```
List<int> userAgeList = new List<int>();
```

userAgeList是这个列表的名字。

List是关键字，用来指明你正在声明一个列表。

数据类型被封装在一对尖括号里<>。

你可以选择在声明的时候初始化这个列表：

```
List<int> userAgeList = new List<int> {11, 21, 31, 41};
```

我们可以使用和访问数组元素相同的方法来访问列表中的元素。比如，要访问列表中第一个元素，你可以这样写：userAgeList[0]。要访问第三个元素，你可以这样写：userAgeList[2]。

列表的属性和方法

列表数据结构也提供了大量的属性和方法。

Add( )

你可以使用Add()方法向列表中添加成员。

```
userAgeList.Add(51);
userAgeList.Add(61);
```

userAgeList现在拥有6个成员：{11, 21, 31, 41, 51, 61}。

Count( )

想要知道列表中有多少元素，可以使用Count属性。userAgeList.Count会返回6，因为当前列表中有6个元素。

Insert( )

要在具体的位置添加成员，可以使用Insert( )方法。

要在第3个位置上添加一个成员，你可以这样编写：

```
userAgeList.Insert(2, 51);
```

2代表了索引值，51是你想要添加的值。

userAgeList 现在变成了{11, 21, 51, 31, 41, 51, 61}。

Remove( )

要从列表中移除成员，可以使用Remove( )方法。Remove( )方法接受一个参数，然后移除这个参数在列表中第一个匹配项。举个例子，如果我们编写如下代码：

```
userAgeList.Remove(51);
```

userAgeList变成了{11, 21, 31, 41, 51, 61}。只有第一个“51”会被移除。

RemoveAt( )

要移除一个具体位置的成员，可以使用RemoveAt( )方法。比如说，要去除第四个成员（索引为3），你可以这样写：

```
userAgeList.RemoveAt(3);
```

3是要去除的那个成员的索引。

userAgeList现在变成了{11, 21, 31, 51, 61}。

Contains( )

要检查一个列表是否包含某个成员，可以使用Contains( )方法。

要检查userAgeList是否包含“51”，我们可以这样编写：

```
userAgeList.Contains(51);
```

我们将得到的结果为true。

Clear( )

要去除一个列表中所有的成员，可以使用Clear( )方法。如果我们编写：

```
userAgeList.Clear();
```

我们的列表会被清空。

想要查阅C#中关于列表方法的完整列表，请进入Microsoft官方网站，单击右上角“所有Microsoft”，单击“Developer & IT”分类下“.NET”按钮，再单击“Docs”按钮，进入新页面后，用右上角的“搜索”功能搜索“List<T>Class”，即可查阅关于列表方法的完整列表。

值类型 vs 引用类型

现在我们已经熟悉了字符串、数组和列表，让我们讨论一下C#中一个关于数据类型非常重要的概念。

在C#中所有的数据类型都可以被归类为值类型或引用类型。在第3章中讨论的数据类型都是值类型。而在本章中讨论的数据类型则是引用类型。

一个值类型表示一个变量存储了它自己的数据。

当我们编写：

```
int myNumber = 5;
```

变量myNumber中存储了真正的数值5。

另一方面，引用类型不存储真正的数据。相反，它存储了对这个数据的引用。它不会告诉编译器数据真正的值，它告诉编译器到哪里可以找到真正的数据。

一个引用类型的例子就是string。当你像这样编写语句时：

```
string message = "Hello";
```

变量message并不真的存储字符串Hello。相反，字符串Hello会被新建并存储到计算机内存中的其他地方。变量message存储了那个内存位置的地址。

这是目前为止我们需要知道关于引用类型的所有内容。因为这本书是面向新手的，我们不会解释为什么引用类型是必须存在的。你只需记住值类型和引用类型是有区别的，前者存储了真实的值，而后者存储了一个地址。

第5章　让我们程序变得可交互

目前为止，我们已经讲述了关于基本变量和数据类型的知识。现在让我们利用它们来编写一些程序。在本章中，我们将学习如何从用户那里接受输入、将数据存入变量中，最后再将消息展示给用户。准备好了吗？

向用户展示消息

要向用户展示消息，我们可以使用C#提供的Write( )或WriteLine( )方法，它们在命名空间System里。

Write( )和WriteLine( )的区别是WriteLine( )在打印消息之后会将光标移动到下一行，而Write( )不会。

如果我们编写如下代码：

```
Console.WriteLine("Hello ");
Console.WriteLine("How are you?");
```

我们会得到：

```
Hello
How are you?
```

如果我们这样编写：

```
Console.Write("Hello ");
Console.Write("How are you?");
```

我们会得到：

```
Hello How are you?
```

注意在上述例子中，每当我们需要调用Write( )或WriteLine( )时，都会在方法名字前面添加单词Console。这是因为这两个方法都是Console类的静态方法。我们会在第7章里讨论更多关于静态方法的内容。

如果你觉得每次在使用这两个方法时都要添加单词Console很麻烦，你可以在程序的开始部分添加如下指令：

```
using static System.Console;
```

如果你这么做了，在使用Console类的任何静态方法时，你就可以简单编写：

```
WriteLine("Hello World");
```

用来代替

```
Console.WriteLine("Hellow World");
```

这是C# 6（C#的最新版本）的一个新特性，同时仅在你使用最新版本的IDE（比如Visual Studio 2017）的时候才能生效。在其余的例子里，我们仍然会使用第一种方法，来兼容老的版本。

在第2章里当我们编写Hello World程序的时候，我们已经见识过一个如何使用WriteLine( )方法的例子。现在让我们看一下更多例子。在下面的例子中，我们会专注于WriteLine( )方法。Write( )方法和它的使用方法一模一样。

例1

要打印一个简单的字符串，我们可以编写：

```
Console.WriteLine("Hello, how are you?");
```

输出

```
Hello, how are you?
```

例2

要展示一个变量的值，我们可以传入变量的名字作为参数。比如，假设我们有：

```
int userAge = 30;
```

我们可以编写这样的代码来打印userAge的值：

```
Console.WriteLine(userAge);
```

输出

```
30
```

注意我们并没有把变量名（userAge）封装在一对双引号里。如果我们这样编写代码：

```
Console.WriteLine("userAge");
```

我们会得到：

```
userAge
```

作为输出结果。

例3

如果要合并两个或更多字符串然后打印它们，我们可以使用在之前章节里提到的串联符（+）。

比如说，如果我们编写：

```
Console.WriteLine("Hello, " + "how are you?" + " I love C#.");
```

我们会得到：

```
Hello, how are you? I love C#.
```

例4

我们也可以使用串联符来组合一个字符串和一个变量。假设我们有：

```
int results = 79;
```

语句：

```
Console.WriteLine("You scored " + results + " marks for your test.");
```

会输出：

```
You scored 79 marks for your test.
```

再次强调，我们不会用双引号来包裹变量名。否则我们会得到:

```
You scored results marks for your test.
```

例5

除了使用串联符来组合字符串和变量，我们也可以使用占位符。假设我们有：

```
int results = 79;
```

如果我们编写：

```
Console.WriteLine("{0}! You scored {1} marks for your
test.", "Good morning", results);
```

我们会得到：

```
Good morning! You scored 79 marks for your test.
```

在这个例子中，我们向WriteLine()方法中传入了3个参数，以逗号分隔。

这3个参数是：

1) "{0}! You scored {1} marks for your test."
2) "Good morning”
3) results

第一个是我们将要打印的字符串。在字符串里，花括号部分会作为占位符，它们会在之后被参数代替。

{0}是下一个参数的占位符，在这个例子中是Good morning字符串。

{1}是变量results的占位符。

因此输出结果是：

```
Good morning! You scored 79 marks for your test.
```

如果你编写：

```
Console.WriteLine("{1}! You scored {0} marks for your
test.", "Good morning", results);
```

你会得到：

```
79! You scored Good morning marks for your test.
```

当然，这样的语句没有任何意义。但是，它演示了占位符是如何被对应的参数替换的过程。

我们也可以在使用占位符的时候指明打印数值的方式。这点可以通过格式说明符来实现，比如说C和F说明符。

F说明符说明了一个数字应该打印几位的小数部分。

如果我们这样编写代码：

```
Console.WriteLine("The number is {0:F3}.", 123.45678);
```

我们将得到：

```
The number is 123.457
```

F3说明符将数字123.45678四舍五入为123.457。注意在说明符之前不应该有任何空格。换句话说，必须要是{0:F3}而不是{0:F3}。

C说明符可以用来格式化货币值，它会在数字之前添加“$”符号并保留两位小数。另外，它会在每个千位上添加一个逗号。

如果你编写：

```
Console.WriteLine("Deposit = {0:C}. Account balance =
{1:C}.", 2125, 12345.678);
```

你会得到：

```
Deposit = $2,125.00. Account balance = $12,345.68
```

例6

我们也可以使用Console.WriteLine( )来打印一个方法的结果。

在第4章中，我们学习了如何使用Substring( )方法来从一个长字符串中取出一个子字符串。在那个例子中，我们将结果赋予了另一个字符串。另一种方法是，我们可以使用Console.WriteLine( )来打印这个结果，而不用将它赋予其他的变量。

比如，你可以这样编写代码：

```
Console.WriteLine("Microsoft".Substring(1, 3));
```

这将在屏幕上打印如下内容：

```
icr
```

除了打印一个方法的结果，Console.WriteLine( )也可以用来打印一个属性值。如果我们这样编写代码：

```
Console.WriteLine("Hello World".Length);
```

则屏幕上会打印值

```
11
```

转义序列

有时候，在我们的程序中，我们可能需要打印一些特殊的“不可打印”的字符，比如说一个缩进符或者一个换行符。在这样的情况下，你需要使用反斜杠符(\)将那些本来具有其他意义的字符进行转义。

比如，如果要打印一个缩进符，我们在字符t之前加上一个反斜杠，像这样\t。

如果没有\字符，字符t就会被打印出来。如果有这个字符，一个缩进符会被打印出来。因此，如果你编写：

```
Console.WriteLine("Hello\tWorld");
```

你会得到：

```
Hello    World
```

其他一些常见的反斜杠符的使用方法包括：

打印换行符(\n)

示例

```
Console.WriteLine("Hello\nWorld");
```

输出

```
Hello
World
```

打印转义字符本身

示例

```
Console.WriteLine("\\");
```

输出

```
\
```

打印一个双引号(\”)以免它终止一个字符串

示例

```
Console.WriteLine("I am 5'9\" tall");
```

输出

```
I am 5'9" tall
```

接收用户输入

现在我们知道了如何向用户展示消息，让我们看一下如何从用户处接收输入。

要接收用户的输入，我们可以使用Read( )或ReadLine( )方法。

Read( )会从标准输入中读取下一个字符，而ReadLine( )则会读取一行字符。标准输入指的是用户用来输入数据的标准设备，这个设备通常是键盘。在获取用户输入时，ReadLine( )比Read( )更常用。

下面这个例子展示了我们如何通过使用ReadLine( )方法读取用户的输入。

```
string userInput = Console.ReadLine( );
```

ReadLine( )方法会把用户的输入读取为一个字符串。因此，在上述例子中，我们将Console.ReadLine( )的结果赋予了一个名字为userInput的string变量。

我们可以使用：

```
Console.WriteLine(userInput);
```

来打印用户输入的内容。

将字符串转换为数字

有时候，我们会需要将用户输入的字符串转换为数值类型，这样你才能对它进行运算。C#提供了一系列方法来进行此类转换。我们使用的方法可以在Convert类中找到，它们也被打包在System命名空间里。

要把字符串转换为数字，我们可以使用ToInt32( )方法。比如，如果我们有：

```
string userInput = Console.ReadLine( );
```

然后用户输入了20，userInput将会等于“20”（因为双引号的存在，这是一个字符串而不是一个整数）。

然后我们可以使用：

```
int newUserInput = Convert.ToInt32(userInput);
```

来将字符串转换为整数20，然后再将它赋予一个int变量。之后我们就可以将一些常见的数学运算操作用到这个新的int变量上了。

除了将字符串转换为整数，我们也可以通过ToDecimal( )、ToSingle( )和ToDouble()方法依次将字符串转换为decimal、float或double类型。

融会贯通

现在让我们使用刚才学到的所有内容来编写一个完整的程序。我们会修改我们在第2章中编写的Hello World程序。除了仅仅和世界打个招呼（译者：这是个双关语，即hello world的中文含义。Hello World程序一般是学习任何编程语言时编写的第一个程序。），我们想要世界知道我们的名字和年龄。

首先，打开Visual Studio社区版，并新建一个新的Visual C#命令行程序项目。将它命名为HelloWorldAgain。

将下面的代码块输入到Main()方法中（行号仅供方便引用使用）。

```
1  string userName = "";
2  int userAge = 0;
3  int currentYear = 0;
4
5  Console.Write("Please enter your name: ");
6  userName = Console.ReadLine( );
7  Console.Write("Please enter your age: ");
8  userAge = Convert.ToInt32(Console.ReadLine( ));
9  Console.Write("Please enter the current year: ");
10 currentYear = Convert.ToInt32(Console.ReadLine( ));
11
12 Console.WriteLine("Hello World! My name is {0} and I am {1} years old. I was born in {2}.", userName, userAge, currentYear - userAge);
```

运行这个程序并输入如下信息：

```
Please enter your name: Jamie
Please enter your age: 39
Please enter the current year: 2015
```

这个程序应该会有如下的输出：

```
Hello World! My name is Jamie and I am 39 years old.
I was born in 1976.
```

这个程序应该很容易理解。但是，这个程序中有两点值得注意。

首先，第10行是一个展示了如何在同一个语句中使用两个方法的例子。当我们编写：

```
userAge = Convert.ToInt32(Console.ReadLine( ));
```

Console.ReadLine( )方法会先执行，因为它处于一对小括号中。这和做数学运算有点相似，在小括号里的操作优先级会更高。比如，当我们运算3 * (5 + 9)时，我们需要先将5和9相加，然后再将其结果乘以3（即3*14）。

在Console.ReadLine( )执行后，用户输入的数据会通过使用Convert.ToInt32( )来转换成一个整数。

假设用户输入了39：

```
Convert.ToInt32(Console.ReadLine( ))
```

变成了：

```
Convert.ToInt32("39").
```

其结果是整数39。这个整数之后会被赋予另一个变量。

下一个关于这个程序需要指出的点在第12行，如下所示：

```
Console.WriteLine("Hello World! My name is {0} and I am
{1} years old. I was born in {2}.", userName, userAge,
currentYear - userAge);
```

注意最后的参数（currentYear - userAge）涉及了一个数学运算了吗？这在C#中是允许的。WriteLine()会先执行这个减法操作并打印计算的结果。

第6章　做出选择和决定

恭喜你已经进行到这里了。我们已经一起学习了很多内容，你现在已经了解了C#中不同的数据类型，也有能力编写一个和用户进行交互的程序。

在本章中，我们会讲述另一个编程中的基本概念。我们将学习如何通过控制流语句来控制程序的运行的流程。

具体来说，我们将会学习if语句、内嵌if语句、switch语句、for循环、foreach循环、while循环和do while循环。另外，我们也会学习try-catch-finally语句，它在出现错误的时候可以用来控制程序的流程。

但是，在我们开始学习这些控制工具之前，我们必须先学习一下条件语句。

条件语句

大多数控制流语句都会涉及条件语句。程序会根据条件是否满足来决定程序的走向。

最常见的条件语句是比较语句。如果我们想要比较两个变量是否相同，我们可以使用==符（两个=号）。比如，如果你编写x == y，这是在要求程序检查x的值是否和y的值相等。如果它们是相同的，那么条件就满足了，这条语句会被评估为true。否则，这条语句会被评估为false。

除了评估一个值是否和另一个值相等，我们在条件语句中还可以使用一些其他的比较操作符。

不等于(!=)

如果左侧和右侧不相等则返回true。

```
5 != 2 是true
6 != 6 是false
```

大于(>)

如果左侧大于右侧，返回true。

```
5 > 2是true
3 > 6是false
```

小于(<)

如果左侧小于右侧，返回true。

```
1 < 7是true
9 < 6是false
```

大于或等于(>=)

如果左侧大于或者等于右侧，返回true。

```
5 >= 2是true
5 >= 5是true
3 >= 6是fasle
```

小于或等于(<=)

如果左侧小于或者等于右侧，返回true。

```
11 <= 7是true
7 <= 7是true
9 <= 6是false
```

当我们需要组合多个条件时，我们有3个逻辑操作符（&&、||、！）可以使用。

“与”操作符（&&）

如果所有的条件都满足，返回true。

```
5==5 && 2>1 && 3!=7 是true
5==5 && 2<1 && 3!=7 是false，因为第二个条件（2<1）是false。
```

“或”操作符（||）

如果至少有一个条件满足，返回true。

```
5==5 || 2<1 || 3==7是true，因为第一个条件（5==5）是true。
5==6 || 2<1 || 3==7是false，因为所有的条件都是false。
```

控制流语句

if语句是最常用的控制流语句之一。 它允许程序评估某个条件是否满足，然后根据评估的结果采取合适的行为。if语句的结构如下所示（行号仅供方便引用使用）：

```
1   if (condition 1 is met)
2   {
3       do Task A
4   }
5   else if (condition 2 is met)
6   {
7       do Task B
8   }
9   else if (condition 3 is met)
10  {
11      do Task C
12  }
13  else
14  {
15      do Task E
16  }
```

第1行测试了第一个条件。如果条件满足，接下来的大括号中的所有语句都会被执行（第2行到第4行）。接下来的if语句（第5行到第16行）则会被跳过。

如果第一个条件没有满足，你可以接着使用else if语句来测试更多的条件（第5行到第12行）。else if语句可以有多个。最后，如果之前的条件都没有满足，你可以使用else语句（第13行到第16行）来执行一些代码。为了更好地理解if语句是如何工作的，将下面的代码添加到VSC模板的Main()程序中。

```
int userAge;

Console.Write("Please enter your age: ");
userAge = Convert.ToInt32(Console.ReadLine( ));

if (userAge < 0 || userAge > 100)
{
    Console.WriteLine("Invalid Age");
    Console.WriteLine("Age must be between 0 and 100");
```

```
}
else if (userAge < 18)
    Console.WriteLine("Sorry you are underage");
else if (userAge < 21)
    Console.WriteLine("You need parental consent");
else
{
    Console.WriteLine("Congratulations!");
    Console.WriteLine("You may sign up for the event!");
}
```

这个程序首先收集了用户的年龄，然后把结果存储到userAge变量中。

下一条语句：

```
if (userAge < 0 || userAge > 100)
```

检查了userAge的值是否小于0或大于100。如果任何一个条件是true，程序会执行接下来的花括号中的所有语句。在这个例子中，它会打印“Invalid Age”，以及“Age must be between 0 and 100”。

另一方面，如果两个条件都是false，程序会测试下一个条件——else if (userAge < 18)，如果userAge小于18（但是大于等于0因为第一个条件没有满足），这个程序会打印“Sorry you are underage”。

你可能注意到我们没有把语句：

```
Console.WriteLine("Sorry you are underage");
```

封装到花括号里。这是因为如果只有一条语句需要执行，那么花括号就可以省略。

如果用户没有输入一个小于18的值，但输入了一个大于等于18但小于21的值，下一个else if语句中的内容就会被执行。在这个例子中，它会打印“You need parental consent”。

最后，如果用户输入了一个大于等于21但是小于等于100的值，这个程序会执行else块。在这个例子中，它会打印“Congratulations”和“You may sign up for the event!”。

将这个程序运行5次，依次输入-1，8，20，23和121。你会得到如下输出：

```
Please enter your age: -1
Invalid Age
```

```
Age must be between 0 and 100

Please enter your age: 8
Sorry you are underage
Please enter your age: 20
You need parental consent

Please enter your age: 23
Congratulations!
You may sign up for the event!

Please enter your age: 121
Invalid Age
Age must be between 0 and 100
```

内嵌if

内嵌if语句是if语句的一种简单形式，如果你想要根据某个条件的结果来给变量赋值，它就显得非常方便。它的语法是：

```
condition ? value if condition is true : value if condition
is false;
```

比如，语句：

```
3>2 ? 10 : 5;
```

返回10，因为3大于2（也就是说3 > 2是真）。这个值之后可以被赋予一个变量。

如果我们编写：

```
int myNum = 3>2 ? 10 : 5;
```

myNum将会被赋予10。

Switch语句

switch语句和if语句很相似，但是它不能作用于一个范围值。一条switch语句要求每个条件都基于一个单一值。根据switch使用的变量的值，程序会执行对应的代码块。

switch语句的语法如下：

```
switch (variable used for switching)
{
    case firstCase:
        do A;
        break (or other jump statements);

    case secondCase:
        do B;
        break (or other jump statements);

    case default:
        do C;
        break (or other jump statements);
}
```

在使用switch语句时你可以使用任何数量的条件。default条件是可选的，如果其他条件都没有满足，那么它就会执行。

当某个条件满足了，它之后的所有内容都会被执行，除非到达一条跳转语句。一个跳转语句是一个语句，它指引编译器跳转到程序中另外一个位置。我们会在之后更深入地学习跳转语句。最常用的跳转语句是break;语句。

让我们看一个例子来学习switch语句是如何工作的。

```
Console.Write("Enter your grade: ");
string userGrade = Console.ReadLine( );

switch (userGrade)
{
  case "A+":
  case "A":
      Console.WriteLine("Distinction");
      break;
  case "B":
      Console.WriteLine("B Grade");
      break;
  case "C":
      Console.WriteLine("C Grade");
      break;
  default:
      Console.WriteLine("Fail");
```

```
18       break;
19 }
```

程序的第一行接收了用户的评分。

如果分数是“A+”（第6行），程序会执行下一条语句，直到到达break;语句。这句话的意思是它会执行第7行到第9行。因此输出是“Distinction”。

如果分数是“A”（第7行），程序会执行第8行和第9行。类似地，输出是“Distinction”。

如果分数不是“A+”或“A”，程序会继续检查下一个条件。它会从上往下一直检查每个条件直到某个条件满足。如果没有条件满足，它会执行默认的条件。

如果你运行上述的代码，根据不同的输入，你会得到如下的输出：

```
Enter your grade: A+
Distinction

Enter your grade: A
Distinction

Enter your grade: B
B Grade

Enter your grade: C
C Grade

Enter your grade: D
Fail

Enter your grade: Hello
Fail
```

for循环

for循环会重复执行某一个代码块，直到测试条件不再满足。

for循环的语法如下所示：

```
for (initial value; test condition; modification to value)
{
    //Do Some Task
```

```
}
```

要理解for循环是如何工作的，让我们考虑下面这个例子。

```
1 for (int i = 0; i < 5; i++)
2 {
3   Console.WriteLine(i);
4 }
```

第1行是for循环最需要注意的地方：

```
for (int i = 0; i < 5; i++)
```

它包含了三个部分，被分号隔开。

第一部分声明并初始化了一个int类型的变量i为0。这个变量将作为循环计数。

第二部分会测试i是否小于5。如果是，花括号里面的语句将会被执行。在这个例子中，如果只有一条语句，那么花括号可以省略。

在执行完WriteLine( )语句后，程序会回到第1行最后一段。i++会将i的值递增1。因此，i会从0增长为1。

在递增操作后，程序会测试新的i值是否仍然小于5。如果是，它会再次执行WriteLine( )语句。这个测试和递增循环计数的过程会一直重复，直到条件i < 5不再为true。此时，程序会退出for循环，然后会继续执行for循环后面的其他指令。

这块代码块的输出是：

```
0
1
2
3
4
```

输出内容停在了4是因为当i为5时，WriteLine( )语句不会再执行了，因为5不再小于5了。

for循环常被用来遍历数组或列表。比如，如果我们有：

```
int[] myNumbers = { 10, 20, 30, 40, 50 };
```

我们可以像下面这样使用for循环和数组的Length属性来遍历数组：

```
for (int i = 0; i < myNumbers.Length; i++)
{
```

```
    Console.WriteLine(myNumbers[i]);
}
```

因为myNumbers.Length等于5，这段代码会从i = 0运行到i = 4。如果我们运行这段代码，我们会得到如下输出：

```
10
20
30
40
50
```

Foreach循环

除了for循环，在使用数组和列表的时候，我们也可以使用foreach循环。foreach循环在你需要从数组或列表中获取数据且不需要对它们进行修改的时候很有用。

假设你有：

```
char[] message = { 'H', 'e', 'l', 'l', 'o' };
```

你可以使用下面的代码来打印数组的元素。

```
foreach (char i in message)
    Console.Write(i);
```

在上面的代码中，我们有一个char类型的变量i用来循环。每次循环执行的时候，数组message中的一个元素会被赋予变量i。比如，循环第一次执行的时候，字符H会被赋予i。

然后这行代码：

```
Console.Write(i);
```

会打印字母H。

循环第二次执行的时候，字符e被赋予i。这行代码：

```
Console.Write(i);
```

会打印字母e。

这个过程会持续到数组中所有元素被打印出来。

while循环

和名字一样，当某个条件持续为true时，while循环会一直重复执行循环内的指令。while语句的结构如下：

```
while (condition is true)
{
    do A
}
```

大多数时候，在使用while循环时，我们需要先声明一个变量作为循环计数。让我们称这个变量为计数器。下面的代码展示了while循环是如何运作的。

```
int counter = 5;

while (counter > 0)
{
    Console.WriteLine("Counter = {0}", counter);
    counter = counter - 1;
}
```

如果你运行这段代码，你会得到如下输出：

```
Counter = 5
Counter = 4
Counter = 3
Counter = 2
Counter = 1
```

while语句的语法相对比较简单。只要counter > 0，花括号中的语句就会一直被执行。

注意到我们在花括号里有像counter = counter – 1的语句吗？这一行很重要。它在每次循环执行的时候会把counter的值递减1。

我们需要不断地将counter的值递减1，这样条件（counter > 0）最终才会变为false。如果我们忘记这么做，这个循环将会一直执行下去，这就导致了死循环。此时程序会一直打印counter = 5，直到你用某种方法终止了这个程序。尤其当你有一个大型程序项目时，这不会是一个愉快的经历，而且往往你也不知道是哪个代码块导致了死循环。

Do while

do while循环和while循环很类似，只有一个主要的区别——在do while循环里，花括号中的代码至少会被执行一次。这里有个例子展示了do while循环是如何运作的。

```
int counter = 100;

do {
    Console.WriteLine("Counter = {0}", counter);
    counter++;
} while (counter<0);
```

因为测试条件（while (counter<0)）是被放在花括号后面的，它会在花括号里的代码至少执行一次之后才开始被测试。

如果你运行上面的代码，你会得到：

```
Counter = 100;
```

在第一次WriteLine( )语句被执行之后，counter会递增1，现在counter的值是101了。当程序执行到测试条件后，因为counter不再小于0了，这会导致测试失败，然后程序会退出循环。即使counter的初始值没有满足测试条件（counter < 0），在花括号里的代码仍会被执行一次。

注意对于do while语句来说，需要在测试条件后面加一个分号(;)。

跳转语句

我们已经讲述了C#中大多数的控制流语句。接下来，让我们看一下跳转语句。

跳转语句可以指示程序偏离正常的流程，并跳转到代码的另一部分。跳转语句广泛用于循环和其他控制流语句。

Break

break关键词在某个条件满足后导致程序提前退出循环。我们已经见过break关键词在switch语句中的用法。现在，让我们看下break关键词在for循环中的例子。

考虑下如下的代码块：

```
1 int i = 0;
```

```
2
3 for (i = 0; i < 5; i++)
4 {
5   Console.WriteLine("i = {0}", i);
6   if (i == 2)
7       break;
8 }
```

在这个例子中，我们在for循环中使用了一个if语句。我们在编程中经常会“混搭”各种控制工具，比如在while循环中使用if语句或在while循环中使用for循环。这被称为交叉控制语句。

如果你运行上面的代码，你会得到如下输出：

```
i = 0
i = 1
i = 2
```

注意到这个循环提前在i = 2时结束了吗?

如果没有break关键词，循环应该从i = 0执行到i = 4，因为循环条件是i < 5。但是如果有break关键词，当i = 2时，第6行的条件会被评估为true。然后第7行的break关键词会导致循环提前结束。

Continue

另一个常用的跳转关键词是continue关键词。当我们使用continue时，在本次循环迭代中，continue关键词后剩下的部分会跳过不执行。一个例子可以让这点变得明朗。

如果你运行如下的代码块：

```
for (int i = 0; i<5; i++)
{
    Console.WriteLine("i = {0}", i);
    if (i == 2)
      continue;
    Console.WriteLine("I will not be printed if i=2.\n");
}
```

你会得到如下输出：

```
i = 0
```

```
I will not be printed if i=2.

i = 1
I will not be printed if i=2.

i = 2
i = 3
I will not be printed if i=2.

i = 4
I will not be printed if i=2.
```

当i = 2时，continue关键词之后的代码不会再被执行。除了这部分，其他的情况和正常循环是一样的。

异常处理

我们现在已经学会了如何在“正常”情况下使用控制流语句和跳转语句控制程序的流程。在我们结束本章之前，我们需要再学习最后一个控制语句，try-catch-finally语句。try-catch-finally语句告诉程序当一个程序出现错误时要如何处理。语法如下：

```
try
{
    do something
}
catch (type of error)
{
    do something else when an error occurs
}
finally
{
    do this regardless of whether the try or catch
condition is met.
}
```

你可以有不止一个catch块。另外，finally块是可选的。

让我们考虑一个例子。

```
int numerator, denominator;

Console.Write("Please enter the numerator: ");
numerator = Convert.ToInt32(Console.ReadLine( ));

Console.Write("Please enter the denominator: ");
denominator = Convert.ToInt32(Console.ReadLine( ));

try
{
    Console.WriteLine("The result is {0}.",
numerator/denominator);
}
catch (Exception e)
{
    Console.WriteLine(e.Message);
}
finally
{
     Console.WriteLine("---- End of Error Handling Example
----");
}
```

如果你执行这部分代码，然后输入12和4，你会得到这样的消息：

```
The result is 3.
---- End of Error Handling Example ----
```

在这个例子中，try中的代码成功执行了。在try中的代码被执行后，finally中的代码会被执行。

现在假设你输入了12和0。你会得到：

```
Attempted to divide by zero.
---- End of Error Handling Example ----
```

在本例中，catch块会被执行。这是因为当程序尝试执行try中的代码时，因为你不能将一个数字除以0，所以程序会产生一个错误。因此，catch块中的代码会被执行。另外，finally块中的代码也会被执行。不管try或catch块中的代码会不会被执行，finally块中的代码总是会被执行。

catch块允许我们指明它需要捕捉的错误的类型。在本例中，我们尝试捕捉一个通用错误。因此我们编写：

```
catch (Exception e)
```

Exception是该错误所属的类，e是赋予这个错误的名字。

Exception类处理了所有通用错误，并有一个名为Message的属性用来解释异常的原因。要打印这个属性，你可以编写：

```
Console.WriteLine(e.Message);
```

具体的错误

除了用来处理通用错误的Exception类，我们也有其他的类来处理更多更具体的错误。这在你想要根据捕捉不同的错误来处理不同的任务时是很有用的。举个例子，你可能想要打印你自己的错误消息。

尝试运行如下的代码：

```
int choice = 0;

int[] numbers = { 10, 11, 12, 13, 14, 15 };
Console.Write("Please enter the index of the array: ");

try
{
    choice = Convert.ToInt32(Console.ReadLine( ));
    Console.WriteLine("numbers[{0}] = {1}", choice,
numbers[choice]);
}catch (IndexOutOfRangeException)
{
     Console.WriteLine("Error: Index should be from 0 to
5.");
}catch (FormatException)
{
    Console.WriteLine("Error: You did not enter an integer.");
}catch (Exception e)
{
    Console.WriteLine(e.Message);
}
```

如果你输入：

```
10
```

你会得到：

```
Index was outside the bounds of the array.
Index should be from 0 to 5.
```

如果你输入：

```
Hello
```

你会得到：

```
Input string was not in a correct format.
You did not enter an integer.
```

第一个错误是IndexOutOfRangeException异常，它会被第一个catch块处理。这个异常会在你尝试访问一个超过数组边界的元素时出现。

第二个错误是FormatException异常，它会被第二个catch块处理。这个错误会在参数形式非法时出现。在我们的例子中，Convert.ToInt32("Hello")会产生一个FormatException异常，因为参数“Hello”不能被转换成一个整数。相反，如果你输入4，Convert.ToInt32("4")不会产生错误，因为字符串“4”可以被转换成数字。

在两个具体的catch块之后，我们还有一个catch块来捕捉任何我们没有预料到的通用错误。

上面这个例子展示了C#中众多异常中的两个。如果要查阅完整的异常列表，请进入Microsoft官方网站，单击右上角“所有Microsoft”，单击“Developer & IT”分类下“.NET”按钮，再单击“Docs”按钮，进入新页面后用右上角“搜索”功能搜索“SystemException Class”，即可查阅完整的异常列表。

第7章　面向对象编程第一部分

到目前为止，我们已经讲述了很多内容了。在接下来的两章中，我们会学习编程中另一个重要的概念——面向对象编程思想。

在本章中，我们将学习什么是面向对象编程，如何编写我们自己的类以及如何用它们新建对象。另外，我们也会讨论字段、属性、构造函数和方法的概念。

什么是面向对象编程？

简单来说，面向对象编程是一种编程方法，它会将一个编程问题分解成可以互相交互的若干对象。

对象可以用类作为模板来创建。如果把类当成建筑物的蓝图，对象就是我们根据蓝图建造出的真正的“建筑”。

编写我们自己的类

要编写我们自己的类，我们可以使用class关键词，同时在它后面追加类的名字。

比如说，要新建一个Staff类，我们可以编写：

```
class Staff {
    //类的内容
    //包含字段、属性和方法
}
```

这是一个使用驼峰法命名类的例子。驼峰法是指将包括第一单词在内的每个单词的首字母大写（比如，ThisIsAClassName）。这是我们在本书中会遵循的命名约定。

类的内容封装在类名后的一对花括号中。类的内容可以包含构造函数、析构函数、常量、字段、属性、索引器、运算符、事件、委托、接口、结构体以及其他类。

我们会在本章中讲述一些常用的类元素，它们是字段、方法、属性和构造函数。

要理解它们是什么，让我们从头开始新建一个类。

首先，在Visual Studio社区版中新建一个新的命令行程序，命名为ClassDemo。

让我们研究一下自动生成的代码。注意在命名空间ClassDemo中，VSC已经新建了一个名为Program的类。同时在Program类中，我们有Main()方法。

默认情况下，Main( )方法（是所有C#应用的入口）会被放入VSC新建的Program类中。如果我们需要，我们可以修改Program类的名字为其他名字，但是Main()方法的名字一定是Main()。Main()方法必须出现在C#程序中。

在本章中，我们会在ClassDemo命名空间中添加第二个类。我们会称这个新类为Staff，然后向类中添加字段、属性和方法。本章完整的代码可以从learncodingfast网站的csharp页面下载。

首先让我们声明这个类。在自动生成的代码中的class Program部分之前添加如下代码：

```
class Staff
{
}
```

现在在项目中，我们已经有两个类了：Staff和Program。

字段

在Staff类内部，添加如下代码：

```
private string nameOfStaff;
private const int hourlyRate = 30;
private int hWorked;
```

这里，我们声明了一个string变量（nameOfStaff）和两个int变量（hourlyRate和hWorked）。这些变量被称为类的字段。一个字段可以简单理解成在类内部声明的变量。和其他变量一样，它们用来存储数据。

注意到在每个声明语句之前都有一个单词private了吗？它被称为访问修饰

符。访问修饰符就好比是门卫，它们会控制谁可以访问这个字段（换句话说，谁可以读取和修改这个字段的值）。

一个字段可以是private、public、protected或internal的。在我们的例子中，我们声明了三个private字段。这表示它们只能在Staff类内部被访问。

我们为什么不想让这三个字段被类外部的其他类访问有两个原因：

第一个原因是其他类没有必要知道这些字段的存在。在我们的例子中，hourlyRate字段只在Staff类中会被调用。我们在Staff类中有一个方法会使用hourlyRate字段来计算一个员工的月薪。其他的类根本不会使用到hourlyRate字段。因此，将hourlyRate字段声明为private是合适的，对其他类来说这个字段是隐藏的。

这种行为被称为封装。封装可以让对象向其他类隐藏数据和行为。未来如果有修改代码的需求，就会变得更容易。我们可以安全地在Staff类中修改hourlyRate的值，而不用影响到任何其他的类。

第二个将字段声明为private的原因是我们不希望其他的类可以修改它们。这可以防止这些字段被其他类破坏。

我们会在下一章讨论更多关于访问修饰符的内容。

除了private关键词，我们可以在声明hourlyRate字段时添加const关键词。

```
private const int hourlyRate = 30;
```

const关键词表示这个值一旦被新建就不能再改变。任何被声明为const的变量都必须在声明的时候被初始化。在我们的例子中，我们将hourlyRate初始化为30。接下来任何一处代码都不能再修改这个值。

属性

接下来，让我们看一下属性。

在其他类需要访问某个私有字段时，属性是最常用的方法。这听起来可能是个悖论。早先时候，我们提到我们使用私有字段来使得其他类不能访问它们。如果这样才是目的的话，为什么我们要允许通过属性的访问方式呢？

一个主要的原因是使用属性可以让我们更好地控制其他类访问这些私有字段。我们会在之后见识到这点。

就目前而言，让我们先学会如何声明一个属性。

在我们的Staff类中添加如下代码，就在private int hWorked;之后。

```
private int hWorked;.

public int HoursWorked
{
    get
    {
        return hWorked;
    }
    set
    {
        if (value > 0)
            hWorked = value;
        else
            hWorked = 0;
    }
}
```

我们声明我们的属性为：

```
public int HoursWorked
{
}
```

它的访问修饰符是public， 因为我们想要让其他类能够访问这个属性。

数据类型是int，这是因为这个属性是用来提供私有int字段hWorked的访问方法。hWorked被认为是隐藏属性。

属性的名字是HoursWorked。我们通常使用驼峰法来进行属性命名。

属性包含两种特殊的方法，它们被称为访问器。第一个访问器是getter，第二个是setter。

基本的getter访问器简单地返回了属性字段的值。因此，我们这样编写：

```
get
{
    return hWorked;
}
```

return是一个关键词，hWorked是隐藏属性的名字。

setter访问器用来设置私有字段的值。我们这样编写：

```
set
{
    if (value > 0)
        hWorked = value;
    else
        hWorked = 0;
}
```

在setter访问器内部，value是一个关键词。当用户使用属性来设置私有字段的值时，它可以用来作为赋值语句的右值。我们稍后会学习如何使用它。

在setter访问器内部，我们使用if语句做了一个简单的校验。我们检查value是否大于0。如果是，我们会将它赋予hWorked。否则，就将hWorked设为0。这个setter访问器展示了如何通过使用属性来控制我们的私有字段的值。

默认情况下，getter和setter访问器和属性本身有相同的访问级别（在这个例子中是public）。因此，我们不需要特别指明这点。但是，如果你不想要setter访问器和属性有相同的访问权限，你可以将setter声明为private，这样其他类就不能修改你的私有字段了。

```
private set
{
}
```

这样的话，这个属性在Staff类外部就变成了一个只读属性。它的值只能在Staff类的内部被修改。

自动属性

有一点值得注意，如果getter和setter没有额外的逻辑需要实现，C#为我们提供了一个声明属性的捷径，这就是自动属性。

要声明一个自动属性，我们可以编写：

```
public int HoursWorked { get; set; }
```

这和下面的代码是等效的：

```
private int hWorked;
public int HoursWorked
{
    get
```

```
    {
        return hWorked;
    }
    set
    {
        hWorked = value;
    }
}
```

当你使用这种简写时，你不需要声明一个私有字段。编译器会自动为你新建一个匿名的私有隐藏字段。

如果你想让属性只读，你可以将setter设置成private，就像这样：

```
public int HoursWorked { get; private set; }
```

方法

接下来，让我们看下方法。

一个方法指一段用来执行某项任务的代码块。

让我们在Staff类里面添加一个简单的方法。

```
public void PrintMessage( )
{
    Console.WriteLine("Calculating Pay…");
}
```

这个方法被声明为：

```
public void PrintMessage( )
{
}
```

方法声明首先要指明方法的访问级别。这里我们将方法声明为public，这样这个方法就可以在程序的任何地方被访问了（不仅仅是Staff类内部）。

接下来，我们指明方法的返回类型。方法可能会在执行任务之后返回某个结果。如果方法没有返回任何结果，我们可以像例子里一样使用void关键词。

最后，我们指明了方法的名字（在我们的例子中是PrintMessage）。

方法名后面的一对括号( )是我们包含方法的参数的地方。参数是我们传入方法内部供它执行某项任务的数据的名字。如果一个方法不需要任何数据（就像我们的例子），我们只需要在方法后面加上一对空括号。

在声明方法之后，我们在后面的花括号中定义这个方法要做些什么。这个过程就是方法的实现。在我们的例子中，PrintMessage( )方法只是简单地打印了“Calculating Pay…”。

这就是PrintMessage( )方法做的所有事情。

接下来，让我们再写一个更复杂一点的方法。第二个方法会计算每个员工的薪水，并返回计算的结果。在Staff中添加如下代码：

```
public int CalculatePay( )
{
    PrintMessage( );

    int staffPay;
    staffPay = hWorked * hourlyRate ;

    if (hWorked > 0)
        return staffPay;
    else
        return 0;
}
```

这个方法被声明为：

```
public int CalculatePay( )
{
}
```

int关键词指明了这个方法返回的值是int类型。

在花括号里面，我们有语句：

```
PrintMessage( );
```

这个行为被称为调用PrintMessage( )方法。当程序运行到这条语句时，它会先执行PrintMessage( )方法，打印“Calculating Pay…”，然后再继续执行CalculatePay( )方法中剩下的代码。这个例子展示了如何在一个方法里调用另一个方法。

接下来，我们声明了一个本地变量，名为staffPay，然后将私有字段hourlyRate和hWorked的乘积赋予了它。

一个方法可以访问在类内部声明的所有的字段和属性。另外，它也可以声明它自己的变量。这些变量被称为本地变量，它们只会在方法内部存在。例子中的staffPay变量就是一个例子。

在赋值staffPay变量后，我们使用了一个if语句来判断方法应该返回什么结果。

通常情况下，一个方法一般至少拥有一个返回语句。return是一个关键词，它被用来返回一个方法的结果。在一个方法里可以有不止一个返回语句。但是，一旦一个方法执行了其中一个返回语句，这个方法就会退出。

在我们的例子中，如果hWorked大于0，这个程序会执行语句：

```
return staffPay;
```

然后退出这个方法。之后这个返回值可以被赋予一个变量。比如，如果hWorked是10，hourlyRate是20，我们可以使用语句：

```
int pay = CalculatePay( );
```

将CalculatePay( )的结果赋予变量pay。pay的值将会是200。

另一方面，如果hWorked小于等于0，这个程序会执行语句：

```
return 0;
```

然后退出这个方法。pay的值将会是0。

重载

在C#（包括大多数其他语言）中，你可以新建两个名字一样的方法，只要它们的签名不一样，这种情况被称为重载。一个方法的签名指的是方法的名字和它拥有的参数。

在之前的CalculatePay( )方法下面添加如下代码：

```
public int CalculatePay(int bonus, int allowance)
{
    PrintMessage( );
    if (hWorked > 0)
        return hWorked * hourlyRate + bonus +
    allowance;
    else
        return 0;
}
```

第一个方法的签名是CalculatePay( )，而第二个方法的签名是CalculatePay(int bonus, int allowance)

第二个方法有两个参数——bonus和allowance。它会通过计算hWorked和hourlyRate的乘积并加上bonus和allowance的值来作为员工的薪水。在这个例子中，我没有使用一个本地变量来存储hWorked * hourlyRate + bonus + allowance的结果，而是直接返回了计算后的结果。这是完全没问题的，我们将会在之后学习如何使用方法。

ToString( )方法

最后，在我们继续下一个章节之前，我们再编写一个方法——ToString()方法。

ToString( )是一种特殊的方法，它用来返回一个代表当前类的字符串。在C#中，所有的类都会有一个自带的ToString( )方法。但是，一般（推荐）情况下，我们可以重写这个方法。重写一个方法可以简单理解为编写一个我们自己版本的方法。

一般来说，我们编写的ToString( )方法会打印类的字段和属性的值。在Staff类中添加如下代码：

```
public override string ToString( )
{
    return "Name of Staff = " + nameOfStaff + ", hourlyRate
= " + hourlyRate + ", hWorked = " + hWorked;
}
```

你可以看到，ToString( )方法返回了一个string类型。它返回的字符串会包含关于Staff类的信息。在方法声明里，override关键词表明了这个方法会用来覆盖默认方法。我们会在第8章中讨论更多关于override关键词的内容。

构造函数

现在，让我们看下构造函数。

构造函数是一种特殊的方法，它可以用来从类模板中“构造”一个对象。无论什么时候，当我们从类中新建一个对象时，它都是第一个被调用的方法。构造函数广泛用于初始化类字段。

构造函数总是和类具有相同的名字（在我们的例子中是Staff），并且不返回任何值。当我们声明一个构造函数时我们不需要使用void关键词。

在类Staff中添加如下代码：

```
public Staff(string name)
{
    nameOfStaff = name;
    Console.WriteLine("\n" + nameOfStaff);
    Console.WriteLine("---------------------------");
}
```

在这个构造函数中，我们先通过传入构造函数的字符串（name）来初始化nameOfStaff字段。然后我们在屏幕上打印nameOfStaff的值并打印一些短划线作为下划线。

和其他方法一样，只要签名是不一样的，我们就可以存在不止一个构造函数。我们可以在类中添加另一个构造函数。

```
public Staff(string firstName, string lastName)
{
    nameOfStaff = firstName + " " + lastName;
    Console.WriteLine("\n" + nameOfStaff);
    Console.WriteLine("---------------------------");
}
```

这个构造函数拥有两个参数——firstName和lastName。第一行串联了两个字符串，并把结果赋予了nameOfStaff。接下来两行在屏幕上打印了nameOfStaff以及下划线。

声明构造函数不是必须的。如果你没有声明你自己的构造函数，C#会自动为你新建一个。默认的构造函数会简单地将类中的所有字段初始化为默认值，一般来说数字变量是0，字符串变量是空字符串。

实例化对象

我们已经学会了如何新建一个类，现在让我们学习如何利用类来新建一个对象。这个过程被称为实例化对象。一个对象也可以被称为一个实例。

总结一下，我们的Staff类由如下的部分组成：

字段

```
private const int hourlyRate
private string nameOfStaff
private int hWorked
```

属性

```
public int HoursWorked
```

方法

```
public void PrintMessage( )
public int CalculatePay( )
public int CalculatePay(int bonus, int allowance)
public override string ToString( )
```

构造函数

```
public Staff(string name)
public Staff(string firstName, string lastName)
```

我们应该在Program类内部的Main()方法里实例化一个Staff对象。

实例化一个对象的语法结构是：

```
ClassName objectName = new ClassName(arguments);
```

在Program类中的Main()方法里的花括号中添加如下代码：

```
int pay;

Staff staff1 = new Staff("Peter");
staff1.HoursWorked = 160;
pay = staff1.CalculatePay(1000, 400);
Console.WriteLine("Pay = {0}", pay);
```

这里，我们使用第一个构造函数（带一个参数）来新建我们的staff1对象。

一旦我们新建了对象，我们可以用在对象名字后面加上点操作符的方式来访问任何Staff类中公有的字段、属性或方法。注意我们需要在这里使用点操作符，因为我们需要从Program类中访问Staff类的成员。任何时候，当我们想要访问另一个类的字段、属性或方法时，点操作符都是必须的。

如果你访问同一个类的成员，你不需要使用点操作符。之前有个例子就是，当我们从CalculatePay()方法中调用PrintMessage()方法时，我们不需要使用点操作符，因为这两个方法来自于同一个类。

在新建完我们的staff1类后，下一行代码展示了如何使用公有的EmployeeType属性将一个值赋值给hWorked字段。

```
staff1.HoursWorked = 160;
```

如果我们尝试直接访问私有字段hWorked，像这样：

```
staff1.hWorked = 160;
```

我们会得到一个错误，因为hWorked是一个私有字段，它只能在Staff类内部被访问。

要调用CalculatePay( )方法，我们可以这样编写：

```
staff1.CalculatePay(1000, 400);
```

在这个例子中，因为我们在括号中有数字1000和400，我们会使用第二个CalculatePay( )方法。我们会分别把1000和400传入参数bonus和allowance中。我们传入的值被称为参数值。之后程序会使用这个方法来计算薪水并返回结果。这个结果会赋值给变量pay。

最后，我们使用Console.WriteLine( )方法在屏幕上打印pay的值。

如果你运行上面的代码，你会得到：

```
Peter
--------------------------
Calculating Pay...
Pay = 6200
```

你可以尝试修改并再次运行一下这段代码来加深对类的理解。尝试添加下面的代码：

```
Staff staff2 = new Staff("Jane", "Lee");
staff2.HoursWorked = 160;
pay = staff2.CalculatePay( );
Console.WriteLine("Pay = {0}", pay);
```

如果你运行上面的代码，你会得到：

```
Jane Lee
--------------------------
Calculating Pay...
Pay = 4800
```

最后，让我们新建第三个对象来展示当我们使用属性时数据校验是如何工作的。添加如下代码：

```
Staff staff3 = new Staff("Carol");
staff3.HoursWorked = -10;
pay = staff3.CalculatePay( );
Console.WriteLine("Pay = {0}", pay);
```

这里，我们尝试将HoursWorked属性置为-10，这是一个非法值。这个属性的setter会将它的值置换为0。如果你运行这段代码，你会得到：

```
Carol
--------------------------
Calculating Pay...
Pay = 0
```

Static关键字

我们在本章中讲述了一些相当复杂的概念。我强烈建议你从learncodingfast网站的csharp页面下载完整的代码，并对代码进行一定研究，确保你完全理解了本章到目前位置所讲述的内容。

在本节中，我们会学习另一个关键字，它有时会在我们声明类或类成员（比如方法、字段、属性、构造函数等）时被用到。

在此之前，我们学习了如何使用Staff类来新建staff1、staff2和staff3对象。但是，有一些类或类成员不需要通过新建对象来访问。这些被称为静态类或静态类成员，它们可以使用static关键字来声明。

考虑下面这个类：

```
class MyClass
{
  //非静态成员
  public string message = "Hello World";
  public string Name { get; set; }
  public void DisplayName( )
  {
      Console.WriteLine("Name = {0}", Name);
  }

  //静态成员
  public static string greetings = "Good morning";
```

```
13  public static int Age { get; set; }
14  public static void DisplayAge( )
15  {
16      Console.WriteLine("Age = {0}", Age);
17  }
18 }
```

MyClass包含一个非静态字段message，一个非静态属性Name和一个非静态方法DisplayName( )（第4行到第9行）。

它也包含一个静态字段greetings，一个静态属性Age和一个静态方法DisplayAge( )（第12行到第17行）。

要从另一个类中访问MyClass的非静态成员，我们需要先实例化一个对象：

```
MyClass classA = new MyClass( );

Console.WriteLine(classA.message);
classA.Name = "Jamie";
classA.DisplayName( );
```

但是，要访问一个静态成员，我们不需要实例化任何对象。我们只要像下面这样使用类名来访问它们。

```
Console.WriteLine(MyClass.greetings);
MyClass.Age = 39;
MyClass.DisplayAge( );
```

如果你运行上面的代码，你会得到如下输出：

```
Hello World
Name = Jamie
Good Morning
Age = 39
```

除了静态方法、字段、属性和构造函数，我们也有静态类。一个静态类只能包含静态成员。例子如下：

```
static class MyStaticClass
{
    public static int a = 0;
    public static int B{get; set;}
}
```

C#中一些预编写的类会被声明成静态类。Console类就是一个例子。当我们从Console类中调用方法时我们不需要新建一个Console对象。我们可以简单地写成：Console.WriteLine("Hello World");。

高级方法概念

现在你已经熟悉了类，让我们继续学习一些更高级的概念：关于在类中声明和方法的使用。这些概念更复杂，可能需要不止一遍的阅读才能完全理解。

使用数组和列表

之前，我们已经学习了如何使用基本的数据类型（如int和float）作为参数传入方法。其实除了使用基本的数据类型，我们也可以使用数组和列表。

要使用数组作为参数，我们需要在方法声明中参数的数据类型后面加上一对方括号。比如：

```
public void PrintFirstElement(int[] a)
{
    Console.WriteLine("The first element is {0}.\n", a[0]);
}
```

要调用这个方法，我们需要声明一个数组，然后将它作为参数传入到方法中：

```
int[] myArray = {1, 2, 3, 4, 5};
PrintFirstElement(myArray);
```

下面这个例子展示了如何使用一个列表作为参数：

```
public void PrintFirstListElement(List<int> a)
{
     Console.WriteLine("The first list element is {0}.\n",
a[0]);
}
```

要调用这个方法，我们需要先声明一个列表，然后将它作为参数传入方法中：

```
List<int> myList = new List<int> {1, 2, 3};
PrintFirstListElement(myList);
```

除了使用数组或列表作为一个方法的参数，我们也可以从方法中返回一个数组或列表。要从方法中返回一个数组，我们需要在方法声明的返回类型后面加上一对方括号。

```
public int[] ReturnUserInput( )
{
    int[] a = new int[3];

    for (int i = 0; i < a.Length; i++)
    {
        Console.Write("Enter an integer: ");
        a[i] = Convert.ToInt32(Console.ReadLine( ));
        Console.WriteLine("Integer added to array.\n");
    }
    return a;
}
```

要使用这个方法，我们需要声明一个数组，然后将方法的结果赋值给它。

```
int[] myArray2 = ReturnUserInput ( );
```

要从方法返回一个列表，我们使用List<>关键字作为方法声明的返回类型。一个例子：

```
public List<int> ReturnUserInputList( )
{
    List<int> a = new List<int>( );
    int input;

    for (int i = 0; i < 3; i++)
    {
        Console.Write("Enter an integer: ");
        input = Convert.ToInt32(Console.ReadLine( ));
        Console.WriteLine("Integer added to list.\n");
        a.Add(input);
    }
    return a;
}
```

要使用这个方法，我们需要声明一个列表，然后将方法的结果赋值给它。

```
List<int> myList2 = ReturnUserInputList( );
```

使用params关键字

接下来，让我们看一下params关键字。params关键字在我们不知道一个方法有多少参数时非常有用。比如，我们可能有一个方法用来打印一系列名字，但我们不知道到底有多少名字。像这样的情况，我们可以使用数组作为参数，然后在它前面加上params关键字。

一个例子：

```
public void PrintNames(params string[] names)
{
    for (int i = 0; i < names.Length; i++)
    {
        Console.Write(names[i] + " ");
    }
    Console.WriteLine( );
}
```

要使用这个方法，我们可以传入任意数量的字符串作为参数。

示例：

```
PrintNames("Peter");
PrintNames("Yvonne", "Jamie");
PrintNames("Abigail", "Betty", "Carol", "David");
```

输出：

```
Peter
Yvonne Jamie
Abigail Betty Carol David
```

注意在方法声明中，params关键字后不再允许额外的参数了，并且一个方法声明中只允许存在一个params关键字。

因此，下面这个方法声明是可以的：

```
public void PrintNames2(int a, double b, params int[] ages)
```

但是下面这些声明是不允许的：

```
public void PrintNames3(int a, params string[] names, double b)
public void PrintNames4(params string[] names, params int[] ages)
```

PrintNames3是不允许的，是因为在params string[] names后还有double b。

PrintNames4是不允许的，是因为有两个params关键字。

参数的值传递 vs 引用传递

我希望你现在已经对类和方法是如何工作的有了比较深刻的理解。在我们结束本章节前，我想要重提一下值数据类型和引用数据类型的概念。在第4章中，我们学到了在C#中的两大类数据类型——值类型和引用类型。传递一个值类型变量和一个引用类型变量是有区别的。

当你传递一个值类型变量时，任何对这个变量的值做的改变都只会在方法本身内部产生影响。一旦程序退出了这个方法，改变就不再有效了。

另一方面，如果你传递了引用类型变量，对这个变量做出的改变即使在方法退出后也会保持有效。

考虑如下的类：

```
class MethodDemo
{
    public void PassByValue(int a)
    {
        a = 10;
        Console.WriteLine("a inside method = {0}", a);
    }

    public void PassByReference(int[] b)
    {
        b[0] = 5;
        Console.WriteLine("b[0] inside method = {0}", b[0]);
    }
}
```

在类内部，我们有两个方法。第一个方法接收一个值类型的变量，然后尝试改变这个变量的值，最后它会打印这个变量的值。

第二个方法接收一个数组（引用类型），然后尝试改变数组中的第一个元素的值。最后打印这个元素的值。

在Main()程序里，假设我们有如下的代码：

```
int a = 2;
int[] b = { 1, 2, 3 };
MethodDemo obj = new MethodDemo( );

Console.WriteLine("a before = {0}", a);
obj.PassByValue(a);
Console.WriteLine("a after = {0}", a);

Console.WriteLine("\n\n");

Console.WriteLine("b[0] before = {0}", b[0]);
obj.PassByReference(b);
Console.WriteLine("b[0] after = {0}", b[0]);
```

如果你运行这个程序，你会得到：

```
a before = 2
a inside method = 10
a after = 2

b[0] before = 1
b[0] inside method = 5
b[0] after = 5
```

a的值在调用方法前后保持不变，这个改变只在方法本身的内部生效。

另外，b[0]的值会在方法调用后改变。

注意理解向方法传递值类型变量（如int和float等）和传递引用类型变量（如数组或列表）的区别。

第8章　面向对象编程第二部分

现在，让我们开始进一步学习一些更高级的关于面向对象编程的内容。在本章中，我们会学习继承、多态、抽象类和接口。

继承

继承是面向对象编程中一个非常关键的概念。简单来说，继承允许我们在已经存在的类的基础上新建一个新类，这样我们可以高效地重复利用已经存在的代码。

编写父类

假设我们现在正在为健身房编写一个程序，它有两种会员信息——VIP和普通。要实现这个程序，让我们先新建一个名为Member的类。

```
class Member
{
    protected int annualFee;
    private string name;
    private int memberID;
    private int memberSince;
}
```

Member包含一个受保护的字段和3个私有字段。一个受保护的字段只能在其被声明的类以及任何从这个类派生的类的内部被访问。我们很快就会讨论到派生类。

接下来，让我们编写一个ToString()方法来打印4个字段的值：

```
public override string ToString( )
{
     return "\nName: " + name + "\nMember ID: " + memberID
+ "\nMember Since: " + memberSince + "\nTotal Annual Fee:
```

```
" + annualFee;
}
```

最后，让我们在Member类中添加两个构造函数：

```
public Member( )
{
    Console.WriteLine("Parent Constructor with no parameter");
}

public Member(string pName, int pMemberID, int pMemberSince)
{
    Console.WriteLine("Parent Constructor with 3 parameters");

    name = pName;
    memberID = pMemberID;
    memberSince = pMemberSince;
}
```

第一个构造函数仅仅会打印“Parent Constructor with no parameter”。

第二个构造函数会有趣一点。它会打印“Parent Constructor with 3 parameters”，然后将它的参数赋值给Member类的3个私有字段。

编写子类

现在，让我们学习如何从Member类中派生一个类。派生的类被称为子类，而产生派生类的类被称为父类或基类。

一个派生类会继承父类所有的公有和受保护的成员。换句话说，它可以直接使用那些字段、属性和方法，就好像这些都是它自己的代码一样。

我们的父类（Member）有如下内容：

字段

```
protected int annualFee
private string name
private int memberID
private int memberSince
```

方法

```
public override string ToString( )
```

构造函数

```
public Member( )
public Member(string pName, int pMemberID, int pMemberSince)
```

我们会从Member类中派生两个类——NormalMember和VIPMember。

首先，让我们声明子类NormalMember。我们像这样使用冒号(:)来指明它是从Member类中派生来的。

```
class NormalMember : Member
{
}
```

现在，我们需要为子类编写构造函数。一个子类的构造函数是在父类的构造函数的基础上构建的。每当我们新建一个子对象，父类的构造函数总是会被先调用。

新建子构造函数有两种方法。第一种像其他构造函数一样简单声明它。

```
public NormalMember( )
{
    Console.WriteLine("Child constructor with no parameter");
}
```

当我们声明如上的构造函数时，C#会在父类中寻找无参数的构造函数（即不带任何参数的构造函数），它会在执行任何子类中的代码之前先被调用。如果你使用这个构造函数来新建一个子对象，下面两行内容会被打印在屏幕上。

```
Parent Constructor with no parameter
Child constructor with no parameter
```

第一行内容来自于父构造函数，而第二行内容来自于子构造函数。

第二种声明子构造函数的方式是使用冒号(:)，同时使用base关键字来调用父类中的带参数的构造函数。请参考如下的例子：

```
public NormalMember(string remarks) : base ("Jamie", 1, 2015)
{
    Console.WriteLine("Remarks = {0}", remarks);
}
```

当你调用父类的一个带参数的构造函数时，我们需要传入一些值作为参数。在上面的例子中，我们向父构造函数传入了值Jamie、1和2015。之后这些值会分别赋予父类中的name、memberID和memberSince字段。

在这个例子中，我们向父构造函数中传入了固定值作为参数。但是，通过子构造器传入参数是一个更好的方式。下面这个例子展示了如何实现这一点。将上面的构造函数替代为如下的代码：

```
public NormalMember(string remarks, string name, int memberID,
int memberSince) : base (name, memberID, memberSince)
{
    Console.WriteLine("Child Constructor with 4 parameters");
    Console.WriteLine("Remarks = {0}", remarks);
}
```

这个新的子构造函数有4个参数。第一个是一个名为remarks的string参数。这个参数会在子构造函数内部被使用。

第二、三和四个参数没有在子构造函数中使用。相反，它们会根据它们的名字作为参数传入父类中。举个例子，在子构造函数中第二个参数（string name）会作为第一个参数（name）传入父构造函数中。

当我们用这个构造函数新建一个子对象时，我们可以像这样编写代码：

```
NormalMember myChildMember = new
NormalMember("Special Rate", "James", 1, 2010);
```

带3个参数的父构造函数会被调用并先执行。值James、1和2010会被传入父构造函数中。在后台，这些值会分别传入基类中的name、memberID和memberSince字段。

在执行完父构造函数，子构造函数会被执行。字符串“Special Rate”会被赋予remarks的值，然后打印在屏幕上。

当你执行这段代码，你会得到如下输出：

```
Parent Constructor with 3 parameters
Child Constructor with 4 parameters
Remarks = Special Rate
```

现在，我们已经为我们的子类新建了构造函数，让我们继续新建一个方法用来计算一个普通会员的年费用。这部分代码很简单：

```
public void CalculateAnnualFee( )
{
    annualFee = 100 + 12*30;
```

```
}
```

当我们输入annualFee时，我们实际访问的是父类中受保护的annualFee字段。还记得子类是可以访问父类中所有的公有和受保护字段的吗？因此，子类可以像使用自己的字段一样使用这些字段。子类不需要新建一个父类的实例来访问它的受保护字段。

这就是子类NormalMember的所有内容了。这个类有如下内容：

字段

从父类继承：

```
protected int annualFee
```

方法

从父类继承：

```
public override string ToString( )
```

在子类中声明：

```
public void CalculateAnnualFee( )
```

构造函数

```
public NormalMember( )
public NormalMember(string remarks, string name, int
memberID, int memberSince)
```

接下来，让我们编写另一个继承自Member的类。这回，这个派生类会被称为VIPMember。代码如下：

```
class VIPMember : Member
{
    public VIPMember(string name, int memberID, int
memberSince) : base (name, memberID, memberSince)
    {
        Console.WriteLine("Child Constructor with 3
parameters");
    }

    public void CalculateAnnualFee( )
    {
```

```
            annualFee = 1200;
        }
    }
```

这个类有一个构造函数（带3个参数）和一个CalculateAnnualFee( )方法。这里的CalculateAnnualFee( )方法使用了另一个公式来计算年费，这和NormalMember类中的CalculateAnnualFee( )方法不同。这里，两个方法使用同一个名字（包括签名）是没有问题的，因为它们属于不同的类。

VIPMember类有如下内容：

字段

从父类继承：

```
protected int annualFee
```

方法

从父类继承：

```
public override string ToString( )
```

在子类中声明：

```
public void CalculateAnnualFee( )
```

构造函数

```
public VIPMember(string name, int memberID, int memberSince)
```

Main( )方法

现在我们已经编写完我们需要的3个类了，让我们为Main( )方法编写一些代码。

首先，我们从两个派生类中新建两个对象。

```
NormalMember mem1 = new NormalMember("Special Rate",
"James", 1, 2010);
VIPMember mem2 = new VIPMember("Andy", 2, 2011);
```

mem1使用NormalMember类中带4个参数的构造函数创建。

mem2使用VIPMember类中带3个参数的构造函数创建。

接下来，我们会分别使用两个类中的CalculateAnnualFee()方法。

```
mem1.CalculateAnnualFee( );
mem2.CalculateAnnualFee( );
```

因为mem1是NormalMember类的一个实例，所以来自于那个类的CalculateAnnualFee( )方法会被执行。因此mem1的年费是100 + 12 * 30 = 460。对于mem2，其年费是1200，因为它使用了来自VIPMember类的方法。

最后，让我们使用父类（Member）的ToString( )方法来在我们的屏幕上打印信息。我们可以编写：

```
Console.WriteLine(mem1.ToString( ));
Console.WriteLine(mem2.ToString( ));
```

因为ToString( )方法属于父类并且是共有的，mem1和mem2都会继承这个方法，所以我们可以在Main( )方法中使用它。这样可以进一步复用代码，我们不需要为两个子类重写ToString( )方法。

当你运行程序时，你们会得到如下输出：

```
Parent Constructor with 3 parameters
Child Constructor with 4 parameters
Message = Special Rate
Parent Constructor with 3 parameters
Child Constructor with 3 parameters

Name: James
Member ID: 1
Member Since: 2010
Total Annual Fee: 460

Name: Andy
Member ID: 2
Member Since: 2011
Total Annual Fee: 1200
```

多态

到目前为止，我们已经见识了继承是如何工作的，让我们开始讨论另一个和继承非常贴近的概念——多态。多态指的是程序根据对象运行时的类型动态使用正确方法的能力。

例子是解释多态最好的办法。让我们继续扩充“健身房”的例子。

首先，删除之前Main()方法中所有的代码，同时添加下面的代码：

```
Member[] clubMembers = new Member[5];

clubMembers[0] = new NormalMember("Special Rate",
"James", 1, 2010);
clubMembers[1] = new NormalMember("Normal Rate",
"Andy", 2, 2011);
clubMembers[2] = new NormalMember("Normal Rate",
"Bill", 3, 2011);
clubMembers[3] = new VIPMember("Carol", 4, 2012);
clubMembers[4] = new VIPMember("Evelyn", 5, 2012);
```

这里，我们声明了一个Member类型的数组并添加了5个成员。前三个成员是NormalMember类的实例，后两个是VIPMember类的实例。

虽然ClubMember被声明为Member类型的数组，我们仍可以将它赋值为NormalMember和VIPMember实例，因为它们是Member类的子类。我们不需要为NormalMember和VIPMember对象分别声明数组。

接下来，让我们使用一个foreach循环来计算每个成员的年费，并且打印这些信息。

要实现这点，我们可以这样编写代码：

```
foreach (Member m in clubMembers)
{
    m.CalculateAnnualFee( );
    Console.WriteLine(m.ToString( ));
}
```

如果你现在运行一下程序，你会得到一个错误：Member类未包含CalculateAnnualFee的定义。这是因为ClubMember被声明为了Member类型的数组。因此，当我们编写m.CalculateAnnualFee( )时，编译器尝试执行Member类中的CalculateAnnualFee( )方法。因为我们在Member父类中并没有这样的方法，所以会出现错误；我们只有在两个子类中有这个方法。要修正这个错误，我们需要在父类中添加下面的方法：

```
public void CalculateAnnualFee( )
{
```

```
        annualFee = 0;
    }
```

现在，运行程序，关注每个成员的“Total Annual Fee”字段。你发现了什么？所有的值都是$0。这说明被调用的CalculateAnnualFee( )方法是父类中的那个。这应该不是什么奇怪的事，因为clubMembers被声明为了Member类型。

如果你想要调用子方法，你需要做两处修改。

首先，你需要将父类方法声明为virtual，像这样：

```
public virtual void CalculateAnnualFee( )
{
    annualFee = 0;
}
```

virtual关键字告诉编译器这个方法有可能被派生类复写。当编译器遇到了这个关键字，它会在派生类中寻找相同的方法，然后执行执行派生类中的方法。

接着在派生类中，你需要使用override关键字来声明你的方法，它会复写父类中的方法。

```
//在VIPMember子类中
public override void CalculateAnnualFee( )
{
    annualFee = 1200;
}

//在NormalMember子类中
public override void CalculateAnnualFee( )
{
    annualFee = 100 + 12 * 30;
}
```

现在如果你再次运行程序，前三个成员（NormalMember）的年费和后两个成员（VIPMember）的年费将分别为$460和$1200。

这就是多态的结果。在运行态（即程序运行的时候），程序会判断clubMembers的前三个成员是NormalMember类型的，然后从这个类中执行CalculateAnnualFee( )方法。它也会判断后两个成员是VIPMember类型的，从而执行相应类中的方法。

多态可以简单地理解为在运行态，程序会足够聪明地从正确的子类中使用对应的CalculateAnnualFee( )的方法，即使对象被声明为Member类型。

我们认为ClubMembers的前三个元素在运行时的类型是NormalMember，而后两个元素在运行时的类型是VIPMember。而这个5个元素的声明类型是Member。

GetType( )和typeof( )

在之前的例子中，我们让程序决定clubMembers数组每个成员在运行时的类型，然后再调用相对应的CalculateAnnualFee( )方法。但是，有时候，在我们编写代码时必须自己决定每个单独成员在运行时的类型。我们会在本项目后面见到这个例子。

下面的if语句展示了如何判断运行时clubMembers数组的第一个元素是否是VIPMember类型：

```
if (clubMembers[0].GetType( ) == typeof(VIPMember))
    Console.WriteLine("Yes");
else
    Console.WriteLine("No");
```

GetType( )返回了一个对象运行时的类型。

typeof( )方法接受一个数据类型的名字（int、float或一个类名），同时返回那个名字的类型，之后我们可以用它和左侧GetType( )方法的结果进行比较。

如果你运行上面的代码，你会得到“No”的输出，因为clubMembers[0]不是VIPMember类型。

抽象类和方法

现在我们已经熟悉了继承（和多态），让我们继续学习两个C#中特殊的父类抽象类和接口。

首先，让我们看下抽象类。

抽象类是一种特殊类型的类，它必须作为基类，然后派生其他的类。它们不能被实例化。换句话说，如果FourWheelVechicles是一个抽象类，语句：

```
FourWheelVehicle myVeh = new FourWheelVehicle( );
```

会报错，因为你不能从抽象类中新建一个对象。

抽象类可以有很多字段、属性和方法，这和其他类一样。但是，它们不能包含静态成员。另外，抽象类可以包含一种特殊的方法，即抽象方法。抽象方法是指没有具体内容且必须在派生类中实现的方法。抽象方法只能在抽象类中存在。某种程度来说，一个抽象方法就像是一份协议。如果你想要确保任何继承你的类的类要实现某个方法，你可将这个类声明为抽象类，同时将这个方法声明为抽象方法。

要声明一个抽象类，只需要在关键字class之前添加abstract关键字：

```
abstract class MyClass
{
}
```

要在抽象类中声明一个抽象方法，你需要在返回类型之前添加abstract关键字，像这样：

```
public abstract void MyAbstractMethod( );
```

因为抽象方法没有任何内容，我们用一个分号(;)结束它的声明。

要在派生类中实现一个抽象方法，我们需要使用override关键字，像这样：

```
public override void MyAbstractMethod( )
{
}
```

下面是一个抽象类的例子：

```
using System;
using System.Collections.Generic;
using System.Linq;
using System.Text;
using System.Threading.Tasks;

namespace AbstractClassDemo
{
  class Program
  {
      static void Main(string[] args)
      {
          //MyAbstractClass abClass = new MyAbstractClass( );
          ClassA a = new ClassA( );
          a.PrintMessage( );
          a.PrintMessageAbstract( );
```

```
17            Console.Read( );
18        }
19    }
20
21    abstract class MyAbstractClass
22    {
23        private string message = "Hello C#";
24        public void PrintMessage( )
25        {
26            Console.WriteLine(message);
27        }
28        public abstract void PrintMessageAbstract( );
29    }
30
31    class ClassA : MyAbstractClass
32    {
33        public override void PrintMessageAbstract( )
34        {
35            Console.WriteLine("C# is fun!");
36        }
37    }
38 }
```

抽象类在第21行到第29行。它包含一个私有字段message和一个共有方法PrintMessage( )。在第28行，它也包含了一个抽象方法PrintMessageAbstract( )。第31行到第37行展示了一个实现了抽象方法的派生类（第33行到第36行）。

如果你运行上面的程序，你会得到：

```
Hello C#
C# is fun!
```

注意到第13行用//号注释了吗？如果你去除两个斜杠，你会得到一个报错，因为抽象类不能被实例化。

接口

接下来，让我们看下接口。接口和抽象类很类似，它们不能被实例化，必须被继承。但是，接口比抽象类更概念化。它们只能包含没有内容的方法。另外，它们不能包含字段，只能包含属性。接口也不能拥有静态成员。当一个子类继承接口时，我们会称它实现了这个接口。

抽象类和接口的一个主要区别是一个类只能继承一个抽象类，但可以实现多个接口。在本书中，我们不会有关于多个接口实现的例子，因为它是一个超出本书范围的高级内容。

下面的代码展示了一个类实现接口的例子。一般接口的名字会以字母I开头。接口中所有的属性和方法都是共有的，因此我们不需要添加任何访问修饰符。

```
using System;
using System.Collections.Generic;
using System.Linq;
using System.Text;
using System.Threading.Tasks;

namespace InterfaceDemo
{
  class Program
  {
      static void Main(string[] args)
      {
          ClassA a = new ClassA( );
          a.MyNumber = 5;
          a.InterfaceMethod( );
          Console.Read( );
      }
  }

  interface IShape
  {
      int MyNumber
      {
          get;
          set;
      }
      void InterfaceMethod( );
  }

  class ClassA : IShape
  {

```

```
33        private int myNumber;
34        public int MyNumber
35        {
36            get
37            {
38                return myNumber;
39            }
40            set
41            {
42                if (value < 0)
43                    myNumber = 0;
44                else
45                    myNumber = value;
46            }
47        }
48
49        public void InterfaceMethod( )
50        {
51            Console.WriteLine("The number is {0}.",
MyNumber);
52        }
53    }
54 }
```

接口是在第20行到第28行定义的。在第22行到第26行，我们声明了一个属性，在第27行，我们声明了一个方法。

ClassA实现了IShape接口。属性在第33行到第47行实现，我们为它声明了一个私有的隐藏字段（myNumber），同时实现了一些控制规则。

方法是在第49行到第52行实现的。在实现属于接口的方法时，我们不需要使用override关键字。

如果你运行这个程序，你会获得：

```
The number is 5.
```

复习访问修饰符

现在我们已经学习了关于继承的各方面的知识，让我们花点时间来看面向对象编程中关于访问修饰符的概念。早些时候，我们学习到访问修饰符就像是门卫。它控制了谁可以访问某个字段、属性或方法。C#一共有4种访问修饰符：private、public、protected和internal。

任何被声明为internal的内容只能在汇编中被访问。因为我们不会在本书中讨论到汇编，我们也就不会展示internal是如何工作的。

假设我们有一个类，它包含3个字段：

```
class ClassA
{
    private int privateNum = 1;
    public int publicNum = 2;
    protected int protectedNum = 3;
}
```

如果ClassB继承自ClassA

```
class ClassB:ClassA
{
    public void PrintMessages( )
    {
        //这样写是可以的
        Console.WriteLine(publicNum);

        //这样写是可以的
        Console.WriteLine(protectedNum);

        //这样写是不可以的
        Console.WriteLine(privateNum);
    }
}
```

前两个WriteLine( )语句不会报错，因为一个派生类可以访问父类的任何共有的和受保护的字段。

但是，第三条语句会报错，因为privateNum是一个私有字段，所以它只能在ClassA内部被访问。

如果一个类不是派生自ClassA的。要访问ClassA的共有字段你需要实例化一个ClassA对象。但是，即使有ClassA对象，我们也不能访问ClassA的私有和受保护的字段。在下面的例子中，第一个WriteLine( )语句不会报错，但是第二条和第三条会报错。

```
class ClassC
{
    ClassA a = new ClassA( );

    public void PrintMessages( )
    {
        //这样写是可以的
        Console.WriteLine(a.publicNum);

        //这样写是不可以的
        Console.WriteLine(a.protectedNum);

        //这样写是不可以的
        Console.WriteLine(a.privateNum);
    }
}
```

简单来说，任何被声明为public的内容可以在任何地方被访问，访问公有成员是没有任何限制的。另外，任何被声明为private的内容只能在其被声明的类内部访问。任何被声明为受保护的内容只能在其被声明的类内部或它的派生类中访问。

第9章　枚举和结构体

在第3章和第4章里，我们学习了一些C#提供的内置数据类型。这些数据类型包括值类型如int、float和double；引用数据类型如数组、字符串和列表。另外，我们也在第7章和第8章中学习了如何编写自己的类。一个类可以被认为是一个高级的用户自定义数据类型，它将一系列相关的字段、属性和方法组合进了一个逻辑单元。

在本章中，我们将学习C#中另外两个用户自定义的数据类型——枚举和结构体。

枚举

枚举是一种特殊的数据接口，它允许程序员为一系列整数常量提供有意义的名字。

要声明一个枚举，我们可以使用enum关键字加上枚举的名字。枚举的成员被封装在一对花括号里，用逗号隔开。

下面是一个例子：

```
enum DaysOfWeek
{
    Sun, Mon, Tues, Wed, Thurs, Fri, Sat
}
```

注意最后一个成员后面不需要带逗号。

在声明枚举DaysOfWeek后，我们可以像这样声明和初始化DaysOfWeek变量：

```
DaysOfWeek myDays = DaysOfWeek.Mon;
```

变量的名字是myDays。如果我们编写：

```
Console.WriteLine(myDays);
```

我们会得到：

```
Mon
```

默认情况下，枚举中每一个成员都会被赋予一个整型数，从0开始。也就是说，在我们的例子里，Sun被赋予了0，Mon是1，Tues是2，依此类推。

因为枚举的成员本质上是整数，我们可以将DaysOfWeek变量转换为int，反之亦然。比如：

```
Console.WriteLine((int)myDays);
```

会输出整数1，而

```
Console.WriteLine((DaysOfWeek)1);
```

会输出Mon。

如果你想要赋予你的枚举成员不同的整数集，你可以这样做：

```
enum DaysOfWeekTwo
{
    Sun = 5, Mon = 10, Tues, Wed, Thurs, Fri, Sat
}
```

现在，Sun被赋值为 5，Mon被赋值为10。因为我们没有为Tues到Sat的赋值，它们会被赋予10之后的连续数字。也就是说Tues = 11，Wed = 12等。

所有的枚举在其内部都是被存储为整数的（int）。如果你想要改变底层数据结构，从int改为其他数据类型，你需要在枚举名字后面加上一个冒号，后面紧跟着想要转换的类型。除了char，任何整形数据类型都是允许的。一个例子是：

```
enum DaysOfWeekThree : byte
{
    Sun, Mon, Tues, Wed, Thurs, Fri, Sat
}
```

当然，如果你使用byte数据类型，你不可以这么做：

```
enum DaysOfWeekFour : byte
{
    Sun = 300, Mon, Tues, Wed, Thurs, Fri, Sat
}
```

因为byte的范围是0～255。

使用枚举主要有两个原因。第一个是它会增加你代码的可读性。语句：

```
myDays = DaysOfWeek.Mon;
```

会比语句：

```
myDays = 1;
```

更具备自解释性。

第二个原因是可以限制一个变量可以接受的值。如果我们有一个变量用来存储星期几，我们可能会不小心把它赋值为10。这在我们使用枚举时是可以避免的，因为我们只能用枚举中预定义的成员进行赋值。

结构体

现在，让我们看下struct数据类型。

结构体和类有很多相似的地方。和类一样，它们包含如属性、构造函数、方法和字段等元素，并且允许将相关的成员打包在一起，这样你就可以把它们视为一个组合，并对它们进行操作。

要声明结构体，你可以使用struct关键字。一个例子如下：

```
struct MyStruct
{
  //字段
  private int x, y;
  private AnotherClass myClass;
  private Days myDays;

  //构造函数
  public MyStruct(int a, int b, int c)
  {
      myClass = new AnotherClass( );
      myClass.number = a;
      x = b;
      y = c;
      myDays = Days.Mon;
  }

  //方法
  public void PrintStatement( )
  {
      Console.WriteLine("x = {0}, y = {1}, myDays ={2}", x, y, myDays);
  }
```

```
23 }
24
25 class AnotherClass
26 {
27  public int number;
28 }
29
30 enum Days { Mon, Tues, Wed }
```

结构体在第1行到第23行声明。在第4行，我们为结构体声明了两个private int字段。在第5行，我们声明了另一个名为myClass的私有字段。这个字段是AnotherClass类的一个实例。在第6行，我们声明了一个枚举变量myDays。这两个字段（myClass和myDays）是特意包含在这个例子里的，它们用来展示我们如何在结构体中使用类实例和枚举变量作为字段。结构体（和类）可以包含枚举变量、其他类/结构体的实例作为字段。

在声明字段后，我们为结构体声明了构造函数（第9行到第16行），后面紧跟一个方法用来打印x、y和myDays的值（第19行到第22行）。

在声明结构体之后，我们在第25行到第28行声明了一个类AnotherClass，在第30行声明了一个枚举Days。在本例中，我们在结构体myStruct外部声明了类和枚举。但是，我们是可以在结构体内部声明枚举或类的。一个枚举、结构体或类可以嵌套在另一个结构体或类的内部。我们会在本书最后开发一个项目的时候提供一个在类内部声明枚举的例子。

要使用上面这个结构体，我们可以在Main()方法里添加如下代码：

```
MyStruct example = new MyStruct(2, 3, 5);
example.PrintStatement( );
```

如果我们运行这部分代码，我们会得到：

```
x = 3, y = 5, myDays = Mon
```

结构体和类之间主要有两个区别。首先，结构体中的数据类型不支持继承。因此你不能从一个结构体派生另一个结构体。但是，结构体可以实现接口，方式和在类中实现接口完全一致。更详细的信息可以参考第8章。

如果要查阅关于结构体和类的区别的完整列表，请进入Microsoft官方网站，单击右上角“所有Microsoft”，单击“Developer & IT”分类下“.NET”按钮，再单击“Docs”按钮，进入新页面后用右上角“搜索”功能搜索“Structs（C# Programming Guide）”，单击“结构-C#编程指南”链接，即可查阅。

第10章 LINQ

LINQ表示Language-Integrated Query，语言集成查询。它是C#中一个非常有趣的功能，它允许你在程序中进行数据查询。在本章中，我们会对LINQ进行主要的介绍，并提供两个如何使用LINQ的例子。

让我们先学习如何编写一个LINQ查询。LINQ查询的一个典型语法是：

```
from… where… orderby… select
```

假设我们有一个数字组成的数组，我们想要从数组中选择所有的偶数。使用LINQ我们可以轻松完成。

首先，让我们声明一个数组：

```
int[] numbers = { 0, 1, 2, 3, 4, 5, 6 };
```

接着，让我们像下面这样编写一个LINQ查询：

```
var evenNumQuery =
    from num in numbers
    where (num % 2) == 0
    select num;
```

第二行到第四行就是查询。有SQL经验的读者可能会发现这和SQL很相似。这个查询由三部分组成。第一部分：

```
from num in numbers
```

表明了我们正在数组numbers上应用一个查询。num是我们用来表示数组中单个元素的变量。下一行：

```
where (num % 2) == 0
```

会对单个元素进行测试，来判断num除以2的余数是否等于0。如果是的，num就是一个偶数。第三行：

```
select num;
```

选择了所有满足条件的元素。

这个结果之后会赋值给变量evenNumQuery，它被声明为var类型。var是一种特殊的数据类型，当我们想让编译器自己判断数据类型时，我们会使用它。这是必要的，因为在我们的例子中，evenNumQuery的数据类型非常复杂，因此我们最好让C#为我们分析出它的数据类型。

在新建查询语句之后，我们可以通过如下代码执行这条查询：

```
foreach (int i in evenNumQuery)
{
    Console.WriteLine("{0} is an even number", i);
}
```

如果你运行这块代码，你会得到：

```
0 is an even number
2 is an even number
4 is an even number
6 is an even number
```

就这样。使用LINQ是很简单的。让我们再学习一个更复杂一点的LINQ例子。

假设你有一个Customer类，它有属性Name、Phone、Address和Balance，还有一个用来初始化每个属性的构造函数。

我们可以使用下面的代码在我们的Main( )方法里新建一个Customer对象列表。

```
List<Customer> customers = new List<Customer>( );
customers.Add(new Customer("Alan", "80911291", "ABC
Street", 25.60m));
customers.Add(new Customer("Bill", "19872131", "DEF
Street", -32.1m));
customers.Add(new Customer("Carl", "29812371", "GHI
Street", -12.2m));
customers.Add(new Customer("David", "78612312", "JKL
Street", 12.6m));
```

现在假设我们想要搜索所有账户余额是负值的客户，我们可以使用下面这个LINQ查询：

```
var overdue =
    from cust in customers
    where cust.Balance < 0
```

```
orderby cust.Balance ascending
select new { cust.Name, cust.Balance };
```

这条查询和第一条查询类似，但有两个主要区别。这里，我们使用了两个额外的关键字orderby和ascending来将结果按照升序排序。

另外，我们在select语句中使用了new关键字。当我们想要从对象中选择不止一个字段时，我们需要用到new关键字。

要执行并打印结果，我们可以使用下面这个foreach循环：

```
foreach (var cust in overdue)
    Console.WriteLine("Name = {0}, Balance = {1}",
cust.Name, cust.Balance);
```

我们会得到：

```
Name = Bill, Balance = -32.1
Name = Carl, Balance = -12.2
```

第11章　文件处理

太厉害了！我们已经来到了最终项目开始前的最后一章。在本章中，我们会学习如何从外部文件读取数据以及如何将数据写入外部文件。

在之前的第5章，我们学习了使用ReadLine( )方法获取用户输入。但是，在某些情况下，让用户往程序中输入数据是不现实的，尤其是当我们的程序需要处理大量数据的时候。像这样的情况，一种更方便的方式是用一个外部文件作为需要准备的信息，然后让我们的程序从文件中读取信息。

C#提供了一些用来处理文件的类。我们在本章中将要见到的类有File、StreamWriter和StreamReader。这三个类都在命名空间System.IO中。要使用本章中的方法，你需要添加如下指令：

```
using System.IO;
```

才能开始编写你的代码。

从文件中读取文本

要从一个文本文档中读取数据，我们要使用StreamReader类。

假设我们想要从C盘中的“myFile.txt”文件中读取数据。下面的例子展示了如何实现这点：

```
1 string path = "c:\\myFile.txt";
2 using (StreamReader sr = new StreamReader(path))
3 {
4   while (sr.EndOfStream != true)
5   {
6       Console.WriteLine(sr.ReadLine( ));
7   }
8
9   sr.Close( );
10 }
```

在第1行，我们先声明一个string变量path，然后将文件的路径赋予它。

```
string path = "c:\\myFile.txt";
```

注意在编写文件路径时我们必须使用双斜杠\\。这是因为如果我们只使用了单斜杠，编译器会认为单斜杆是一个转义序列的开始，然后将\m理解为一个转义序列。这样就会导致错误。

在第2行，我们新建了StreamReader实例。StreamReader的构造函数接收一个参数——要读取的文件的路径。

```
StreamReader sr = new StreamReader(path)
```

注意我们在第2行中，我们在单词using之后的括号内部新建了一个StreamReader实例吗？

这里的using关键字和我们编写指令时使用using的是不一样的。

这里的using关键字确保了Dispose( )方法总是会被调用。Dispose( )方法是System命名空间里一个预编写的方法，它会关闭或释放未管理的资源，比如不再需要的文件和流对象。当我们使用using关键字时，即使有异常阻止我们的代码执行到第9行，也就是我们手动关闭文件的地方，我们也能确保Dispose( )方法会被调用。当你处理文件时，使用using关键字是一个很好的习惯。用来读取和关闭文件的代码将被封装在using语句后的花括号里{}。

第4行到第7行，我们使用了while循环来逐行读取文本文件：

```
while (sr.EndOfStream != true)
{
    Console.WriteLine(sr.ReadLine( ));
}
```

EndOfStream是StreamReader类的一个属性，当到达文件结束的地方时它会返回true。只要文件末尾没有到达，while循环会一直执行。

在while循环内部，我们有语句：

```
Console.WriteLine(sr.ReadLine( ));
```

sr.ReadLine( )从文本文件中读取一行数据，然后将它作为字符串返回。之后通过Console.WriteLine( )方法将这条字符串打印到屏幕上。

最后，在我们读取完文件后，我们要关闭这个文件，这样其他的程序就可以使用它了。一旦你不再需要使用文件了，你应该关闭它。

```
sr.Close( );
```

就这样。这就是在C#中如何读取一个文本文件的方法。很简单直白吧？

但是，上面这个代码会有一个问题。如果文件“myFile.txt”不存在，这段代码会产生一个错误。这里我们有两种解决方法：

选项1：try...catch

第一种是使用try...catch语句，如下所示：

```
1 try
2 {
3    using (StreamReader sr = new StreamReader(path))
4    {
5        while (!sr.EndOfStream)
6        {
7            Console.WriteLine(sr.ReadLine( ));
8        }
9        sr.Close( );
10   }
11 }catch (FileNotFoundException e)
12 {
13  Console.WriteLine(e.Message);
14 }
```

第1行到第11行，我们尝试在try代码块里打开、读取和关闭文件。

第11行到第14行，如果找不到文件，我们使用catch代码块来捕捉FileNotFound-Exception异常。在catch块内部，我们打印一条错误信息，用来通知用户文件没有找到。

选项2：File.Exists( )

第二种用来处理“未找到文件”的方法是使用File类中的Exists( )方法。正如它名字的意思，Exists( )方法会检查文件是否存在。File类是System.IO命名空间里预编写的类，它提供了单个文件的新建、拷贝、删除、移动和打开操作的静态方法。

要使用Exists( )方法，我们可以在使用StreamReader打开读取文件之前，先使用if语句来检查文件是否存在。

```
if (File.Exists(path))
{
    using (StreamReader sr = new StreamReader(path))
```

```
    {
        while (!sr.EndOfStream)
        {
            Console.WriteLine(sr.ReadLine( ));
        }
        sr.Close( );
    }
}else
{
    //处理其他的逻辑
}
```

在else代码块里，我们可以编写当文件没找到时新建文件的代码。

你可以看到，两种用来处理文件丢失情况的方法是很类似的。但是更推荐File.Exists( )方法，因为它比try… catch语句更快。

写入文本文件

接下来，让我们看下如何写入文本文件。

要写入文本文件，我们使用StreamWriter类。

如果你希望在一个已经存在的文件末尾继续添加内容，你可以像这样新建一个StreamWriter实例：

```
StreamWriter sw = new StreamWriter(path, true);
```

path是文件的路径，true指明我们想要附加数据。

如果你想要覆盖任何文件中已经存在的数据，你可以像这样新建一个StreamWriter实例：

```
StreamWriter sw = new StreamWriter(path);
```

当你新建一个StreamWriter实例时，构造函数会查找给予的路径对应的文件是否存在。如果文件不存在，它会创建这个文件。

在我们实例化我们的StreamWriter对象后，我们可以像下面这样使用WriteLine( ) 方法向文件中写入数据：

```
sw.WriteLine("It is easy to write to a file.");
```

当我们完成文件写入后，我们必须关闭文件，像这样：

```
sw.Close( );
```

注意，当你写入数据到一个文本文件时，将你的代码封装在一个using语句中是一个很好的习惯。下面这个例子包含了这里涉及的所有内容。

```
using System;
using System.Collections.Generic;
using System.Linq;
using System.Text;
using System.Threading.Tasks;
using System.IO;

namespace FileDemo
{
    class Program
    {
        static void Main(string[] args)
        {
            //声明文件的路径
            string path = "myfile.txt";

            //向文件写入
            using(StreamWriter sw=new
        StreamWriter(path, true))
            {
                sw.WriteLine("ABC");
                sw.WriteLine("DEF");
                sw.Close( );
            }

            //从文件读取
            if (File.Exists(path))
            {
                using(StreamReader sr=new
            StreamReader(path))
                {
                    while (!sr.EndOfStream)
                    {
                        Console.WriteLine(sr.
```

```
                    ReadLine( ));
                    }
                    sr.Close( );
                }
            }
            Console.Read( );
        }
    }
}
```

在这个例子中，当我们写入文件时，我们选择在它的末尾追加数据。当你第一次运行这个程序时，你会得到如下内容作为输出文件和屏幕上打印的内容：

```
ABC
EFG
```

如果你第二次运行这个程序，你会得到：

```
ABC
EFG
ABC
EFG
```

因为在本例中没有给出“myfile.txt”的完整路径，文本文件会被创建在和.exe文件相同的目录下，也就是FileDemo > FileDemo > Debug > Bin 文件下。

项目——一个简单的薪资软件

恭喜！

我们已经学完了C#所有的核心概念。在这最后一章，我们将实践一个完整的命令行应用程序，它会生成一个小公司的工资流水。

准备好了吗？

概览

让我们新建一个命令行程序，名为CSProject。

这个程序包含如下六个类：

```
Staff
Manager : Staff
Admin : Staff
FileReader
PaySlip
Program
```

Staff类包含公司中每个员工的信息。它也包含一个名为CalculatePay( )的虚方法，用来计算每个员工的薪水。

Manager和Admin类派生自Staff类，同时会覆盖CalculatePay( )方法。

FileReader类包含一个简单的方法，它从一个.txt文档中读取数据，然后根据这些数据内容新建一个Staff对象列表。

PaySlip类为公司里每位员工生成工资单。另外，它也会为每月工作低于10小时的员工生成信息摘要。

最后，Program类包含Main( )方法，它会作为我们程序的入口。

Staff类

首先，让我们从Staff开始。Staff类包含了一名员工的基本信息，同时提供了一个计算基本薪水的方法。它将作为两个派生类的父类。

字段

这个类有一个private float字段，名为hourlyRate；一个private int字段，名为hWorked。尝试自己声明这些字段。

属性

接下来，为类声明三个public的自动实现属性。这些属性是TotalPay、BasicPay和NameOfStaff。

TotalPay是一个float属性，包含一个protected的setter。BasicPay是一个float属性，包含一个private的setter。NameOfStaff是一个string属性，包含一个private的setter。三个属性的getter都是public的。因此，你不需要为这些getter声明访问修饰符，它们和属性有相同的访问级别。

除了这三个自动实现的方法，Staff类也有一个名为HoursWorked的public属性。这个属性的隐藏字段是hWorked。

这个属性有一个getter，简单返回了hWorked值。setter会检查赋予HoursWorked的值是否大于0。如果是，它会把value赋值给hWorked。如果不是，它会把0赋值给hWorked。尝试自己声明这个属性。你可以参考第7章的内容作为帮助。

构造函数

Staff类有一个public的构造函数，接收两个参数，name(string)和rate(float)。在构造函数内部，我们将这两个参数分别赋值给NameOfStaff属性和hourlyRate字段。尝试自己编写这个构造函数。

方法

现在让我们为这个类编写方法。

首先，我们需要编写名为CalculatePay( )的虚方法。

CalculatePay( )是public的，不带参数，也不返回值。这个方法做3件事情：

首先，它在屏幕上打印“Calculating Pay”。接着，它将hWorked*hourlyRate的值赋值给BasicPay属性。最后，它将BasicPay的值赋值给TotalPay属性。换句话说，BasicPay和TotalPay会有相同的值。尝试自己编写这个方法。

最后，编写ToString( )方法用来打印Staff类的字段和属性值。这就是Staff类所有的内容了。

下面这个列表是关于Staff类的小结：

字段

```
private float hourlyRate
private int hWorked (backing field for HoursWorked)
```

属性

```
public float TotalPay
public float BasicPay
public string NameOfStaff
public int HoursWorked
```

构造函数

```
public Staff(string name, float rate)
```

方法

```
public virtual void CalculatePay( )
public override string ToString( )
```

Manager : Staff类

接着，让我们编写Manager类。

字段

Manager类是Staff类的子类。它有一个名为managerHourlyRate的private const字段，为float类型，尝试自己声明这个字段，并把其值初始化为50。

属性

Manager也有一个名为Allowance的public的自动实现属性。Allowance是一个int类型，拥有一个private的setter。尝试编写这个属性。

构造函数

现在，让我们为Manager声明构造函数。Manager类有一个public的构造函数，它接收一个string参数：name。

构造函数的任务是调用父类的构造函数，同时将name参数和managerHourlyRate字段传递给父类构造函数。除了这些，子构造函数什么都没做。因此在子构造函数的花括号内部什么都没有。如果你在编写构造函数时遇到了问题，你可以参考下面Manager类的小结作为帮助。

方法

接下来，让我们编写一个方法用来覆盖Staff类中的CalculatePay( )方法。因为Manager是从Staff中派生的，它可以访问Staff类中的BasicPay、TotalPay和HoursWorked属性。

另外，Manager也有它自己的属性——Allowance。我们会在这个方法中使用这四个属性。

首先，让我们声明这个方法。CalculatePay( )是public的，不返回任何值。我们需要在声明这个方法时使用override关键字，因为它覆盖了Staff类中的CalculatePay( )方法。

在Manager类中的CalculatePay( )方法内部，我们应该先调用父类的CalculatePay( )方法，然后用它设置BasicPay和TotalPay的值。要调用父类中的虚方法，你必须使用base关键字。在CalculatePay( )方法中添加如下代码：

```
base.CalculatePay( );
```

它调用了基（父）类的CalculatePay( )方法来设置BasicPay和TotalPay的值。在设置了这两个属性的值后，让我们继续设置Allowance的值。我们将其设置为1000。

接着，我们想要修改TotalPay的值。根据基类中的CalculatePay( )方法，TotalPay和BasicPay的值相同，两者都等于hWorked和hourlyRate的乘积。

但是，在Manager子类中，我们通过增加一个补贴作为TotalPay的值。假设一名经理在当月工作满160小时，他/她会得到1000美元（约6729元人民币）的补贴。尝试使用if语句根据HoursWorked的值更新TotalPay的值。

在更新完TotalPay的值后，CalculatePay( )方法就完成了。

最后，我们需要为Manager类编写ToString( )方法。尝试编写这个方法。

这个一旦完成，Manager类就完成了 。下面的列表展示了Manager类的小结。

字段

```
private const float managerHourlyRate
```

属性

```
public int Allowance
```

构造函数

```
public Manager(string name) : base(name, managerHourlyRate)
```

方法

```
public override void CalculatePay( )
public override string ToString( )
```

Admin : Staff类

下一个类是Admin类，它也是派生自Staff类的。

字段

Admin类有两个private const字段：overtimeRate和adminHourlyRate。两个字段都是float类型。尝试声明这个字段，并将它们分别初始化为15.5和30。

属性

接下来，尝试声明一个public的自动实现属性Overtime。Overtime是一个float类型并且拥有一个private的setter。

构造函数

现在，让我们声明构造函数。和Manager类的构造函数类似，Admin类的构造函数是public的，带一个string参数name。它的任务就是简单地调用父构造函数，同时将参数name和字段adminHourlyRate的值传递给父构造函数。

方法

最后，我们可以为Admin类编写CalculatePay( )方法了。Admin类中的CalculatePay( )的方法和Manager类中的方法很类似。让我们先声明这个方法。

接着，在花括号内部，我们使用基类的CalculatePay( )方法来设置管理员工的

BasicPay和TotalPay属性。

在设置完这两个属性的值后，我们检查HourWorked是否大于160。如果是，我们要更新TotalPay属性的值。

假设一名管理员工工作超过160小时，他/她会在基本工资的基础上再得到一笔加班费。尝试使用if语句来判断是否需要更新一名管理员工的TotalPay属性。

加班工资可以根据下面这个公式计算：

```
Overtime = overtimeRate * (HoursWorked - 160);
```

overtimeRate是Admin类中的private字段，Overtime是同一个类中的属性，HoursWorked是继承自Staff类的属性。

结束了吗？

太好了！现在，去编写ToString( )方法。之后Admin类就完成了。下面的列表展示了这个类的小结。

字段

```
private const float overtimeRate
private const float adminHourlyRate
```

属性

```
public float Overtime
```

构造函数

```
public Admin(string name) : base(name, adminHourlyRate)
```

方法

```
public override void CalculatePay( )
public override string ToString( )
```

FileReader类

现在，我们可以开始编写FileReader类了。FileReader类相对简单直白。

它包含了一个public方法：ReadFile( )不带参数。这个方法返回了一个Staff对象组成的列表。这个方法可以像这样声明：

```
public List<Staff> ReadFile( )
{
}
```

ReadFile( )方法从一个.txt文档中读取数据，文档由员工名字和员工职位组成。格式如下：

```
Name of Staff, Position of Staff
```

例如：

```
Yvonne, Manager
Peter, Manager
John, Admin
Carol, Admin
```

文本文档的名字是“staff.txt”，然后存储在和.exe文件相同的文件夹下。你可以自己通过记事本新建这个文件并把它存储在.exe文件所在的位置，即CSProject > CSProject > Bin > Debug目录下。

现在，我们可以开始编写ReadFile( )方法了。我们首先声明4个本地变量，名为myStaff、result、path和 separator，如下：

```
List<Staff> myStaff = new List<Staff>( );
string[] result = new string[2];
string path = "staff.txt";
string[] separator = {", "};
```

接下来，我们使用if语句和File.Exists( )方法检查文件“staff.txt”是否存在。要使用File.Exists( )方法你需要添加指令：

```
using System.IO;
```

如果文件存在，我们使用StreamReader对象从文本文件中逐行读取数据（如果你需要帮助，可以参考第11章）。我们一次读取一行数据，并使用Split( )方法（参考第4章）将这行数据分割成两部分，然后将结果存储到result数组中。比如，当我们读取第一行，Split( )方法会将它分割成Yvonne和Manager两个字符串。因此，result[0] = "Yvonne"且result[1] = "Manager"。

根据result[1]的值，我们可以使用if语句，如果result[1]的值是Manager，则新建一个Manager对象，如果result[1]的值是Admin，则新建一个Admin对象。我们将这些对象添加到myStaff列表中。

在我们读取文件完成后，我们使用Close( )方法来关闭文件。

如果文件不存在，我们会打印一条消息来通知用户相关的错误。

最后，我们在if-else语句后返回一个myStaff列表给调用者。

这就是FileReader类的所有内容了。我们不需要为这个类声明一个构造函数。我们只需要使用C#为我们自动新建的默认构造函数即可。FileReader类的小结如下：

方法

```
public List<Staff> ReadFile( )
```

PaySlip类

现在，让我们编写PaySlip类。这个类和我们目前为止见过的类会有稍许不同。除了拥有字段、属性和构造函数，PaySlip类也有一个枚举变量，名为MonthOfYear。

字段

首先，让我们声明字段。这个类有两个名为month和year的private int字段。尝试声明它们。

枚举

接着，我们需要在PaySlip类内部声明一个名为MonthsOfYear的枚举。MonthsOfYear代表了一年的十二个月，比如JAN = 1、FEB = 2等。尝试自己声明这个枚举。你不需要为这个枚举指明具体的访问修饰符。在类内部声明的枚举默认是private的。

构造函数

现在，尝试在PaySlip类中添加构造函数。这个构造函数是public的，带两个int参数payMonth和payYear。在构造函数内部，我们分别将两个参数赋值给private字段month和year。

方法

接着，让我们编写GeneratePaySlip( )方法。这个方法接收一个由Staff对象组成的列表，同时不返回任何内容。方法的声明如下：

```
public void GeneratePaySlip(List<Staff> myStaff)
{
}
```

在方法内部，我们声明一个名为path的string变量。接着，仍是在GeneratePaySlip( )方法内部，我们使用一个foreach循环遍历myStaff中的元素。它可以这样实现：

```
foreach (Staff f in myStaff)
{
}
```

GeneratePaySlip( )方法剩下的所有内容都需要被添加到foreach循环的花括号里面。

首先，我们根据员工名字给path变量赋予一个值。

还记得Staff类中有一个名为NameOfStaff的属性吗？

假设NameOfStaff = "Yvonne"，我们就要将字符串“Yvonne.txt”赋值给path变量。

要如何做到这样呢？请尝试自己编写。（提示：你可以使用f.NameOfStaff访问员工的名字，使用+操作符为其添加“.txt”扩展名）

在赋值path之后，我们想要实例化一个StreamWriter对象，用来向path变量指明的路径上的文件写入数据。我们会覆盖文件中已经存在的内容，这样可以保证每次生成的工资单不会包含上个月的内容。如果你已经忘了如何使用StreamWriter类，请参考第11章。让我们将StreamWriter对象称为sw。

一名经理的工资单一般是这样的：

```
PAYSLIP FOR DEC 2010
==========================
Name of Staff: Yvonne
Hours Worked: 1231

Basic Pay: $61,550.00
Allowance: $1,000.00

==========================
```

```
10 Total Pay: $62,550.00
11 ============================
```

左侧的数字是用来方便引用的，它们不是真实工资单的一部分。

一名管理员工的工资单看起来差不多，除了第7行。对于一个管理员工，第7行看起来应该是这样的：

```
Overtime Pay: $1,286.50
```

现在让我们看下如何生成这样的工资单。

要写出第1行，我们需要访问类中的month和year字段。因为month是一个整数，我们需要将它转换为MonthsOfYear枚举类型，这样它就会被写为DEC，而不是12。下面这个语句展示了第1行要如何生成：

```
sw.WriteLine("PAYSLIP FOR {0} {1}", (MonthsOfYear)month,
year);;
```

第2行很容易写。它只是简单地由一系列等号(=)组成。自己尝试一下。

要写出第3行和第4行，我们需要访问Staff类的NameOfStaff和HoursWorked属性。下面的语句展示了第3行要如何生成：

```
sw.WriteLine("Name of Staff: {0}", f.NameOfStaff);
```

自己尝试写下第4行。

接着，我们使用了一个sw.WriteLine("");语句来打印一个空行。

要写出第6行，我们需要访问Staff类的BasicPay的属性。另外，我们也需要使用C修饰符来让BasicPay属性按照货币格式打印（参考第5章）。自己尝试一下。

第7行会难一点，因为我们需要在foreach循环里判断当前对象运行时的类型。我们在第8章里学习了如果做到这点。如果当前的实例是一个Manager对象，我们在Manager类访问并打印Allowance属性。要访问Manager类中的Allowance属性，我们需要这样写将f转换为Manager对象：

```
((Manager)f).Allowance
```

如果当前的实例是一个Admin对象，我们要访问并打印Admin类中的Overtime属性。尝试自己编写第7行输出。第8行是另一个空行，第9行由一系列等号组成。第10行展示了当前员工的总工资，我们可以从Staff类中的TotalPay属性中得到这个值。最后，第11行是另一行由等号组成的行。尝试自己编写它们的代码。

最后一点，在生成了每个员工的工资单后，我们需要使用sw.Close( )方法关闭文件。

这样GeneratePaySlip( )方法基本就写完了。一旦你完成了这个方法的代码编写，我们就可以开始编写PaySlip( )类中下一个方法了。

下一个方法生成了当月工作不满10小时的员工明细。让我们称这个方法为GenerateSummary( )。

和GeneratePaySlip( )方法类似，GenerateSummary( )方法是public的，它接受一个Staff对象列表，没有返回值。尝试自己编写这个方法。

在GenerateSummary( )方法内部，我们使用LINQ选取当月所有工作少于10小时的员工。我们需要知道这些员工的NameOfStaff和HoursWorked属性。另外，我们要将结果根据NameOfStaff进行升序排序。尝试自己编写这条 LINQ语句，然后将结果赋值给一个var变量，名为result。你可以参考第10章作为帮助。

做完了？好样的。

接下来，让我们声明一个字符串变量path，然后将字符串“summary.txt”赋值给它。

现在我们可以开始写入“summary.txt”了。声明一个StreamWriter实例来写入这个文件。一般“summary.txt”文件看起来像这样（左侧的数字是用来方便引用的）。

```
1    Staff with less than 10 working hours
2
3    Name of Staff: Carol, Hours Worked: 2
4    Name of Staff: Peter, Hours Worked: 6
```

第1行和第2行应该很容易编写。尝试自己编写它们。

要打印第3行和第4行，我们需要使用foreach循环遍历从LINQ语句中获得的result变量中的每个元素。尝试自己编写代码。

在打印结果后，你可以使用Close( )方法关闭“summary.txt”文件。

这就是GenerateSummary( )方法的所有内容了。

在编写完GenerateSummary( )方法后，我们只需要再编写ToString( )方法就行，这样我们的PaySlip类就完成了。下面的列表展示了PaySlip的小结。

字段

```
private int month
private int year
```

枚举

```
enum MonthsOfYear
```

构造函数

```
public PaySlip(int payMonth, int payYear)
```

方法

```
public void GeneratePaySlip(List<Staff> myStaff)
public void GenerateSummary(List<Staff> myStaff)
public override string ToString( )
```

Program类

现在我们来到了本项目中最重要的部分——Program类。Program类只有一个方法——Main()方法。

Main( )方法

首先，让我们在Main( )方法里声明4个本地变量。第一个是Staff对象列表。我们称这个列表为myStaff。下一个是一个名为fr的FileReader对象。剩下两个是int变量。让我们称它们为month和year并将它们初始化为0。尝试自己编写这些本地变量。

现在，我们会使用一个while循环和一个try catch语句来提示用户输入工资单的年份。如果它收到一个非法值，这个循环会重复提示用户输入年份。

要做到这点，我们可以像下面这样使用while循环：

```
while (year == 0)
{
  Console.Write("\nPlease enter the year: ");

  try
  {
        //将输入转换为一个整数的代码
```

```
8   }
9   catch (FormatException)
10  {
11        //处理异常的代码
12  }
13 }
```

在try代码块里（第7行），我们读取了用户输入的值，然后尝试将它转换为一个整数。之后我们将它赋值给变量year，如果会成功，year就不再是0了，while循环就会退出。尝试自己编写try代码块。

如果这个转换没有成功，我们会在catch代码块中捕捉这个错误，从而阻止程序崩溃。尝试在catch代码块中编写一条错误信息（第11行）。但转换不成功的时候，year会保持为0，while循环会继续。程序会一直提示用户输入年份，直到输入了一个有效值。

一旦完成了while代码块，你就可以开始编写用来提示用户输入月份的whlle代码块了。month变量的while代码块和year变量的非常类似。但是，对于month变量我们需要做更多的检验。

在try代码块里，我们首先尝试将输入转换为一个整数，然后将它赋值给month变量。如果成功，我们使用一条if语句来检查它是否小于1或大于12。如果是，则输入是非法的。我们会打印一条错误消息通知用户他们输入了一个非法值。另外，我们会把month重置为0，这样while循环就会继续执行。尝试自己编写这个try代码块。

在编写完try块后，你可以开始编写catch代码块用来提示用户这个错误。

完成了？好样的。

接下来，我们要在我们的myStaff列表中添加元素。我们可以使用fr对象来调用FileReader类中的ReadFile()方法来实现它，然后将结果赋值给myStaff。

接下来我们开始计算每个员工的薪水。我们可以使用下面的for循环。

```
for (int i = 0; i < myStaff.Count; i++)
{
    try
    {
    }
    catch (Exception e)
    {
```

```
        }
    }
```

在for循环内部，我们使用一个try catch语句。在try代码里，我们做这些事情：

首先，提示用户输入每个员工工作的时间。一个提示的例子是这样的：

```
Enter hours worked for Yvonne:
```

Yvonne是员工的名字。你可以使用myStaff[i].NameOfStaff访问每个员工的NameOfStaff属性。

接下来，读取用户输入，尝试将它转换为整数，然后赋值给Staff对象的HoursWorked属性。

之后，我们调用Staff对象的CalculatePay( )的方法来计算员工的薪水。

最后，我们使用ToString( )方法来获取Staff对象的信息，然后使用Console.WriteLine( )方法将信息打印在屏幕上。

尝试自己编写try代码块。

在catch代码块后面，我们尝试捕捉可能出现的任何错误。在catch代码块内部，我们仅仅是打印错误信息，并且把i的值递减1（i--;），这样for循环会再次迭代当前的staff对象，而不是指向myStaff中下一个元素。

尝试自己编写catch代码块。

我们就来到了for循环的最后一部分。我们现在已经准备好可以生成每个员工的工资单了。要实现这点，我们需要先声明并实例化一个PaySlip对象，让我们称之为ps。当我们实例化这个对象时，我们将变量month和year传递给构造函数。

接着，我们使用ps对象来调用GeneratePaySlip( )和GenerateSummary( )方法，然后将myStaff作为传入参数。最后，我们添加一条Console.Read( );语句用来阻止程序在结束后立刻退出。

做完了？

如果你成功编写了Main( )程序，快给你自己一个鼓励！你刚刚完成了一个完整的C#项目！干得漂亮！

如果你在编写的过程中有问题，不断停止尝试。你也可以参考附录A中建议的解决方案。

一旦你完成了编写Main()方法，你的项目就可以执行了。兴奋吗？开始吧！

单击“Start”按钮来运行程序，然后根据要求输入内容。生成的工资单可以在.exe文件相同的文件夹下找到，也就是CSProject > CSProject > Bin > Debug文件。尝试一些错误，比如说输入一些字母而不是数字。继续折腾一会儿程序，弄清楚它是怎么运作的。所有的东西都按照期望的运行了吗？如果是，漂亮！你完成了一项出色的工作！尝试想一想如何提升这个软件。比如，你可以包含一些更多的测试来确保用户输入了正确的year和HoursWorked的值。

如果你的代码没有正常工作，将它和示例代码作比较并尝试找到哪里出错了。在分析错误的时候你会学到很多。解决问题的过程就是乐趣所在，获得的收获也是最大的。享受吧，不要放弃！示例代码可以在附录A中找到。

感谢

我们已经来到了本书的末尾。感谢你阅读本书，我希望你从中获得了乐趣。更重要的是，我真心希望这本书能帮助你掌握C#编程的基础知识。

我知道你可能挑选了很多C#编程的书，但是你给予了本书一次机会。再次感谢你下载本书，并且从头到尾读完了。请尝试做一些练习和项目。通过实际操作你会学到很多。

现在，我想寻求一点小“帮助”。你可以花费一两分钟在亚马逊上为本书写下一条评论吗？

这个反馈会很大程度地帮助我继续编写更多关于编程的指导。如果你喜欢本书或者有一些提高的建议，请让我知道。我会非常感激的。

最后，记住你可以从learncodingfast网站下载到整个项目的源代码。

你也可以通过jamie@learncodingfast.com联系我。

附录A：项目代码

本程序的源代码可以在learncodingfast网站的csharp页面下载。

```
using System;
using System.Collections.Generic;
using System.Linq;
using System.Text;
using System.Threading.Tasks;
using System.IO;

namespace CSProject
{
   class Program
   {
      static void Main(string[] args)
      {
         List<Staff> myStaff = new List<Staff>();
         FileReader fr = new FileReader();
         int month = 0, year = 0;

         while (year == 0)
         {
            Console.Write("\nPlease enter the year: 
");

            try
            {
               year = 
Convert.ToInt32(Console.ReadLine());
            }
            catch (Exception e)
            {
               Console.WriteLine(e.Message + " Please 
try again.");
            }
         }

         while (month == 0)
```

```
        {
            Console.Write("\nPlease enter the month: ");

            try
            {
                month = Convert.ToInt32(Console.ReadLine());

                if (month < 1 || month > 12)
                {
                    Console.WriteLine("Month must be from 1 to 12. Please try again.");
                    month = 0;
                }
            }
            catch (Exception e)
            {
                Console.WriteLine(e.Message + " Please try again.");
            }
        }

        myStaff = fr.ReadFile();

        for (int i = 0; i< myStaff.Count; i++)
        {
            try
            {
                Console.Write("\nEnter hours worked for {0}: ", myStaff[i].NameOfStaff);
                myStaff[i].HoursWorked = Convert.ToInt32(Console.ReadLine());
                myStaff[i].CalculatePay();

                Console.WriteLine(myStaff[i].ToString());
            }
            catch (Exception e)
            {
                Console.WriteLine(e.Message);
                i--;
            }
        }
```

```
        PaySlip ps = new PaySlip(month, year);
        ps.GeneratePaySlip(myStaff);
        ps.GenerateSummary(myStaff);

        Console.Read();
    }
}

class Staff
{
    private float hourlyRate;
    private int hWorked;

    public float TotalPay { get; protected set; }
    public float BasicPay { get; private set; }
    public string NameOfStaff { get; private set; }

    public int HoursWorked
    {
        get
        {
            return hWorked;
        }
        set
        {
            if (value > 0)
                hWorked = value;
            else
                hWorked = 0;
        }
    }

    public Staff(string name, float rate)
    {
        NameOfStaff = name;
        hourlyRate = rate;
    }

    public virtual void CalculatePay()
    {
        Console.WriteLine("Calculating Pay...");

        BasicPay = hWorked * hourlyRate;
        TotalPay = BasicPay;
```

```
        }

        public override string ToString()
        {
            return "\nNameOfStaff = " + NameOfStaff
                + "\nhourlyRate = " + hourlyRate +
"\nhWorked = " + hWorked
                + "\nBasicPay = " + BasicPay +
"\n\nTotalPay = " + TotalPay;
        }
    }

    class Manager : Staff
    {
        private const float managerHourlyRate = 50;

        public int Allowance { get; private set; }

        public Manager(string name) : base(name,
managerHourlyRate) { }

        public override void CalculatePay()
        {
            base.CalculatePay();

            Allowance = 1000;

            if (HoursWorked > 160)
                TotalPay = BasicPay + Allowance;
        }

        public override string ToString()
        {
            return "\nNameOfStaff = " + NameOfStaff +
"\nmanagerHourlyRate = "
                + managerHourlyRate + "\nHoursWorked = "
+ HoursWorked + "\nBasicPay = "
                + BasicPay + "\nAllowance = " + Allowance
+ "\n\nTotalPay = " + TotalPay;
        }
    }

    class Admin : Staff
    {
```

```
    private const float overtimeRate = 15.5f;
    private const float adminHourlyRate = 30f;

    public float Overtime { get; private set; }

    public Admin(string name) : base(name,
adminHourlyRate) { }

    public override void CalculatePay()
    {
        base.CalculatePay();

        if (HoursWorked > 160)
            Overtime = overtimeRate * (HoursWorked -
160);
    }

    public override string ToString()
    {
        return "\nNameOfStaff = " + NameOfStaff
        + "\nadminHourlyRate = " + adminHourlyRate +
"\nHoursWorked = " + HoursWorked
        + "\nBasicPay = " + BasicPay + "\nOvertime =
" + Overtime
        + "\n\nTotalPay = " + TotalPay;
    }
  }

  class FileReader
  {
    public List<Staff> ReadFile()
    {
        List<Staff> myStaff = new List<Staff>();
        string[] result = new string[2];
        string path = "staff.txt";
        string[] separator = { ", " };

        if (File.Exists(path))
        {
            using (StreamReader sr = new
StreamReader(path))
            {
                while (!sr.EndOfStream)
                {
```

```
                    result =
sr.ReadLine().Split(separator,
StringSplitOptions.RemoveEmptyEntries);

                    if (result[1] == "Manager")
                        myStaff.Add(new
Manager(result[0]));
                    else if (result[1] == "Admin")
                        myStaff.Add(new
Admin(result[0]));
                }
                sr.Close();
            }
        }else
        {
            Console.WriteLine("Error: File does not
exist");
        }

        return myStaff;
    }
}

class PaySlip
{
    private int month;
    private int year;

    enum MonthsOfYear { JAN = 1, FEB = 2, MAR, APR,
MAY, JUN, JUL, AUG, SEP, OCT, NOV, DEC }

    public PaySlip(int payMonth, int payYear)
    {
        month = payMonth;
        year = payYear;
    }

    public void GeneratePaySlip(List<Staff>
myStaff)
    {
        string path;

        foreach (Staff f in myStaff)
        {
```

```
            path = f.NameOfStaff + ".txt";

            using (StreamWriter sw = new
StreamWriter(path))
            {
                sw.WriteLine("PAYSLIP FOR {0} {1}",
(MonthsOfYear)month, year);
                sw.WriteLine("====================");
                sw.WriteLine("Name of Staff: {0}",
f.NameOfStaff);
                sw.WriteLine("Hours Worked: {0}",
f.HoursWorked);
                sw.WriteLine("");
                sw.WriteLine("Basic Pay: {0:C}",
f.BasicPay);

                if (f.GetType() == typeof(Manager))
                    sw.WriteLine("Allowance: {0:C}",
((Manager)f).Allowance);
                else if (f.GetType() == typeof(Admin))
                    sw.WriteLine("Overtime: {0:C}",
((Admin)f).Overtime);

                sw.WriteLine("");
                sw.WriteLine("====================");
                sw.WriteLine("Total Pay: {0:C}",
f.TotalPay);
                sw.WriteLine("====================");

                sw.Close();
            }
        }

    }

    public void GenerateSummary(List<Staff>
myStaff)
    {
        var result
            = from f in myStaff
              where f.HoursWorked < 10
              orderby f.NameOfStaff ascending
              select new { f.NameOfStaff,
f.HoursWorked };
```

```
            string path = "summary.txt";

            using (StreamWriter sw = new
StreamWriter(path))
            {
               sw.WriteLine("Staff with less than 10
working hours");
               sw.WriteLine("");

               foreach (var f in result)
                  sw.WriteLine("Name of Staff: {0},
Hours Worked: {1}", f.NameOfStaff, f.HoursWorked);

               sw.Close();
            }
         }

         public override string ToString()
         {
            return "month = " + month + "year = " +
year;
         }
      }
   }
```

LEARN CSS IN ONE DAY AND LEARN IT WELL

从零起步学编程

CSS篇

[新加坡] Jamie Chan（杰米·陈） 著

程晨 耿宁子 黄一天 王磊 译

人民邮电出版社

北京

版权声明

内容提要

本书共四册，从零起步介绍关于Python、Java、C#、CSS这四种常用编程语言的基础知识和实践技巧。作者将以浅显易懂的方式来讲解看似复杂的概念，并通过精选项目来阐述相关问题，进而使你更加深入地理解Python、Java、C#、CSS编程的知识。本书四册全部提供项目的源代码以及附录内容，供读者下载并学习。本书适合无编程基础的读者阅读。

关于作者

杰米·陈（Jamie Chan）

拥有计算机科学专业硕士学位，目前是一名教师和自由程序员。她非常乐于向尽可能多的人分享编程的乐趣。多年的教学经历使她获得了把编程概念化繁为简的诀窍。在她出版的图书中，她尽力让编程的初学者都可以理解其中的概念并将之运用到操作中，在挑选样例方面更加用心，使得每个样例都非常典型地阐释了相关的概念，加深读者在实践中的理解。

关于译者
程晨

科技作家、创客布道师、2015 Intel软件创新大使、2017ELF全球杰出教育领袖；全国青少年创客教育联盟首席创客导师、全国青少年创客教育联盟创客技能测评标准组组长、中国电子学会全国青少年机器人技术等级考试标准工作组副组长、中国教育技术协会数字教育资源专业委员会专家、数十项科技创新大赛嘉宾评委；著有《我的Python世界：玩<Minecraft我的世界>学Python编程》《米思齐实战手册：Arduino图形化编程指南》《JavaScript网页游戏制作轻松学》等书，翻译出版人工智能、物联网、3D打印、机器人领域相关的多本图书；曾任北京航空航天大学、北京邮电大学特聘讲师，参与清华大学、北京科技大学等多个高校的创新性课程设计。

前言

本书旨在帮助你快速学习并掌握CSS。

本书不要求你有任何的编程基础。如果你是一个零基础的初学者，你会发现这本书以一种易于理解的方式解释了复杂的概念。如果你是一名经验丰富的编程人员，但对CSS不熟悉，本书将为你提供足够的深度，以便立即开始使用CSS编程。

本书中的所有示例和图像都经过精心挑选，以展示每个概念，以便你可以更深入地理解该语言。每章末尾还有练习。练习旨在帮助你进一步加强理解。所有练习的源代码可以在本书末尾的附录中找到。

此外，正如理查德·布兰森（Richard Branson）所说："学习任何事情的最好方法就是实践。"本书附带一个额外的奖励项目，你将完全从头开始编辑一个网页。该项目使用了本书中涵盖的概念，让你有机会了解它们是如何结合在一起的。

你可以在learncodingfast网站下载所有练习的项目和源代码。

联系信息

我非常乐意收到你们对本书的评价。

不管是反馈还是问询，你们都可以通过jamie@learncodingfast.com联系我。

目录

第1章　介绍

欢迎来到CSS世界。我非常高兴和荣幸你能阅读本书。在我们一起开始这个学习之旅之前，让我们首先看看什么是CSS。

CSS是Cascading Stylesheet的简写，可用于网站的样式和设计。它是Web程序员用于创建网站的众多语言之一。其他网络语言包括HTML、Javascript和PHP等。

HTML注重网站的内容和结构。由于在没有内容的情况下网站的存在毫无意义，因此了解HTML对于任何对网络编程感兴趣的人都至关重要。本书将首先介绍HTML，涉及一些你需要了解的HTML基础知识。虽然涉及的内容并不全面，但它应该足以让你执行大部分必要的HTML任务。如果你非常熟悉HTML，那么可以直接跳至第3章。

商业工具

在我们开始编写HTML和CSS页面之前，让我们先来看一些推荐的Web编程工具。

在最基本的层面上，其实你只需要一个Web浏览器（例如Internet Explorer、Chrome、Safari、Firefox）和一个文本编辑器（例如记事本）就可以开始编辑网站了。不过，除非你属于那种认为真正的程序员不应该使用任何编程辅助工具的思想流派，否则我强烈建议你使用网上提供的一些免费工具，以便让你的编程生活更轻松。

最值得推荐的工具之一是能提供语法高亮显示的高级文本编辑器。语法高亮表示编辑器将根据文本的不同用途让文本显示不同的颜色。例如，编辑器可以使用红色表示关键字，蓝色表示注释，绿色表示变量。这个简单的功能将使你的代码更容易阅读和调试。如果你使用的是Windows，我建议使用Notepad++。对于Mac，我建议使用TextWrangler。两者都可以免费使用。

打开一个.HTML文件

一个.HTML文件可以通过两种方式打开。一种方法是双击文件在Web浏览器中打开它。 这是用于查看页面的。另一种方法是在文本编辑器中打开它进行编辑。为此，要首先启动文本编辑器，然后在编辑器中打开该文件。

当打开HTML文件时，我建议你同时在浏览器和文本编辑器中打开文件，并将两个窗口并排放置。这样，你可以在编辑器上编辑并保存代码，然后转到浏览器刷新页面即可检查你所做更改的效果。在处理第3章到第10章的练习时，你可以遵循这种形式。

第2章　HTML基础

现在我们已经介绍了Web编程的基本内容，让我们开始学习一些实际的HTML代码。在本章中，我们将介绍HTML的基本要素。如果你熟悉HTML，则可以跳过本章直接阅读第3章。

对于那些刚接触HTML的人，让我们继续吧。

什么是HTML

HTML即超文本标记语言（Hypertext Markup Language），是Web程序员用来向网页添加内容的语言。标记语言只是一种用于注释文档的语言，用于解释文本的不同部分以及它们应如何呈现。例如，我们可以使用HTML来指定内容是以列表形式还是以表格形式呈现。当前的HTML版本是HTML5。

对于HTML来说最好的一点就是网页的源代码是免费供所有人查看的。 这让我们可以通过研究其他网页的代码轻松学习HTML。要在Windows上查看网页的源代码，只需右键单击页面上的任意位置，然后选择“查看源代码”（或类似的内容，例如“查看网页源代码”，具体取决于你使用的浏览器）。如果你使用的是Mac，请单击菜单栏中的“查看”，选择“开发人员”，然后选择“查看源”。

你查看的大多数源代码看起来都非常复杂，尤其是如果你没有HTML的相关知识。不过别担心，很快，你就能够自己编写这样的“复杂”代码了。

为了更好地理解HTML5的工作原理，让我们首先看看HTML文档的基本结构。

HTML页面的基本结构

基本HTML文档的示例如下所示。我在代码的每一行旁边添加了数字，以供参考。这些数字不是实际代码的一部分。

```
1  <!doctype html>
2  <html>
```

```
3 <head>
4     <title>My First HTML Page</title>
5 </head>
6 <body>
7     <p>This is just text</p>
8     <img src="someimage.jpg" alt="Just some image">
9 </body>
10 </html>
```

从上面的代码中可以看出，HTML使用了很多尖括号，其中包含一个单词，例如<head>和<body>，这些被称为标记，每个标记在HTML中都具有特定含义。

Doctype（文档类型）

在第1行，<!doctype html>标记告诉浏览器该文档使用HTML5。如果你查看一些旧网页的源代码，可能会看到类似<!DOCTYPE HTML PUBLIC "-//W3C//DTD HTML 4.01//EN" "http://www.w3.org/TR/html4/strict.dtd">这样的内容。这意味着它们使用的是其他版本的HTML，例如这里是HTML4.01。

开始和结束标记

在第2行，<html>标记告诉浏览器实际的HTML代码从这里开始。HTML中的大多数标记都有相应的结束标记。<html>标记的结束标记位于第10行。它在单词html之前有一个额外的正斜杠（/）。

注意，并非HTML中的所有标记都包含结束标记。例如，用于向我们的网页添加图像的<img>标记没有结束标记。通常，当我们需要让浏览器知道标签的结果应该结束的位置时，需要一个结束标记。例如，如果我们想在HTML中加粗一些文本，我们可以这样写：

```
This text is <strong>important</strong>, but this text is not.
```

我们将得到如下输出：

This text is **important**，but this text is not.

<strong>标记和</ strong>标记告诉浏览器应该从哪里开始加粗效果以及应该在哪里结束。相反，我们没有必要告诉浏览器插入的图像应该在哪里结束。因此，<img>标记不需要结束标记。

Head元素

第3行是以head元素开头的。

从广义上讲，HTML文档主要由两个元素组成，即head和body元素。

head元素提供有关文档的一般信息，包括元数据、标题和其他资源的链接。它从第3行的<head>标记开始，到第5行的</ head>标记结束。在<head> ... </ head>标记内，我们附上了其他标签，以提供有关文档的所有这些背后的信息。

在我们的示例中，我们仅在head元素中包含有关标题的信息。title元素（第4行）中的内容是浏览器在其标题栏或页面选项卡上显示出来的标题。在这种情况下，将显示文本My First HTML Page。我们将在后面的部分介绍在head元素中使用的更多标记。

Body元素

第6行开始是body元素。<body>...</body>标记中的内容将显示在网页上。在我们的示例中，将显示文本This is just text和图像someimage.jpg。

我们可以在<body>...</body>标记内使用很多其他标记，例如用于添加图像的<img>标记，用于显示表格的<table>标记和用于添加列表的<ul>标记。我们稍后会详细介绍它们。

要了解它是怎么工作的，可以从本书对应的网站（learncodingfast网站的css页面）上下载本章的代码。源代码可以在第2章——HTML基础的文件夹中找到。双击HTML文件就能够启动它。

在处理本书附带的奖励项目时，本书还会引导你完成实际的HTML文档的代码编写。源代码可以在Bonus Project\Answers的文件夹中找到。

Head元素中的元素

现在我们已经了解了HTML是如何工作的，让我们详细了解一下head元素。

如上所述，head元素提供有关文档的一般信息，例如其元数据、标题和外部资源的链接。 让我们看一下head元素中的一些标记。

<meta>

<meta>标记包含在<head>…</head>标记内，用于向浏览器、搜索引擎或其他Web服务提供有关网站的其他信息。这些信息不会显示在页面本身上。<meta>标记没有结束标记。

<meta>标记的一个常见用途是为搜索引擎提供关键字。比如说：

```
<meta name="keywords" content="HTML, CSS, Learn in One Day">
```

你可能会注意到此标记比我们之前讨论的标记长很多。这是因为<meta>标记有两个属性，name和content。

name用于指定标记包含的信息类型（本例中为关键字），而content用于指定信息的内容。

你还可以使用name = description属性来说明你的网站。比如说：

```
<meta name="description" content="This is my first Website.
It teaches you how to use HTML and CSS">
```

<meta>标记的另一个常见用途是使用它来指定浏览器应如何控制页面缩放级别和尺寸。这是使用name = viewport属性完成的。例如，你可以写：

```
<meta name="viewport" content="width=300, initial-scale=1">
```

width = 300会将窗口的宽度设置为等于300像素。一个像素px等于计算机屏幕上的一个点。

当你将窗口设置为300px，而同时你的图像宽度为500像素的时候，那么你将只会看到图像的一部分，因为图像的宽度大于窗口的宽度。要查看图像的其余部分，你必须滚动页面。相反，如果将窗口设置为500px，则将显示整个图像，而无需滚动页面。而如果将窗口设置为1000px，则也能显示整个图像，不过图像会比较小，只占屏幕宽度的一半。

initial-scale = 1设置浏览器首次加载页面时的初始缩放级别（本例中为1x）。

如果你有兴趣了解有关窗口如何工作的更多信息，可以查看Apple Developer官网上的相关信息。

<title>...</title>

<title>标记用于定义浏览器应在其标题栏或页面选项卡上显示的标题。

<style>...</style>

<style>标记用于将内部CSS代码添加到HTML文档中。我们将在第3章学习相关内容。

例如：

```
<style type="text/css">
body {
  …
}
</style>
```

<link>

<link>标记用于链接到外部资源，常用于链接到外部CSS样式表。这个标记不需要结束标记。

例如：

```
<link rel="stylesheet" type="text/css" href="mystyle.css">
```

rel和type属性只是告诉浏览器你链接到CSS样式表。你无需修改它们。你需要修改的唯一属性是href属性。此属性用于表示CSS文件的路径。

如何写入外部文件的路径

任何外部文件的路径始终从HTML文档的当前文件夹开始。假设我们有五个文件夹：User、Documents、MyWebsite、MyCSS和MoreCSS，而这5个文件夹的结构如下：

User > Documents > MyWebsite > MyCSS > MoreCSS

也就是说，User文件夹包含Documents文件夹，Documents文件夹又包含MyWebsite文件夹。而在MyWesbite文件夹中，我们有MyCSS文件夹，其中又包含MoreCSS文件夹。

如果你打开了MyWebsite中的HTML文件，想要链接到相同文件夹中的mystyle.css文件，则只需编写href = "mystyle.css"即可。

但是，如果mystyle.css位于MyCSS文件夹中（向下一级），则必须编写href = "MyCSS/mystyle.css"。而如果它在MoreCSS文件夹中（两级向下），那么你必须编写href = "MyCSS/MoreCSS/mystyle.css "

如果mystyle.css位于Documents文件夹中（上一级），则必须使用../来向上移动一级。你可以编写href = "../mystyle.css"。如果它位于User文件夹中，则必须向上移动两级。你可以编写href = "../../mystyle.css"。

Body元素中的元素

现在我们已经介绍了head元素中的元素，接下来让我们继续介绍body元素。

向页面添加内容的元素

首先，让我们讨论一些常用的元素，这些元素能够用于向我们的网页添加内容。这些标记包含在<body>...</body>标记内。

<p>...</p>

这是段落标记，用于向页面添加文本。两个标记中的任何内容都将显示为段落。默认情况下，大多数浏览器会在段落前后各添加一行。

例如：

```
<p>This is a paragraph</p>
```

<img>

<img>标记用于向你的网页添加图片。它会要求你提供一些其他信息，如图像的位置、高度和宽度等。<img>标记的常用属性包括：

`src:`
代表“源”，用于表示图像的存放地址。src属性是必须提供的。

`height:`
用于指定希望图像显示的高度。

`width:`
用于指定希望图像显示的宽度。

`alt:`
代表“备用”，用于指定图像无法加载时显示的文本。

例如：

```
<img src="images/myImage.jpg" height="100px" width="100px"
alt="My Image">
```

这将在网页中插入图片myImage.jpg。图像将缩放为100px × 100px的大小。如果图像无法加载，则会显示文本My Image。

<a>...</a>

<a>标记用来插入超链接。<a>标记最重要的属性是href，它用于指定网页链接的URL。

例如：

```
<a href="http://www.learncodingfast.com">Click here to go
to Learn Coding Fast</a>
```

对应的输出为：

Click here to go to Learn Coding Fast

点击该链接即可转到Learn Coding Fast的网站。

<h1>...</h1>到<h6>...</h6>

<h1>到<h6>标记是标题标记，用于定义HTML标题。<h1>是最重要的标题，<h6>是最不重要的标题。标题标签内的文本通常在浏览器上以较大的字体显示，其中h1具有最大的字体，h6具有最小的字体。

例如：

```
<h1>This is the most important heading.</h1>
<h2>This is the second most important heading.</h2>
```

对应的输出为：

This is the most important heading.

This is the second most important heading.

<ol>...</ol>和<li>...</li>

<ol>标记代表有序列表，用于创建包含数字或字母作为列表标记的列表。

例如：

```
<ol>
  <li>Chocolate</li>
  <li>Strawberry</li>
  <li>Vanilla</li>
</ol>
```

对应的输出为：

1. Chocolate

2. Strawberry

3. Vanilla

<ul>...</ul> and <li>...</li>

<ul>标记代表无序列表，类似于<ol>标记。但是，它不使用数字或字母作为列表标记，而使用其他形状（例如点或空心圆）。

<table>...</table>, <tr>...</tr>, <th>...<th>, <td>...</td>

<table>标记用于创建表。<tr>代表“表的行”，<th>代表“表头”，<td>代表“表中的数据”。表在HTML中是逐行创建的。

例如（数字不是代码的部分）：

```
1  <table>
2    <tr>
3       <th>Name</th>
4       <th>Gender</th>
5    </tr>
6    <tr>
7       <td>Abigail</td>
8       <td>F</td>
9    </tr>
10   <tr>
11      <td>Benny</td>
12      <td>M</td>
13   </tr>
14 </table>
```

此代码将为你创建一个3行2列的表。第2行到第5行定义了表的第一行，它是使用<th>标记来设定表的标题行。第6行到第9行定义第二行，第10行到13行定义第三行。根据你在CSS中为表格设置的样式，你将得到一个类似于下面的表：

Name	Gender
Abigail	F
Benny	M

与CSS结合使用的元素

有两个特殊的HTML元素在HTML中没有任何固有的含义。它们主要与CSS结合使用以设置网页的特定部分的样式。这两个元素是div和span。

<div>...</div>

<div>代表“分割”，用于定义HTML文档中的分区或章节。<div>标记通常与CSS结合使用，以格式化<div>...</div>标记内的内容。

举例来说，如果你编写

```
<div>
      This is some division in the HTML document.
      <ol>
            <li>Chocolate</li>
            <li>Strawberry</li>
            <li>Vanilla</li>
      </ol>
</div>
```

我们可以使用CSS来格式化div标签内的所有内容（即文本和有序列表）。我们将在下一章学习如何来实现它。

<span>...</span>

<span>标记类似于<div>标记。主要区别在于<div>是模块元素，而<span>是内联元素。

模块元素是以新换行为开始和结束的元素。而内联元素不会以新换行开始或结束。例如，如果我们编写：

```
This is a <div>block element</div>, while this is an
<span>inline</span> element.
```

我们将得到：

```
This is a
block element
, while this is an inline element.
```

由于短语block element标有<div>标记，因此它以新行开始和结束。而另一方面，单词inline是一个内联元素，不会以新行开始或结束。通常，我们倾向于使用<div>来包装文档的各个部分，而<span>用于包装文本、图像等内容的一小部分。

用于将Javascript代码添加到网站的元素

<script>...</script>

<script>标记用于将内部Javascript代码添加到HTML文档或链接到外部脚本。Javascript是一种脚本语言，可以为我们的网站增加交互性。

例如（增加内部JS代码）：

```
<script>
document.getElementById("para1").innerHTML = "Hello
JavaScript!";
</script>
```

在例如（链接到到外部JS脚本）：

```
<script type="text/javascript" src="myscripts.js"></
script>
```

格式化文本的元素

<strong>...</strong>

<strong>标记用于定义重要文本。大多数浏览器都会加粗标记的文字。

例如：

```
The examination will be held on <strong>12 Jan at 2pm</
strong>. Latecomers will not be allowed into the hall.
```

对应的输出为：

The examination will be held on **12 Jan at 2pm** . Latecomers will not be allowed into the hall.

<em>...</em>

<em>标签用于定义要强调的文本。大多数浏览器都会以斜体形式显示文本。

例如：

```
The examination will be held on 12 Jan at 2pm. Latecomers
<em>will not</em> be allowed into the hall.
```

对应的输出为：

The examination will be held on 12 Jan at 2pm. Latecomers *will not* be allowed into the hall.

用于定义网页部分的元素

HTML还附带了一些标记，用于定义网页的各个部分。这些标记作用不大，其目的只是向浏览器和开发者指示它们所包含的内容属于哪个部分。

<header>...</header>

header元素定义网页的顶部，通常包含网站的标识或头图。不要将header元素与head元素混淆。head元素定义场景背后的所有内容，不会显示在页面上。而，header元素定义了要在网站顶部显示的内容。

<nav>...</nav>

nav代表导航，用于定义一组导航链接（即菜单）。

<main>...</main>

main元素用于定义页面的主要部分。

<footer>...</footer>

footer元素对应于header元素，用于定义网页的页脚（即底部）。header元素和footer元素类似于MS Word文档的“页眉”和“页脚”部分。对于Word文档，我们通常使用页脚来显示页码。在网站上，我们通常使用它来包含其他链接和信息（例如联系信息和版权信息）。

注意，上述所有4个元素都包含在<body>...</body>中。 它们的目的主要是将<body>元素进一步细分为不同的部分。下面的代码显示了如何使用这些元素。

```
<!doctype html>
<html>
<head><title>An example</titlte></head>
<body>
      <header>
      <!-- Insert Banner or Logo Here -->
      </header>
      <nav>
      <!-- Insert Navigation Links Here -->
      </nav>
```

```
        <main>
        <!-- Insert Main Content Here -->
        </main>
        <footer>
        <!-- Insert Footer Here -->
        </footer>
    </body>
    </html>
```

注释

注意，在前面的示例中，我们使用了很多<!– 和 –>的符号，这些被称为注释。

大多数情况下，当我们编程时，需要在代码中添加注释，以便于阅读和理解。如果我们与其他程序员合作，或者需要在以后编辑源代码，这一点非常重要，注释不会显示在浏览器中，它们只是被添加来解释我们的代码。

要为HTML文档添加注释，我们可以使用标记<!--... -->。

例如：

```
<!--这是注释，不会显示在浏览器中-->
```

字符实体

某些字符在HTML中具有预设定的含义，它们保留用于特定用途。例如，小于号（<）用于启动所有标签。如果我们需要在网页上显示5 <12的文本，怎么做呢?

为此，我们需要使用字符实体。字符实体始终以&符号开头，以分号（;）结尾。有两种方法可以显示小于号。我们可以写< 或< 。第一个形式称为实体名称，而后者称为实体编号。实体名称更容易记住（lt代表小于），但某些浏览器不支持所有实体名称。而另一方面，实体数字更难记忆，不过支持更好。

常用的字符实体包括

小于号(<)

```
&lt; 或 &#60;
```

大于号(>)

```
&gt; 或 &#62;
```

&符号

```
&amp; 或 &#38;
```

例如，如果要在网站上显示5 <12，则在HTML代码中要将其写为5<12。

另一个常用的字符实体是非中断空格（ ）。非中断空格实体用于显示连续空格。默认情况下，HTML无法识别连续的空格。如果在HTML代码中写入5个空格，则浏览器将删除其中的4个空格并仅显示一个空格。例如，如果你编写：

```
"There are 5 spaces     here"
```

此时浏览器的显示为：

```
"There are 5 spaces here".
```

如果要显示多个空格，则需要这样编写：

```
"There are 5 spaces     here".
```

第3章　CSS基础

现在我们已经介绍了不少HTML的内容，本章让我们回到CSS。CSS是Cascading Stylesheet的简写，顾名思义，CSS都是关于样式的，利用它会让你的网站看起来非常好看。

CSS的最新版本是CSS3。与先前版本的CSS（即CSS1和CSS2.1）不同，CSS3将语言拆分为不同的模块，以便能够以不同的步调单独开发每个模块。每个模块都添加了新功能或扩展了之前在CSS 2.1中定义的功能。从本质上讲，CSS3只是CSS2.1的扩展。

本书介绍了CSS2.1的核心属性以及CSS3中引入的一些新属性。掌握核心属性后，你将能够毫无难度地转到CSS3中新添加的高级属性。这些高级属性让你的网站有更加奇特的样式，例如添加过渡和动画。

在本章中，我们将介绍CSS的基础知识，包括其语法和优先顺序。但是，在进入CSS语法之前，让我们首先学习如何将CSS的规则添加到我们的网站中。

应用CSS代码

将CSS代码应用于我们的网站有三种方法。

第一种是链接外部文件。这是一般推荐的方法。链接需要我们在单独的文本文件中编写CSS规则并使用.css扩展名保存文件。将规则添加到HTML代码的语法是：

```
<link rel="stylesheet" type="text/css" href="style.css">
```

将<link>标记添加到head元素的<head>...</head>标记之间。前两个属性rel和type是告诉浏览器这是一个CSS样式表，你无需修改它们。最后一个属性href是指定要链接到的CSS文件的路径的位置。CSS文件只是一个包含CSS规则的文件，没有任何HTML标记。例子如下所示。如果你无法理解这段代码，不要担心，我们很快就会介绍它们。

```
body {
      margin: 0;
```

```
        background-color: green;
    }
```

将此代码保存为style.css，并将其放在与.html文件相同的文件夹中。之后，你就可以使用上面的<link>标记将此CSS文件链接到HTML文件中。

将CSS规则添加到我们网站的第二种方法是将代码直接嵌入到HTML源代码中的head元素中。这是通过<style>标签完成的，举例如下。嵌入的CSS代码以<style>标记开始，以</style>标记结束。

```
<head>
        <style>
        div {
                color: blue;
                width: 100px;
                height: 200px;
        }
        </style>
</head>
```

最后一种方法是使用内联CSS。可以使用style属性在要应用它的元素的开始标记中指定内联CSS。每个规则以分号（;）结尾。举例如下：

```
<div style="text-decoration:underline; color:blue;">Some
text</div>
```

在这三种方法中，链接是首选方法。链接会将HTML内容文件与样式规则文件分开，这样代码维护会变得更加容易。另外当我们需要将相同的CSS规则应用于多个网页时，这种方法也非常有用。

另一方面，当规则仅适用于一个网页时，通常使用嵌入式CSS。

当规则仅应用于一个元素时，或者当你想要覆盖某一个元素的其他CSS规则时，使用内联CSS则非常方便。这是因为内联CSS的优先级高于其他两种方法添加的CSS代码。我们将在本章后面讨论优先顺序。但是，内联CSS是将样式与内容混合在一起的，所以我们还是应尽可能避免使用它。

CSS规则的语法

现在我们知道如何将CSS规则应用于我们的HTML文件，让我们继续学习一些实际的CSS代码。学习CSS的第一件事是它的语法，这相对简单。具体的语法是：

```
selector { property : value; property : value; property :
value; }
```

举例来说，如果要设置<div>标记中内容的样式，则编写的规则为：

```
div {
  background-color: green;
  font-size: 12px;
}
```

第一个单词div是标记选择。它告诉浏览器大括号{}内的规则适用于带有<div>标记的所有元素。

在大括号内，你可以编写所有声明。声明首先写要设置什么属性（声明中的第一个是background-color），然后是冒号（:）。接下来，给出想要设置的值（这里是green）。最后，使用分号（;）结束这个声明。

缩进和换行在CSS中都无关紧要。你也可以这样编写你的声明：

```
div { background-color: green; font-size: 12px;
      }
```

非常直观吧？好的，让我们继续……

选择元素

在上面的示例中，大括号中声明的规则将应用于<div>标记的所有元素。但是，大多数情况下，我们需要更灵活的变化。假设你希望一个<div>元素的字体大小为12px，而另一个<div>元素的字体大小为14px。你会怎么做呢？

选择类和ID

有两种基本方法可以使用。第一种方法是使用id属性。在HTML文档中，你不仅可以使用<div>标记，还可以添加id属性。例如，你可以输入以下内容：

```
<div id="para1">
      Some text.
</div>

<div id="para2">
      More text.
</div>
```

在CSS代码中，通过在id名称前添加#号可以选择相应的id。举例如下：

```
div {
  background-color: green;
}

#para1
{
  font-size: 12px;
}

#para2
{
  font-size: 14px;
}
```

第一条规则适用于<div>标记的所有元素。第二条规则仅适用于id="para1"的元素。第三条规则仅适用于id ="para2"的元素。

除了使用#para1选择之外，你还可以更明确地使用div#para1，这里在#号之前和之后没有空格。两种方法都将选择相同的元素，但第二种方法具有更高的优先级（稍后会详细介绍）。

注意，id在页面中应该是唯一的，不允许使用两个<div id ="para1">标记。一个<div id ="para1">和一个<p id ="para1">标记也是不允许的，因为它们具有相同的id。即使你有两个相同id的元素，你的HTML和CSS代码仍然有效，但当你开始在你的网站上使用Javascript或其他脚本语言时，就会出现问题。

如果需要将相同的CSS规则应用于两个不同的元素，则可以使用类（class）。类与id类似，但类不必是唯一的。此外，id的优先级高于类。

现在，参考以下代码：

```
<div class="myclass1">
      Some text.
</div>

<p class="myclass1">
      More text.
</p>

<div>
```

```
        Yet more text.
</div>
```

如果你想选择所有的<div>元素（即第一个和第三个元素），则可以编写：

```
div { … }
```

如果你想选择所有的class=“myclass1”的元素（即第一个和第二个元素），则可以在类名前面记一个点（.），如下所示：

```
.myclass1 { … }
```

如果你只想选择带有class ="myclass1"的<p>标记（即第二个元素），则可以编写：

```
p.myclass { … }
```

点之前和之后都没有空格。

一个元素可以有多个类。多个类在HTML属性中用空格分隔。例如，下面的div就有两个类：myclass1和myclass2。

```
<div class="myclass1 myclass2">
…
</div>
```

如果我们有如下的CSS代码：

```
.myclass1 { … }

.myclass2 { … }
```

则myclass1和myclass2的规则都将适用于上面的<div>。

更多的选择方式

除了通过id和class选择元素之外，CSS还提供了多种方法来指定我们要选择的元素。

选择多个元素

例如，我们可以一次选择多个元素。如果我们要选择<div>、<p>和<ul>元素，则可以这样编写：

```
div, p, ul { … }
```

选择子元素

如果我们想选择<div>元素中所有<p>元素，则可以编写：

```
div p { … }
```

注意，div和p之间没有逗号。在这种情况下，CSS规则仅适用于<div>元素中的<p>元素。例如，假设我们有如下的HTML结构，那么规则将适用于'I am a paragraph inside div'，而不是'I am a stand-alone paragraph'。

```
<div>
      <p>I am a paragraph inside div</p>
</div>

<p>I am a stand-alone paragraph</p>
```

第一段'I am a paragraph inside div'被称为<div>标记的子元素，因为它的开始和结束标记（<p>和</ p>）完全位于<div> … </ div>标记中。

按属性选择

你还可以根据其属性选择元素。如果要选择链接到learncodingfast网站的所有超链接，那么可以这样编写：

```
a[href="http://www.learncodingfast.com"]  { … }
```

方括号前没有空格。如果有以下HTML代码，则只会选择第一个链接。

```
<a href="http://www.learncodingfast.com">Learn Coding Fast</a>
<a href="http://www.microsoft.com">Microsoft</a>
```

选择伪类

另一个常用的选择方式是选择伪类。伪类指的是元素的特殊状态。最常见的伪类是<a> … </a>元素的伪类。超链接可以处于以下4种状态之一：

link（未访问的链接）

visited（访问过的链接）

hover（当用户将鼠标悬停在上面时）

active（单击链接时）

我们可以根据它所处的状态选择一个超链接。例如，要选择hover状态，则可以编写：

```
a:hover { … }
```

关键字hover使用冒号（:）添加到选择的后面，冒号前后没有空格。我们在第9章中选择和设置超链接的不同状态的概念中继续讨论这部分内容。

除了选择超链接的不同状态外，我们还可以使用伪类来选择子元素。假设我们有一个<div>元素，其中有3个<p>子元素：

```
<div>
      <p>I am the first child</p>
      <p>I am the second child</p>
      <p>I am the third child</p>
</div>
```

我们可以使用first-child伪类来选择第一个<p>元素。我们还可以使用last-child伪类来选择最后一个子元素或nth-child（n）伪类来选择第n个子元素。

例如，如果我们编写：

```
p:nth-child(2) { … }
```

那么我们将选择段落'I am the second child'，因为括号（）中的数字是2。

选择伪元素

除了伪类之外，CSS还有伪元素的概念。伪元素是指元素的指定部分，例如元素的第一个字母或第一行。

例如，假设我们有以下<p>元素：

```
<p>This is some text.</p>
```

我们可以这样来选择第一个字母（T）：

```
p::first-letter { … }
```

注意，这里使用的是双冒号。另一个伪元素是first-line元素。这将选择文本的第一行。

最后，我们可以使用before和after伪元素在元素内容之前或之后插入内容。例如，假设我们想在所有H1元素之后添加感叹号，则可以这样编写：

```
h1::after {
      content: "!";
}
```

这将在所有H1元素后自动加上感叹号。如果我们有以下HTML代码：

```
<h1>This is a heading</h1>
```

那么得到的输出为：

```
This is a heading!
```

不区分大小写

在大多数情况下，CSS选择标识和规则是不区分大小写的。因此，你编写：

```
div {
      Background-color: GREEN;
}
```

或

```
DIV {
      background-coloR: green;
}
```

两者都能正常工作。不过不区分大小写并不适用于选择类和id。

如果我们有以下代码：

```
<div id= "myID">Some text</div>
```

则div#myID将会选择以上的元素，而div#MYID则选择不了。

优先级

现在我们已经学会了如何选择元素，接下来我们继续讨论CSS中一个非常重要的概念：优先级。

如前所述，我们可以通过三种不同的方式将CSS代码应用于我们的网站。程序员通常会使用多种方法将CSS代码应用于站点。例如，网站可能在外部文件中定义了CSS规则，同时在<style>...</style>标记中嵌入了一些其他CSS规则。这可能导致多个规则应用于同一元素。使用CSS最令人沮丧的事情之一，特别是你刚开始使用时，就是当你尝试将CSS样式应用于元素时，页面似乎忽略了你的规则。大多数情况下，这是由于优先级不同。具体而言，当多个规则应用于同一元素，而另一个规则的优先级高于你指定的规则时会发生这种情况。

三个原则下对应CSS规则具有更高的优先级。

原则1：选择标记越具体，优先级越高

我们不会详细介绍如何计算选择标记的优先级。这里要记住的是，id比类更具体，而类比元素更具体。我们来看下面的代码：

```
div { font-size: 10px; }
#myId { font-size: 12px; }
.myClass { font-size: 14px; }

<div id="myId" class="myClass">Some text</div>
```

由于<div>元素具有class="myClass"和id="myId"的属性，因此所有三个规则div、#myId和.myClass都将应用于<div>元素。但是，由于id具有最高优先级，因此显示"Some text"的字体大小为12px。

另外，另一点关于优先级需要注意的是，选择标记越详细，优先级越高。例如，div #myId的优先级高于#myId。这是因为div#myId被认为更详细，因为它告诉我们myId是div元素的id。在下面的示例代码中，将采用黄色。

```
div { color: red; }
div#myId { color: yellow; }
#myId { color: blue; }
.myClass { color: green; }


<div id="myId" class="myClass">Some text</div>
```

原则2：如果未指定样式，则元素从其父容器继承样式

子元素是指完全位于另一个元素的开始和结束标记内的元素。例如，在下面的代码中，<p>是<body>元素的子元素。由于未定义<p>元素的字体大小，因此它将从定义了该属性的<body>元素中继承此属性。

```
body {
      font-size: 1.5em;
}

<body>
      <p>Some text</p>
```

```
</body>
```

如果也没有为<body>元素定义font-size属性，则将使用浏览器的默认字体大小。

原则3：在条件相同的情况下，采用最后声明的规则

假设你在HTML <head>元素中有以下CSS声明。

```
<head>
<style>
      p { font-size: 20px; }
</style>
</head>
```

在HTML文档的下方，你有以下带有内联CSS规则的HTML代码：

```
<p style="font-size: 30px;">Some text</p>
```

你认为Some text会采用哪种规则？

正确的答案是内联规则。这是因为在条件相同的情况下，最后声明的规则具有最高优先级。 由于内联CSS是在HTML代码中声明的，因此它的声明晚于在head部分中声明的嵌入式CSS。所以，字体大小将是30px。

显示不一致

使用CSS时要处理的另一个问题是跨浏览器显示不一致的问题。你可能会发现你的网站在不同的浏览器中看起来略有不同（或明显的不同）。大多数显示问题往往发生在旧版本的IE中，不过其他浏览器也可能出现问题（尤其是移动端浏览器）。

由于不同的浏览器使用不同的外观引擎来解释网站的CSS代码，因此会出现显示不一致的情况。例如，Safari和Chrome使用WebKit引擎，而Firefox使用Gecko引擎。一个引擎可能会和另一个引擎在计算和显示页面上不同。例如，IE使用的引擎Trident会自动加宽某些页面设计的页面像素宽度，这可能导致侧边栏由于宽度不足而被推到底部。

导致显示不一致的另一个问题是缺乏对某些CSS属性的通用支持。某些属性所有浏览器都不支持。你可以访问caniuse网站以检查你正在开发的浏览器是否支持某个CSS属性。

有时，只有在我们为CSS规则添加前缀时，特定浏览器才支持某个CSS属性。对于CSS3中较新的属性尤其如此。CSS3中的column-count属性就是这样一个例子。该属性会将元素分为多个列。例如，我们可以通过编写column-count: 3来将div元素分成三列。

旧版本的Firefox、Chrome、Safari和Opera都不支持此属性。要使属性能够在这些浏览器上运行，你必须编写以下三个声明：

```
-webkit-column-count: 3;
-moz-column-count: 3;
column-count: 3;
```

而不能只编写：

```
column-count: 3;
```

-webkit-前缀增加了对旧版Chrome、Safari和Opera的支持，而-moz-前缀增加了对Firefox的支持。此外，还有-ms-前缀能增加对IE的支持。

在创建你的网站时，采用各种浏览器进行测试是非常有用的，这样能确保不会出现任何问题。修复"不正常"显示的方法要看是什么原因导致出现了问题。如果你遇到了问题，那么我建议可以在stackoverflow网站上搜索或发布问题，对于程序员来说，这个在线社区非常有用。

注释

本章最后介绍的是注释。在CSS中，我们使用/*…*/符号为代码添加注释。举例如下：

```
/*
以下的规则是注释。

p {
      background-color: black;
      font-size: 20px;
      color: white;
}
*/
```

在符号/*和*/之间的所有信息都会被浏览器忽略掉。

练习3

从learncodingfast网站的css页面下载此练习的源代码并解压缩该文件。 本练习的源代码可以在第3章中找到。

练习3.1

1．在浏览器和文本编辑器中同时打开文件Chapter 3 - Basics of CSS.html 。

2．首先，在文本编辑器的源代码中查找以下内容：

```
p {
      background-color: yellow;
}
```

这会选择所有<p>元素并将其背景颜色设置为黄色。 'This is some text in the div element.'这一行没有被选中是因为它不在任何<p>...</p>标记内。

3．现在让我们尝试将规则：

```
p {
      background-color: yellow;
}
```

变为：

```
P {
      Background-coloR: YELLOW;
}
```

在文本编辑器中保存文件并刷新浏览器。注意什么变化都没有，这是因为CSS在大多数情况下不区分大小写。

4．现在，让我们尝试选择不同的HTML元素，并观察哪些元素以黄色背景结束。对于下面的每一项，只需将HTML文件中第6行的选择标记更改为所需的选择标记即可。

先选择class = "myClassPara"的元素。具体做法是将CSS规则中的p标记改为.myClassPara。在文本编辑器中保存文件并在浏览器中刷新网页。注意现在选择了哪个段落。

5．现在将选择标记更改为.myclasspara。注意现在没有选择任何内容，这是因为CSS在选择类和id时是区分大小写的。

6．接下来选择元素id = "myIDPara"。自己尝试一下。

改完了吗？你可以将.myClassPara更改为p#myIDPara或#myIDPara。注意选择了哪个段落。

尝试将#myIDPara更改为#MYIDPARA。注意此时没有选择任何内容。

7．接着我们学习如何选择多个元素。尝试同时选择h1和h2元素。

具体方法就是将选择标记更改为h1、h2。

8．接着尝试选择div元素。

具体方式就是将选择标记更改为div。

9．现在，选择div元素中的p元素。

具体方法是将div p作为选择标记。注意哪些元素被选中了。

10．接着尝试选择所有链接（<a>）元素。

注意到了吗？ 链接现在以黄色高亮显示。

11．接着我们将根据HTML属性缩小选择范围。尝试使用href ="http://www.learncodingfast.com"选择链接。具体方法是按照以下的形式使用方括号：

```
a[href="http://www.learncodingfast.com"]
```

尝试一下，现在只有第一个链接变成了黄色背景。

12．接着当我们将鼠标悬停在它们上面时，我们要使用伪类选择标识来更改所有链接元素的背景颜色。尝试将：

```
a[href="http://www.learncodingfast.com"]
```

更改为：

```
a:hover
```

保存文件并刷新浏览器。注意没有任何内容被选择。此时将鼠标悬停在任何一个链接上，看看会发生什么。

13．接着尝试选择div元素的第二个子元素。你可以将选择标记更改为：

```
p:nth-child(2)
```

14．现在尝试选择所有<p>元素的第一个字母。可以使用伪元素first-letter来实现。将选择标记更改为：

```
p::first-letter
```

15．接着让我们看看当一个元素有多个类时会发生什么。将选择标识记改回.myClassPara并在</style>标记之前添加以下CSS代码。

```
.mySecondClassPara {
   text-decoration: underline;
}
```

注意哪个段落即是黄色背景又带下划线。这是因为该段有两个类：myClassPara和mySecondClassPara。因此，这两条规则都适用于它。

16．最后，让我们尝试在所有<p>元素的末尾添加感叹号。我们将使用after伪元素来实现。 在</style>标记之前添加以下CSS代码。

```
p::after{
   content: "!";
}
```

第4章　CSS盒子模型

到目前为止，我们已经介绍了HTML和CSS的基础知识。本章中，我们将开始做一些实际的CSS编码。具体来说，我们将介绍CSS盒子模型，并了解如何在CSS中修改盒子的感观。

什么是CSS盒子模型

CSS中所有的元素都被看成是盒子。CSS盒子由边缘、盒体、填充和实际内容组成，如下所示。

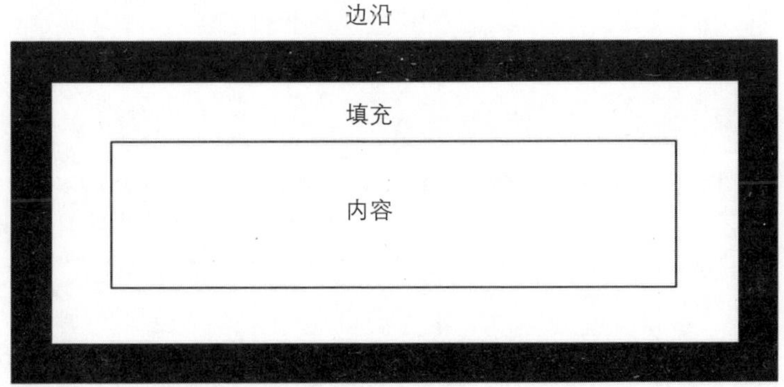

粗黑线是盒体。盒体内是填充和实际内容。盒体外是盒子的边缘。填充、盒体和边缘的厚度都可以用CSS修改。要了解盒子模型是如果工作的，可以来分析一下后面的代码。你可以在learncodingfast网站的css页面下载此代码。

```
<!doctype html>
<html>
<head><title>Chapter 4 - CSS Box Model</title>

<style type="text/css">

#box1 {
      margin: 20px;
```

```
        padding: 10px;
        border: 5px solid black;
        width: 100px;
        height: 100px;
        text-align: justify;
        float: left;
}

#box2 {
        margin: 20px;
        padding: 50px;
        border: 5px solid black;
        width: 100px;
        height: 100px;
        text-align: justify;
        float: left;
}
</style></head>

<body>
<div id="box1">Learn CSS in One Day and Learn It Well. CSS
is easy.</div>
<div id="box2">Learn CSS in One Day and Learn It Well. CSS
is easy.</div>

<p>skajd fhadlc vkas j cnl ka jshvn aclaks jdclkasjd ckasj
cnkas djvcn ksa mc nlkasd jn skajd fhadlc vkas j cnl ka
jshvn aclaks jdclkasjd ckasj cnkas djvcn ksa mc nlkasd jn
skajd fhadlc vkas j cnl ka jshvn aclaks jdclkasjd ckasj
cnkas djvcn ksa mc nlkasd
jn</p>
</body>
</html>
```

如果你运行这段代码，则会得到下面的输出。盒子右边和下边的那些随便敲上去的文字是为了显示出盒子的边缘的。

Learn CSS in One Day and Learn It Well. CSS is easy.

Learn CSS in One Day and Learn It Well. CSS is easy.

skajd fhadlc vkas j cnl ka jshvn aclaks jdclkasjd ckasj cnkas djvcn ksa mc nlkasd jn skajd fhadlc vkas j cnl ka jshvn aclaks jdclkasjd ckasj cnkas djvcn ksa mc nlkasd jn skajd fhadlc vkas j cnl ka jshvn aclaks jdclkasjd ckasj cnkas djvcn ksa mc nlkasd jn

这段代码定义了两个宽度和高度均为100px的盒子。这里宽度和高度仅指**内容区域**的尺寸。

第一个盒子（box1）在内容区域周围有一个10px的填充。填充周围，是5px的纯黑色盒体。box1（包括盒体）的总宽度为100（内容区域）+ 10 * 2（两侧填充）+ 5 * 2（两侧盒体）= 130 px。高度亦然。

第二个盒子（box2）的填充为50px。尽管box2比box1大得多，但请注意文本“Learn CSS in One Day and Learn It Well. CSS is easy.”仍然占据同样大小的区域。这是因为内容区域由宽度和高度的属性决定，而不是由填充。box2的总宽度为100 + 50 * 2 + 5 * 2 = 210px。高度也是210px。

在盒体外，两个盒子的边沿都是20px。注意，那些随便敲上去的文字与盒子之间的空白就是边缘区域。

尝试运行代码并稍稍更改宽度、高度、填充、边缘和盒体的属性值。观察每个更改的影响。你应该注意到宽度和高度会影响内容区域。边缘会影响盒体外的区域，而填充会影响内部区域。盒体就是盒子的边框。接下来我们将详细介绍这些属性。

宽度和高度属性

CSS盒子宽度（width）和高度（height）的属性会指定内容区域的尺寸（不包括填充、盒体和边缘）。属性值通常以像素或百分比为单位。例如，我们示例中的代码将box1和box2的宽度和高度设置为100px。你也可以将宽度设置为80%。这样盒子的内容区域将占据页面宽度的80%。最后，你还可以将高度和宽度设置为自动。在这种情况下，浏览器将根据显示盒子中内容所需的空间量自动计算这些值。

溢出属性

有时，内容区域的宽度和高度可能太小而无法容纳盒子中的内容。默认情况下，内容将溢出盒子并与其他内容重叠。这会导致网页的格式非常糟糕。如果你不希望发生这种情况，可以使用溢出属性（overflow）。下图中显示了溢出属性选择不同值（visible可见、hidden隐藏、scroll滚动和auto自动）时的显示效果。

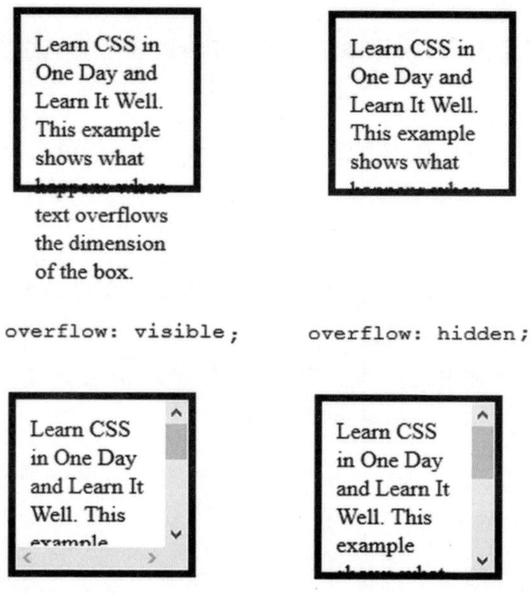

填充和边缘属性

填充和边缘都是透明的。因此我们无法改变它们的颜色。但是，我们可以指定它们的宽度。指定宽度最常用的单位是像素。如果你想设置边缘是10px，则可以编写 margin: 10px;。10和px之间不应该有任何空格。

以下示例显示了用于指定边缘宽度的4种不同语法。填充的用法相同，只要将属性名称从边缘margin改为padding即可。

语法1

```
margin: 25px;
```

此语法会将所有4个边缘都设置为25px。

语法2

```
margin: 25px 50px;
```

此语法会将上下的边缘设置为25px；左右的边缘设置为50px。

语法3

```
margin-top: 25px;
margin-right: 50px;
margin-bottom: 60px;
margin-left: 10px;
```

此语法会分别设置4个方向的边缘。

语法4

```
margin: 25px 50px 60px 10px;
```

此语法是语法3的简写形式。4个数字指定各个边缘的值，从顶部开始并沿顺时针方向排列。 因此，顶部的边缘是25px、右边是50px、底部是60px，而左边是10px。

除了正值以外，边缘值还可以是负值。负的边缘值将导致重叠或隐藏部分内容。例如，如果指定box2的边缘值的语句从margin: 20px;变为margin: 20px 20px 20px -50px;（即margin-left变为-50px），那么将得到以下效果：

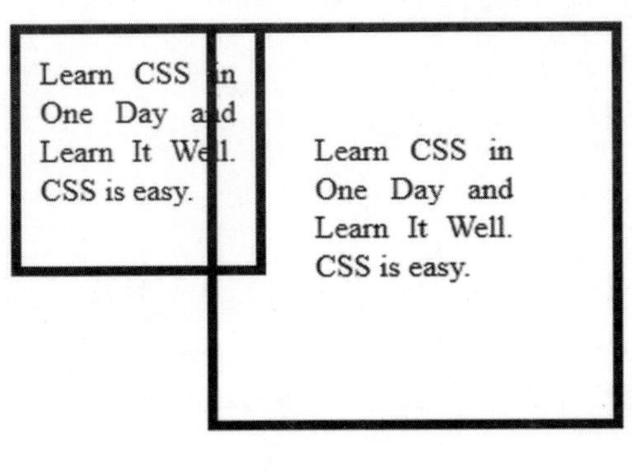

注意，虽然边缘值可以是负值，但填充的值不能是负值。

边缘通常也用于对齐模块元素。默认情况下，模块元素是占用整个可用的宽度。不过，你可以使用width属性来更改宽度。例如，下面的代码会将元素的宽度更改为80%。然后，通过将左右边缘设置为自动就能够居中对齐元素。

```
width: 80%;
margin: 0 auto;
```

以上的边缘规则是将顶部和底部边缘设置为0px（如果值为0，则单位px可以选择不写），左右边缘设置为auto。当边缘设置为自动时，浏览器会将剩余宽度均匀分布到左边缘和右边缘，从而形成中心对齐的元素。

边框属性

CSS边框属性（border）允许你设置元素边框的宽度、颜色、样式和半径。

border-width

要设置边框的粗细，可以使用border-width属性。属性值通常以像素为单位。另外，你也可以使用以下三个预定义值：thin（薄）、medium（中）或thick（厚）。设置边框属性的语法与设置边缘和填充的语法相同。

例如：

```
border-width: 25px;
```

会将所有边框宽度都设置为25px。

```
border-width: 25px thin;
```

会将顶部和底部的边框宽度设置为25px，而左侧和右侧的边框宽度为薄。

```
border-top-width: 30px;
```

会将顶部的边框宽度设置为30px。

border-color

设置边框颜色要使用属性border-color。可以通过指定预定义的颜色名称来设置此属性的值，例如green（绿色）、red（红色）和yellow（黄色）等。在CSS中定义了总共140个这样的名称。此外，你还可以通过border-color: transparent;将颜色设置为透明。

另一种设置边框颜色的方法是使用RGB表示法（例如rgb（0,255,0））。

所有Web颜色均由三种主要颜色表示：红色red、绿色green和蓝色blue。rgb（0,255,0）则表示想要第二种颜色（即绿色green）的强度为255（最大强度），第一种和第三种颜色（分别为红色red和蓝色blue）强度为0（最小强度）。这样就会得到绿色。

除了使用RGB表示法之外，你还可以使用十六进制表示法，它使用6位数来表示颜色。前两个数字代表“红色”强度的十六进制值，接下来的两个代表“绿色”，后两个代表“蓝色”。通常使用颜色工具能生成这些十六进制值。访问instant-eyedropper网站可获得一个这样的免费工具。

或者，可以访问html-color-codes网站，这里有一个颜色图表供你选择所需的颜色。单击它，你将获得相应的十六进制值。

例如：

```
border-color: rgb(255, 0, 0);
```

将设置所有的边框为红色。

```
border-color: red green;
```

将设置顶部和底部的边框颜色为红色，而设置左侧和右侧的边框为绿色。

```
border-top-color: #12005F;
```

将设置顶部的边框颜色为#12005F。

border-style

设置边框样式要使用属性border-style。可接受的值有：none（无样式）、dotted（点虚线）、dashed（段虚线）、solid（实线）、double（双线）、groove（凹槽）、ridge（垄状）、inset（内阴影）和outset（外阴影）。例如，如果编写：

```
border-style: solid dotted;
```

将会设置顶部和底部的边框样式为实线，而左侧和右侧的边框样式为点虚线。如果你想单独设置每边的样式，可以编写：

```
border-top-style: solid;
border-left-style: dotted;
```

border-radius

border-radius属性用于创建带圆角的边框。该值单位通常是像素或百分比。

可以为4个角单独设置边框半径。4个角对应的是左上角top-left、右上角top-right、右下角bottom-right和左下角bottom-left。

例如：

```
border-radius: 5px;
```

将设置边框所有圆角的半径为5px。

```
border-radius: 10px 20px;
```

将设置边框左上角和右下角（即彼此相对的两个角）的半径为10px，而设置右上角和左下角的半径为20px。

```
border-radius: 25px 5px 0 50px;
```

单独设置每个圆角的半径，从左上角开始沿顺时针方向排序。

```
border-top-left-radius: 10px;
```

设置左上角的边框圆角半径为10px。

如果元素的宽度和高度为100px，填充为20px，边框宽度为50px（总宽度和总高度= 100 + 20 * 2 + 50 * 2 = 240px），那么将边框半径设置为120px（240除以2 ）的话会得到一个圆而不是一个正方形。

边框属性简写

border属性能在一行中指定边框的宽度、样式和颜色，而不用单独设置它们。简单地编写：

```
border: 5px solid green;
```

将分别设置边框的宽度（5px）、样式（solid）和颜色（green）。边框半径不包含在此属性中。

练习4

从learncodingfast网站的css页面下载此练习的源代码并解压缩该文件。 本练习的源代码可以在第4章中找到。

练习4.1

1．在浏览器和文本编辑器中同时打开文件Chapter 4 - CSS Box Model.html 。

2．调整浏览器窗口的大小，观察那些随便敲上去的文字是如何围绕较大的盒子变动的。

3．更改box1的设置，将width: 100px;和height: 100px;分别修改为：

```
(a)width: 200px; height: 200px;
(b)width: 60%;
(c)height: auto; width: auto;
```

在文本编辑器中保存文件，然后在浏览器中刷新页面。注意每种情况下box1会发生什么变化。

4．现在将box1的宽度和高度更改回100px，并将标记<div id="box1">...</div>之间的文本更改为：

"Learn CSS in One Day and Learn It Well. This example shows what happens when text overflows the dimension of the box."

接着，将以下各项添加到box1的CSS定义中，并注意每种情况下会发生什么变化：

```
(a)overflow: visible;
(b)overflow: hidden;
(c)overflow: scroll;
(d)overflow: auto;
```

5．更改box1的设置，将margin: 20px;分别修改为以下各项，并注意在每种情况下box1周围的空间会发生什么变化：

```
(a)margin: 50px;
(b)margin: -50px;
(c)margin: 25px 200px;
(d)margin: 25px 50px 60px 10px;
```

6．删除box1的margin设置并添加以下4行：

```
margin-top: 25px;
margin-right: 50px;
margin-bottom: 60px;
margin-left: 10px;
```

box1有任何变化吗？应该没有，因为这与上面5（d）设置相同。

7．删除box1的margin设置并添加以下行：

```
margin: 0 auto;
```

接下来，将box1的宽度更改为80%。最后，删除float: left;这一行。注意发生了什么变化（我们将在下一章解释 float的作用）。box1现在就是居中对齐了。

8．现在，让我们修改box2。将box2的CSS定义padding: 50px;分别修改为以下各项，注意在box2中会发生什么变化：

```
(a)padding: 25px;
(b)padding: -10px;    （参阅下面的说明）
(c)padding: 25px 50px;
(d)padding: 25px 50px 60px 10px;
```

8（b）将不会起作用，因为填充不能是负值。最终你会得到一个0像素的填充。

9．删除box2的填充设置，并添加以下4行：

```
padding-top：25px;
padding-right：50px;
padding-bottom：60px;
padding-left：10px;
```

box2有任何变化吗？应该没有，因为这与上面的8（d）设置相同。

10．现在让我们改变box2的边框样式。从box2的CSS定义中删除border: 5px solid black;这一行并添加以下各项。注意每种情况下边框会发生什么变化：

```
(a)border-style: solid dotted;
(b)border-style: none dashed double groove;
(c)border-style: inset;
(d)border-style: outset;
```

11．接着，删除box2的边框样式设置并添加以下内容：

```
border-top-style: dotted;
border-left-style: double;
```

12．现在将第11步的设置删除并将边框样式更改为实线（border-style:solid;）

接着添加以下每个设置。注意每种情况下box2会发生什么变化。

```
(a)border-width: 25px;
(b)border-width: 25px thin;
(c)border-top-width: 30px;
```

13．现在我们来改变box2的边框颜色。尝试添加以下各项：

```
(a)border-color: rgb(255, 0, 0);
(b)border-color: red green;
(c)border-top-color: #12FF5F;
```

14．接着我们将尝试使用边框属性简写。删除box2的所有边框属性。添加以下内容：

```
border: 5px solid green;
```

15．现在尝试改变border-radius属性。尝试以下各项:

```
(a)border-radius: 20px;
(b)border-radius: 10px 20px;
(c)border-radius: 25px 5px 0 50px;
(d)border-top-left-radius: 10px;
```

16．最后，尝试创建一个圆圈。首先，将box2的宽度和高度更改为100px，填充改为20px，而属性：

```
border: 5px solid green;
```

改为：

```
border: 50px solid green;
```

现在，删除所有以前的边框半径的设置并添加以下内容：

```
border-radius: 120px;
```

最后你得到了一个圆吗？那是因为边框半径是box2的总高度（和宽度）的一半。

第5章 定位和浮动

现在我们已经了解了CSS盒子模型，那么下面让我们来看一下如何使用CSS来排列网页上这些盒子。在本章中，我们将介绍CSS中最重要的两个概念：定位和浮动。这两个属性一起能够处理网页的布局。

定位

CSS定位属性允许你定位元素并指定在重叠的情况下哪个元素应位于顶部。

定位元素有4种方法。要了解这4种方法的工作原理，我强烈建议你试一下本章末尾的练习。 如果没有亲自动手实践的话，这将会是一个难以理解的主题。

静态定位

第一种定位方法是静态定位（static）。静态只是意味着元素根据页面的正常流程定位。默认情况下，所有HTML元素都使用此方法定位。如果确切要使用静态定位（例如，针对同一元素覆盖其另外的定位规则），则可以编写：

```
position: static;
```

相对定位

定位元素的第二种方法是相对定位（relative）。该方法相对于正常位置定位元素。正常位置是指未指定定位规则或使用静态定位时元素的默认位置。

假设我们有两个盒子，box1和box2没有指定位置。如果我们在HTML代码中的box1之后创建box2，则默认情况下box2将位于box1下方（请参阅以下代码）。

```
<!DOCTYPE html>
<html>
<head>
<style>

#box1 {
        /*box1的一些规则*/
```

```
}

#box2 {
       /*box2的一些规则*/
}
</style>
</head>

<body>
<div id="box1">Box 1</div>
<div id="box2">Box 2</div>
</body>
</html>
```

现在假设我们将以下规则添加到box2的CSS声明中。

```
position: relative;
left: 150px;
top: 50px;
```

我们所做的是将box2的定位改为相对定位。

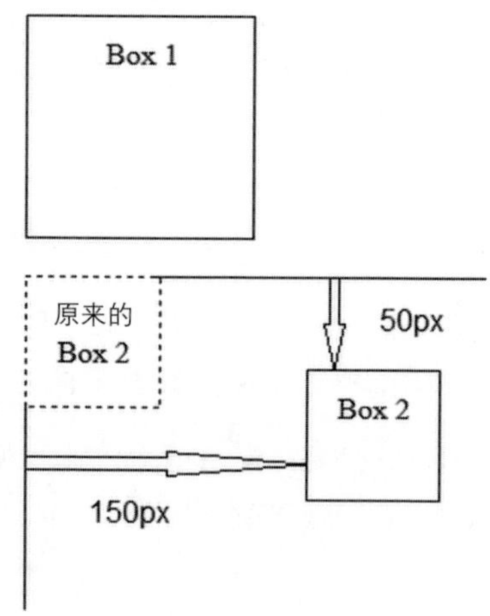

上图显示了使用相对定位时box2的位置。其中我们用添加的白色虚线框来显示box2原来的位置。

当应用相对定位时，box2会相对于其正常位置移动。top: 50px;这一行会将盒子从原始位置的顶部下移50px，而left: 150px;这一行会将盒子从原始位置的左侧右移150px。

你还可以使用右侧和底部属性来定位box2。例如，bottom: 50px;会将box2从原始位置的底部向上移动50px，而right: 50px;会将box2从原始位置的右边缘向左移动50px。此外，你还可以使用负的像素值来定位盒子（例如left: -50px）。

尝试第5章的练习，使用不同的值来查看定位的变化。

注意，使用相对定位时，元素最终可能会与其他元素重叠。

如果要指定哪个元素在前面，则需要使用z-index属性。z-index属性适用于采用relative（相对）、fixed（混合）或absolute（即非静态）定位的任何元素。较大z-index值的元素将位于较低z-index值的元素的前面。

假设你有两个盒子，greenBox和redBox，它们相互重叠。如果将greenBox的z-index设定为：

```
z-index: 1;
```

而redBox的z-index设定为：

```
z-index: 2;
```

则redBox将在greenBox的上面，因为它的z-index值较大。

固定定位

第三种定位方法是固定定位（fixed）。顾名思义，使用固定方法定位的元素将始终保持在其指定位置，即使页面滚动，它也不会移动。固定定位通常用于在网页侧面定位社交共享按钮。为了使用固定定位，可以编写：

```
position: fixed;
```

使用固定定位时，我们可以使用top属性指定盒子从页面顶部开始的像素值，而用left属性指定从页面左侧开始的像素值。

除了top和left之外，还有right和bottom属性，它们分别指定盒子距离右侧和底部的像素值。

绝对定位

最后一种方法是绝对定位（absolute）。

使用绝对定位时，元素相对于具有静态位置的第一个父元素定位。 如果找不到这样的元素，则它相对于页面定位。

例如，假设我们有以下HTML代码：

```
<div id="box1">Box 1中的内容</div>
<div id="box2">Box 2中的内容</div>
```

以及以下的CSS声明：

```
#box1 {
      position: relative;
}

#box2 {
      position: absolute;
      top: 50px;
      left: 150px;
}
```

这里box2不是任何具有非静态定位元素的子元素，则它将相对于页面定位。也就是说，它距离页面顶部50px，距离左侧150px。

不过，如果我们将HTML的结构变为：

```
<div id="box1">Box 1中的内容
      <div id="box2">Box 2中的内容</div>
</div>
```

box2现在是box1的子元素了。因此，box2将相对box1定位。它现在距离box1的顶部向下50px，距离box1的左侧向右150px。

在某种程度上，绝对定位类似于相对定位，只是元素相对于其父元素而不是其正常位置定位。

浮动

下一个要介绍的CSS属性是浮动（floating）。

浮动是一种用于在页面上排列元素的技术。这有点类似于将书放在书架上。想象一下，你有一堆不同厚度和高度的书，你需要将所有的书放在书架上。此外，你不能重新排列书籍。也就是说，书籍必须按照原始的顺序放在书架上。

要执行CSS样式的任务，我们将从顶部的第一行开始。我们将书一个接一个地放在顶行，从左到右。假设顶行差不多要满了，而你的书太厚无法放在顶行。你会做什么？你会将它移到下面的一行，对吗？不过，CSS能做到的有点不同。只要下面有空间，CSS就会尝试将这本“书”放在同一行上，在前一本“书”的下面（参见下图中的5个盒子）。这种放书的方法类似于在CSS中执行float: left。

或者，你可以在CSS中执行float: right。 这也相当于从顶行开始，不过是从右往左放书。

要了解它在CSS中是如何工作的，可以假设我们有7个不同高度和宽度的div盒子，它们从左向右浮动（参见下面的代码）：

```
<!doctype html>
<html>
<head><title>CSS Float</title>

<style type="text/css">
div {
      padding: 10px;
      border: 1px dashed black;
      margin: 5px;
      float: left;
}

#box1 {
      width: 60px;
      height: 100px;
}
#box2 {
      width: 100px;
      height: 20px;
}

#box3 {
      width: 50px;
      height: 150px;
}
#box4 {
      width: 20px;
      height: 50px;
}
```

```
#box5 {
      width: 150px;
      height: 120px;
}
#box6 {
      width: 120px;
      height: 70px;
}
#box7 {
      width: 25px;
      height: 80px;
}

</style></head>

<body>
      <div id="box1">Box 1</div>
      <div id="box2">Box 2</div>
      <div id="box3">Box 3</div>
      <div id="box4">Box 4</div>
      <div id="box5">Box 5</div>
      <div id="box6">Box 6</div>
      <div id="box7">Box 7</div>
</body>
</html>
```

如果我们运行这段代码，将得到类似于下页图中的内容。

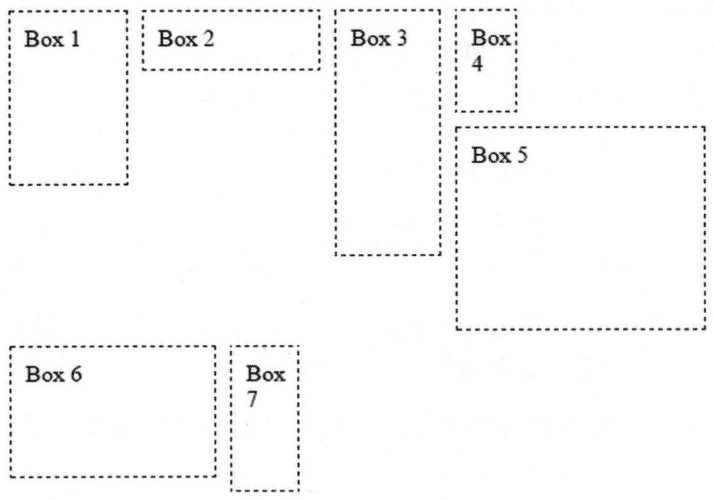

注意从顶端开始，盒子从左到右是如何排列的。由于box5太厚以至于无法放在顶行中，所以CSS将其放置在前一个盒子的下方。

现在假设除了这7个盒子之外，我们还有以下的文本要在网页上显示。

```
<p>This is some text that is not floated.</p>
<p>This is more text that is not floated.</p>
<p>This is yet more text that is not floated.</p>
```

如果这些段落包含在HTML文件中div盒子之后，我们将得到下面的显示效果。这些段落将“挤压”显示在任何可用的空间。

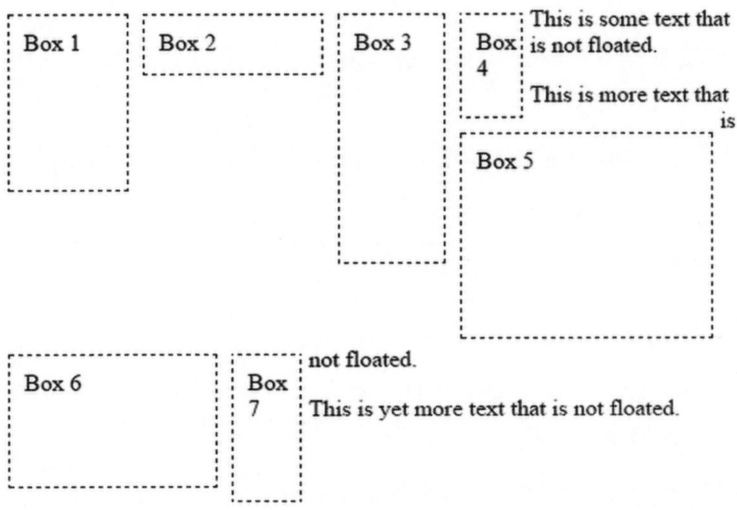

如果你不想看到这种效果，那么可以使用 clear: both属性来清除浮动的设定。要实现这一点，需在CSS声明中添加以下内容：

```
.clearFloat { clear: both; }
```

要使用这个类，可以将它添加到第一个<p>标记中：

```
<p class="clearFloat">This is some text that is not
floated.</p>
```

你只需要将clearFloat类添加到第一个<P>标记即可。一旦清除了浮动的设定，文本就不会再环绕在盒子周围了。

以上就是CSS中定位和浮动的内容。我强烈建议你尝试本章中的练习，以便更好地理解这两个概念。

练习5

从learncodingfast网站的css页面下载此练习的源代码并解压缩该文件。 本练习的源代码可以在第5章中找到。

练习5.1

1．在浏览器和文本编辑器中同时打开文件Chapter 5 - Positioning.html。

2．将规则position: static;添加到#box1和#box2的CSS声明中，观察两个盒子的位置会发生什么变化。

什么都没有变吗？这是因为默认情况下，所有HTML元素都使用的是静态定位。

3．从#box1和#box2的CSS声明中删除规则position: static;。添加以下内容到#box2的CSS声明中。

```
position: relative;
top: 50px;
left: 70px;
```

观察第二个盒子的位置会发生什么变化。现在，它顶端距离原来的位置是50px，而左侧到原来的位置是70px。

在top和left的属性中使用不同的值，看看box2的位置会发生什么变化。也可以试试负值。你还可以尝试使用right和bottom属性。

4．现在将#box2的CSS声明改回：

```
position: relative;
top: 50px;
left: 70px;
```

注意看文本部分是不是被红色盒子挡住了？

如果你希望文本能够出现在红色盒子的前面，可以将以下内容添加到P的CSS声明中。

```
position: relative;
z-index: 2;
```

可以将定位设置为相对、绝对或固定，只要不是静态就没有关系。

接下来，给#box2的CSS声明添加一行z-index: 1;的内容。刷新页面，现在文本应该在红色盒子的前面，因为文本的z-index值要大于红色盒子的z-index值。

如果你希望红色盒子在文本的前面，则只要将#box2的z-index值更改为大于2的值即可。

5．现在，改变#box1的高度为5000px，并将#box2定位改为固定（position: fixed;）。

滚动页面。现在红色盒子是不动的，因为它现在使用的是固定定位。

6．将#box2的位置恢复到相对位置，并将#box1的高度恢复到100px。将以下内容添加到HTML文件代码的底部，就放在<p>标记之前。

```
<div id="box3"></div>
```

然后为box3的样式添加CSS声明。

```
#box3 {
   position: absolute;
   top: 50px;
   left: 150px;
   background-color: yellow;
   width: 50px;
   height: 50px;
   padding: 20px;
   border: 5px dotted black;
   margin: 10px;
}
```

box3使用绝对定位，因为它不是任何<div>元素的子元素，它相对于页面定位。也就是说，它距离页面顶部为50px，距离左侧为150 px。

7．现在将3个盒子的<div>代码更改为以下内容：

```
<div id="box1"> </div>
<div id="box2">
   <div id="box3"></div>
</div>
```

box3现在是box2的子元素了。由于它现在相对于box2定位，因此，box3被定位距离box2顶部往下50px，距离box2左侧150px，因为它现在相对于box2定位。

练习5.2

1．在浏览器和文本编辑器中同时打开文件Chapter 5 - Floating.html。

2．调整浏览器窗口大小，看看当<div>元素没有足够空间时会发生什么变化。

3．将div的CSS声明由float: left;改为float: right;，观察盒子位置的变化。

4．现在将规则改回到float: left;，然后将以下代码添加到HTML代码中，放在</body>标记以上即可。

```
<p>This is some text that is not floated.</p>
<p>This is more text that is not floated.</p>
<p>This is yet more text that is not floated.</p>
```

刷新网页观察文本显示的位置。调整浏览器窗口大小，看看当页面宽度变窄的时候会发生什么变化。

5．接着将代码

```
.clearFloat { clear: both; }
```

添加到CSS声明中，放在</style>标记之上。

将第一个<p>标记更改为<p class="clearFloat">，观察发生了什么变化。

第6章 显示和可见

恭喜。现在你已经学到了很多CSS的知识。事实上，我们已经涵盖了CSS中的大多数重要概念，包括CSS盒子模型以及浮动和定位的概念。本章中，我们将介绍如何在CSS中实现消失的行为。

没错。CSS不止有一个，而是有两个属性允许我们删除或隐藏元素。这两个属性是显示display和可见visibility。

显示

CSS的显示display属性用于修改元素的显示方式。它有三个常用值：none、inline和block。

第一个值none会使元素消失。页面中的显示将像元素不存在一样。

第二个值inline会让元素显示为内联元素。在第2章中介绍<div>和<span>之间的区别时，我们简要介绍了一下内联元素。回想一下，内联元素不会以新行开头和结尾。内联元素的另一个特征是它只需要占用所需的高度和宽度。因此，没有必要指定内联元素的高度和宽度。

相对地，模块元素以新行开始和结束，并且可以更改其高度和宽度。如果要将元素显示为模块元素，要使用第三个值block。

例如：

```
display: none;
```

可见

CSS的可见visibility属性用来隐藏元素，你可以通过编写visibility: hidden;来实现。

visibility: hidden和display: none之间的差别是前者隐藏元素但仍占用空间。使用可见属性就像穿着隐形斗篷一样。元素仍在那里，即使你看不到它。

相反，当使用display: none时，该元素基本上是从页面中删除了，页面将按照该元素根本不存在显示。

例如，假设两个属性都应用于句子This is just like magic. You can make words disappear.中的单词magic。则：

使用visibility: hidden;时你得到的输出为：This is just like   . You can make words disappear.

而使用display: none;时，你得到的输出为：This is just like . You can make words disappear.

练习6

从learncodingfast网站的css页面下载此练习的源代码并解压缩该文件。 本练习的源代码可以在第6章中找到。

练习6.1

1．在浏览器和文本编辑器中同时打开文件Chapter 6 - Display and Visibility.html。

2．改变#displaydemo的CSS声明中的高度和宽度，观察黄色盒子发生了什么变化。

没什么改变吧？黄色盒子被声明为内联元素。因此，它只需要占用所需的宽度和高度。实际上，你可以删除高度和宽度属性，这样也不会发生任何变化。

3．现在将 #displaydemo的显示属性由display: inline;改为display: block;。发生了什么变化吗？

黄色盒子现在作为模块元素显示，它会以新行开始和结束。如果已声明其宽度和高度，则宽度和高度将是你指定的值。 如果尚未指定其宽度和高度，黄色盒子将占据页面的整个宽度，占用所需的最大高度。

4．尝试修改#displaydemo的CSS声明中的高度和宽度，观察会发生什么变化。

5．现在来看看可见属性。将#magic的CSS声明中的display: inline;改为visibility: hidden;。观察蓝色句子中magic一词会发生什么变化。

6．接着将#magic的CSS声明中的visibility: hidden;改为display: none;。观察会发生什么变化。

第7章　背景

在本章中，我们将学习如何更改元素的背景属性。这些属性包括更改背景颜色和背景图像。

首先，我们先来看看如何更改背景颜色。

背景颜色

要声明元素的背景颜色，可以使用background-color属性。与如何指定CSS盒子的边框颜色类似，我们可以使用3种形式来声明元素的背景颜色：颜色名称、rgb表示法或十六进制表示法。

例如：

```
background-color: green;
background-color: rgb(0, 255, 0);
background-color: #00FF00;
```

背景图片

如果你发现只使用颜色作为元素的背景太单调的话，那么可以选择使用图片当作背景。CSS使我们能够非常灵活地将图片显示出来。

background-image

要使用图片作为背景，需要使用background-image属性指定图片的URL。

例如：

```
background-image: url("image1.jpg");
```

background-repeat

默认情况下，背景图片放在元素的左上角，然后在垂直和水平方向不断重复。如果你不想重复背景图片，可以使用background-repeat属性进行更改。以下列表显示了background-repeat属性的一些常用值：

`repeat`

这是默认值。图片将在水平和垂直方向重复。

`repeat-x`

图片将只在水平方向重复。

`repeat-y`

图片将只在垂直方向重复。

`no-repeat`

图片不会重复。

例如：

```
background-repeat: repeat-x;
```

background-attachment

background-attachment属性指定页面中是应固定还是滚动背景图片。两个常用值是固定fixed和滚动scroll。默认为滚动。尝试本章末尾的练习，看看这个属性是如何工作的。

例如：

```
background-attachment: scroll;
```

background-position

如果要指定背景图像的显示区域，background-position属性非常有用。

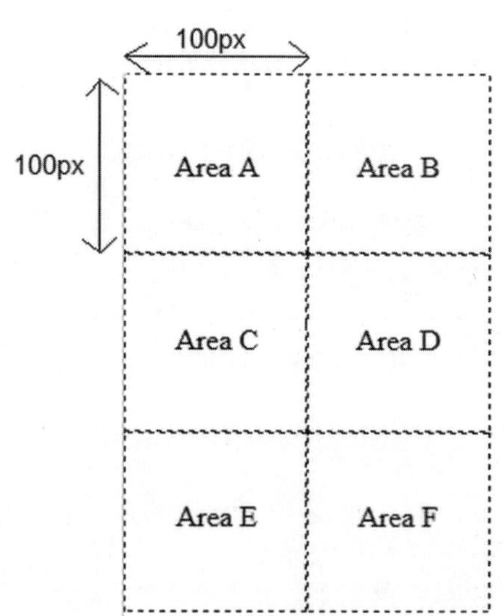

假设你有一个宽度和高度均为100px的元素。如果你使用的背景图片宽度为200px，而高度为300px，则只会显示背景图片的一部分，因为图片大于元素的大小。

例如，如果使用上面的图像（200px×300px）作为100px×100px元素的背景图像，则默认情况下仅显示区域A（左上角）。如果要显示区域F，该怎么办呢？为此，你需要更改background-position属性的值。

指定background-position值的最常用方法是使用像素。语法是：

```
background-position: xpos ypos;
```

为了理解这个语法是如何工作的，让我们想象有一块纸板，中间有一个100px × 100px的孔。纸板上的这个孔代表了HTML元素。现在想象你的背景图片在纸板的下面。默认情况下，图像会对齐，以便通过纸板中的孔显示区域A。如果要显示区域F，则必须将图片（不是纸板）向左移动100px，向上移动200px。要使用CSS实现此目的，你需要编写：

```
background-position: -100px -200px;
```

第一个数字（-100px）表示水平移动图片。如果此数字为正，则图像向右移动。如果为负，则向左移动。

第二个数字（-200px）表示垂直移动图片。如果此数字为正，则图像向下移动。如果为负，则向上移动。

理解这个概念的最好方法是尝试本章的练习。在学习第8章之前，我强烈建议你这样做。

练习7

从learncodingfast网站的css页面下载此练习的源代码并解压缩该文件。本练习的源代码可以在第7章中找到。

练习7.1

1．在浏览器和文本编辑器中同时打开文件Chapter 7 - Background.html。

2．在浏览器窗口中滚动页面。Learn Coding Fast的标识被设置为body元素的背景。请注意滚动时标识会发生什么变化。

现在在body的CSS声明中，将background-attachment: fixed;更改为background-attachment: scroll;。刷新并滚动页面。注意发生了什么变化。

3．接着将body CSS规则中的background-repeat: repeat-x;更改为以下各项，注意背景标识会发生什么变化。

```
(a)background-repeat: repeat;
(b)background-repeat: no-repeat;
(c)background-repeat: repeat-y;
```

注意每种情况的变化。

4．接着将background-color: white; 更改为background-color: #0000FF;。这会将背景颜色变为蓝色。

5．最后来看background-position属性，我们将在后面的示例中修改#box1的规则。此示例中使用的图片是存储在同一文件夹中的backgroundposition.png。在继续操作之前先看一下图片。

注意，当background-position设置为0 0（默认值）时，将显示区域A.。更改background-position属性将参考区域A移动背景图片。

在#box1的源代码CSS声明中，将background-position：0 0; 更改为：

```
(a)background-position: -100px 0;
```

这会将背景图片向左移动100px。由于默认显示的是区域A，在向左移动100px后，应该显示的是区域B。

```
(b)background-position: 100px 0;
```

这会将背景图片向右移动100px。由于background-repeat属性设置为no-repeat，因此不会显示任何图片。这是因为背景图片已移出box1的边界。

```
(c)background-position: 0 -100px;
```

这会将背景图片向上移动100px。移动后应该显示的是区域C。

```
(d)background-position: 0 100px;
```

这会将背景图片向下移动100px。此时不会显示任何图片，因为背景图片已移出box1的边界。

```
(e)background-position: -100px -100px;
```

试试看会显示哪个区域。

第8章　文本和字体

CSS中的文本和字体属性用于格式化网页上单词和文本的显示。font属性与字符的外观有关，例如它们是“胖”还是“瘦”，是“大”还是“小”，以及要使用的字体类型。text属性用于设置其他所有的样式。在本章中，我们将介绍常用的font和text属性。

字体属性

font-family

font-family属性用于设置字体类型。

字体类型有三种主要种类：serif、san serif和monospace。

Serif字体在某些字符的末尾有一个小段横线。例子包括Times New Roman和Georgia。

San Serif字体在字符末尾没有小段横线。 例子包括Arial和Verdana。

Monospace字体对所有字符使用相同的宽度。例如，字母i的宽度与字母a的宽度相同。monospace字体的示例包括Courier New和Lucida Console。

指定font-family属性时，应始终包含多个字体名称，以便在浏览器不支持第一种字体时，可以尝试使用下一种字体，直到找到它支持的字体。从更有针对性的字体开始（例如Times New Roman）并以通用字体结尾。如果字体名称不止一个单词，则要使用引号。

例如：

```
font-family: "Times New Roman", Times, serif;
```

font-size

font-size属性用来设置文本的大小。设置文本大小可以使用像素（px）、em、百分比（%）或关键字。

使用px

大多数浏览器使用的默认字体大小为16px。如果你希望你的网站显示不同的字体大小，可以这样指定：font-size: 20px;。

使用em

em等于当前字体大小。如果元素是另一个元素的子元素，则当前字体大小是父元素的字体大小。如果元素不是任何元素的子元素，则当前字体大小是浏览器的默认字体大小。如上所述，大多数浏览器使用的默认字体大小为16px。因此默认情况下1em = 16px。

但是，可以通过更改浏览器的设置来更改此默认字体的大小。例如，要更改Firefox上的默认字体大小，请单击“菜单”按钮（最右边的有3条水平线的按钮），选择Options，最后选择Content选项卡。然后，你可以在Fonts & Colors部分更改当前字体大小。

如果用户将默认字体大小设置为20px，则1em变为20px。如果你希望字体大小是当前字体大小的1.5倍，则只需编写1.5em即可。em是大多数开发人员使用的首选单元大小，因为用户可以自定义默认字体大小。

使用百分比

百分比与em相似。200%意味着是当前字体大小的2倍。因此，200%= 2em。

使用关键字

指定字体大小的最后一种方法是使用关键字。常用的关键字有xx-small、x-small、small、medium（这是默认值）、large、x-large和xx-large。

例如：

```
font-size: 40px;
font-size: 1.5em;
font-size: 120%;
font-size: large;
```

font-style

font-style属性用于指定文本斜体。两个属性值是正常（normal）和斜体（italic）。normal将显示没有斜体的文本，而italic显示斜体文本。

例如：

```
font-style: italic;
```

font-weight

font-weight属性对应于font-style属性。font-style用于指定文本斜体，而font-weight用于指定文本粗体。常用值包括普通（normal）、粗体（bold）、较粗（bolder）和较细（lighter）。或者，你也可以使用100的倍数，从100（最细）到900（最粗）的数字来指定字符的粗细。400是正常值，700是粗体。

不过请注意，大多数Web浏览器仅支持normal和bold两种值。在这种情况下，100—500对应于normal，而600及600以上对应于bold。

例如：

```
font-weight: bold;
font-weight: 300;
```

文本属性

CSS文本属性允许你设置与文本字体无关的属性。常见属性包括文本颜色、文本对齐方式、文本修饰、字符间距、字间距和行高。

color

CSS的color属性用于指定文本的颜色。与我们在第4章中学习的有关border-color属性的内容类似，可以使用以下3种方式来指定文本颜色：颜色名称、RGB值或十六进制值。

例如：

```
color: blue;
color: #00ff00;
color: rgb(255,0,0);
```

text-alignment

text-alignment属性允许我们指定文本是居中、左对齐、右对齐或是平均分布。常用的值有center、left、right和justify。

例如：

```
text-align: center;
```

text-decoration

text-decoration属性主要用于指定文本是否用线条装饰。常用的值是none（即只是普通文本，没有装饰）、underline（下划线）、overline（上划线）（文本的上方）和直通线（穿过文本的一条直线）。

此属性通常用于从超链接中删除下划线。默认情况下，大多数浏览器将以蓝色显示超链接，并带有下划线。你可以使用代码text-decoration: none;删除下划线。

例如：

```
text-decoration: none;
```

letter-spacing

letter-spacing用于增加或减少单词中字母之间的间距。你可以以像素为单位指定间距。要增加间距，就使用正值。要减少间距，就使用负值。

例如，letter-spacing: 2px;将导致字母间隔2px。letter-spacing: -1px;会导致字母挤在一起，相互重叠1px。

例如：

```
letter-spacing: 2px;
```

word-spacing

另一方面，word-spacing用于增加或减少文本中单词之间的间距。与字母间距类似，你可以以像素为单位指定间距，正数能增加间距，负数能减少间距。

例如：

```
word-spacing: 2px;
```

line-height

Line-height用于设置每行文本之间的间距。可以使用数字、特定长度或百分比来设置此属性。

使用数字指定行高时，给定的数字将与当前字体大小相乘以得出行高。例如，如果当前字体大小为16px，则line-height: 2将导致行高为32px。

当使用长度来指定line-height时，可以使用诸如px、em、cm、pt（点，其中

1点= 1/72英寸，注：1英寸=2.54厘米）等单位。

使用百分比时，给定百分比将与当前字体大小相乘以给得出行高。例如，如果当前字体大小为16px，则line-height: 50%将导致行高为8px。注意，line-height不会改变字体大小。行高8px将导致两行的内容彼此重叠。

例如：

```
line-height: 20px;
line-height: 120%;
```

要想更好地理解每个属性是如何工作的，最好能够尝试以下的练习。

练习8

从learncodingfast网站的css页面下载此练习的源代码并解压缩该文件。 本练习的源代码可以在第8章中找到。

练习8.1

1．在浏览器和文本编辑器中同时打开文件Chapter 8 - Font and Text.html。

2．修改CSS的属性font-family并观察示例文本会发生什么变化。当前的字体是Serif，可以尝试以下各项：

```
(a)font-family: Verdana, Arial, Helvetica,sans-serif;
(b)font-family: Courier, "Lucida Console", monospace;
```

3．按照以下几项内容修改CSS的font-size属性并观察示例文本会发生什么变化。

```
(a)font-size: 40px;
(b)font-size: 1.5em;
(c)font-size: x-small;
(d)font-size: 120%;
```

4．修改CSS的font-style属性并观察示例文本会发生什么变化。

```
(a)font-style: italic;
```

5．修改CSS的font-weight属性并观察示例文本会发生什么变化。

```
(a)font-weight: bold;
(b)font-weight: 300;
```

6．修改CSS的color属性并观察示例文本会发生什么变化。

```
(a)color: blue;
(b)color: #00ff00;
(c)color: rgb(255,0,0);
```

7．修改CSS的text-align属性并观察示例文本会发生什么变化。默认情况下，段落终端文本是左对齐的。现在尝试以下内容：

```
(a)text-align: justify;
(b)text-align: right;
(c)text-align: center;
```

8．修改CSS的text-decoration属性并观察示例文本会发生什么变化。

```
(a)text-decoration: underline;
(b)text-decoration: overline;
(c)text-decoration: line-through;
```

9．修改CSS的letter-spacing属性并观察示例文本会发生什么变化。

```
(a)letter-spacing: 5px;
(b)letter-spacing: -5px;
```

10．将letter-spacing改回到0px。修改CSS的word-spacing属性并观察示例文本会发生什么变化。

```
(a)word-spacing: 10px;
(b)word-spacing: -20px;
```

11．将word-spacing改回到0px。修改CSS的line-height属性并观察示例文本会发生什么变化。

```
(a)line-height: 2;
(b)line-height: 25px;
(c)line-height: 30%;
```

第9章　列表、链接和导航栏

本章我们将介绍CSS属性的样式超链接和列表。此外，还将结合这两个概念讨论如何创建网页上常见的导航栏。准备好了吗？让我们先从CSS列表开始。

CSS列表

回想一下，在HTML中，我们可以创建两种不同类型的列表：有序列表和无序列表。我们可以使用CSS列表属性设置这些列表的样式。

list-style-type

list-style-type属性允许你为列表设置列表项标记。列表项标记是指每个列表项左侧的项目符号、数字或字母。

对于有序列表，我们可以指定要用作标记的数字或字母的类型。例如，如果想使用罗马数字（例如i、ii、iii）作为项目标记，那么我们就可以编写list-style-type: lower-roman;。

其他常用标记包括：

decimal (十进制数，这是默认值)

decimal-leading-zero (数字前面会带个0，比如01、02……)

lower-alpha (小写字母，比如a、b、c……)

lower-greek (小写希腊字母，比如α、β、γ……)

upper-alpha (大写字母，比如A、B、C……)

upper-roman (大写罗马数字，比如I、II、III……)

对于无序列表，你可以指定标记符号的形状。默认标记是disc（实心圆）。你还可以将其更改为square（正方形）或circle（圆形）。

此外，也可以选择不使用任何标记。你可以编写list-style-type: none;实现这一点。在创建导航栏时通常这么做。

例如：

```
list-style-type: lower-roman;
list-style-type: circle;
list-style-type: none;
```

list-style-image

如果任何提供的列表样式你都不喜欢，则可以选择使用图像作为列表项标记。为此，你可以使用list-style-image属性指定要使用的图像的URL。

例如：

```
list-style-image: url('myMarker.gif');
```

list-style-position

list-style-position属性用于指定列表项标记是出现在具体内容的里面（inside）还是外面（outside）。有两个值可选：inside和outside。

默认情况下，列表项显示有一定量的缩进。如果list-style-position设置为inside，则缩进后将显示列表项标记。缩进由下图中外框的左边缘表示。 如果list-style-position设置为outside，则在缩进之前显示标记。

Inside:

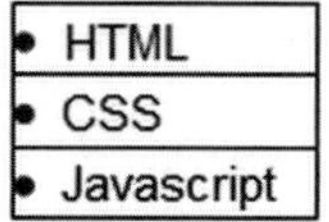

Outside:

- HTML
- CSS
- Javascript

换句话说，list-style-position: inside将会比list-style-position: outside缩进更多。默认位置是outside。

例如：

```
list-style-position: outside;
```

list-style

list-style是一个简写属性，用于在一个声明中设置所有列表属性（即list-style-type、list-style-position和list-style-image）。如果缺少任何值，将使用缺少属性的默认值。

例如：

```
list-style: square inside url("myMarker.gif");
```

CSS链接

可以使用前面章节中讨论的任何CSS属性设置超链接的样式。你可以使用background-color属性设置背景颜色的样式。这将让链接突出显示。你还可以使用第8章中介绍的文本和字体属性来更改字体大小、字体样式、文本颜色、文本修饰等。

此外，我们可以选择根据它们所处的状态设置超链接的样式。链接包含以下4种状态：

link（未访问的链接）

visited（访问过的链接）

hover（当用户将鼠标悬停在上面时）

active（单击链接时）

要指定状态，我们可以写 a:link、a:visited、a:hover或a:active。你应该始终按上面的顺序指定4个状态。

例如：

```
a {
	text-decoration: none;
}

a:link {
	color: #0000FF;
}

a:visited {
```

```
        color: #00FF00;
}

a:hover {
        color: #FFFF00;
}

a:active {
        color: #FF00FF;
}
```

导航栏

导航栏通常是在HTML中创建一个无序列表，然后使用CSS中的列表和链接属性进行样式设置。下面尝试创建我们自己的导航栏。首先，需要为菜单创建一个无序的项目列表，并使列表项可单击（作为超链接）。

```
<ul>
        <li><a href="home.html">Home</a></li>
        <li><a href="htmltutorial.html">HTML Tutorial</a></li>
        <li><a href="csstutorial.html">CSS Tutorial</a></li>
        <li><a
href="javascripttutorial.html">Javascript
Tutorial</a></li>
</ul>
```

接下来，让我们将以下声明添加到CSS样式中，以从列表中删除默认项目符号。

```
ul {
        list-style-type: none;
}
```

现在，来设置超链接的样式。我们将使用模块显示，这将允许我们指定链接的宽度。此外，我们将文本居中对齐并删除所有下划线。我们还会为链接添加背景颜色。

```
a {
        display: block;
        width: 160px;
```

```
        text-align: center;
        text-decoration: none;
        background-color: #00FF00;
}
```

最后，如果我们想让导航栏水平排列，则需要使列表项浮动至左侧。否则，列表项将会垂直排列。

```
li {
        float: left;
}
```

运行一下试试！我们刚刚创建了一个简单的水平导航栏。此导航栏的源代码是本章练习的一部分。尝试着改进这个导航栏以使它更加吸引眼球。你还可以为4种不同的链接状态指定不同的样式。

此方法只是创建导航栏的一种方法。本书的随附项目将演示一种不同的方法。

练习9

从learncodingfast网站的css页面下载此练习的源代码并解压缩该文件。 本练习的源代码可以在第9章中找到。

练习9.1

1．在浏览器和文本编辑器中同时打开文件Chapter 9 - List and Links.html。

2．尝试以下各项，修改 ol的CSS声明，并观察'Cars Ordered List'会发生什么变化：

```
(a)list-style-type: decimal-leading-zero;
(b)list-style-type: lower-roman;
(c)list-style-type: upper-roman;
(d)list-style-type: upper-alpha;
(e)list-style-type: lower-alpha;
(f)list-style-type: lower-greek;
(g)list-style-type: none;
```

3．尝试以下各项，修改ul的CSS声明，并观察'Cars Unordered List'会发生什么变化：

```
(a)list-style-type: circle;
```

```
(b)list-style-type: square;
(c)list-style-type: none;
(d)list-style-type: disc;
```

4．将以下规则添加到ul的CSS声明中：

```
list-style-position: outside;
```

刷新浏览器。没什么变化是吧？那是因为list-style-position: outside;是默认值。现在将list-style-position: outside;改为list-style-position: inside;。你会注意到无序列表略微向右移动了一点（即缩进更多）。

5．删除ul的list-style-type属性并添加以下内容：

```
(a)list-style-image: url("myMarker.gif");
```

观察'Cars Unordered List'会发生什么变化。

6．现在让我们来看看如何设置超链接的样式。尝试将以下规则添加到指定的选择标识：

(a) 将color: green;添加到a:link{}，并观察链接‘Click Me’发生了什么变化。

(b) 将font-size: 2em; 添加到a:active{}，然后点击链接。

(c) 将background-color: red;添加到a:hover{}，然后将鼠标悬停在链接上。

练习9.2

1．在浏览器和文本编辑器中同时打开文件Chapter 9 - Navigation Bar.html。

2．此页面显示了如何使用列表和链接的CSS规则创建水平导航栏的示例。这些步骤已在书中解释。研究代码并尝试修改CSS声明以改进此导航栏的设计。

第10章　表

默认情况下，HTML中的表看起来很难看。但是，通过一些简单的CSS样式，我们可以轻松地将它们转换为华丽的表格。本章我们就将看看如何做到这一点。

边框、填充和边距

我们看到的第一组属性是边框、填充和边距属性。回想一下，在介绍CSS盒子模型时我们谈到了这些属性。HTML的表（<table>）和表格单元格（<th>和<td>）遵循与其他CSS元素相同的盒子模型，因此可以使用这些属性进行样式设置。 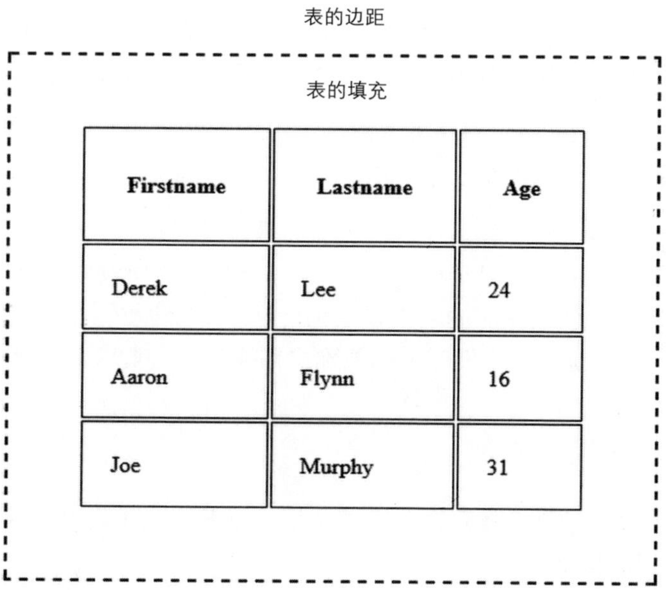

表的边距

表的填充

Firstname	Lastname	Age
Derek	Lee	24
Aaron	Flynn	16
Joe	Murphy	31

要了解其工作原理，请参阅以上图表（“表的边距”和“表的填充”是添加用来参考的，实际表中并不存在）。

该表的CSS规则如下：

```
table {
```

```
        border: dashed 1px black;
        padding: 50px;
        margin: 60px;
}

th {
        border: solid 1px black;
        padding: 30px;
        text-align: center;
}

td {
        border: solid 1px black;
        padding: 20px;
}
```

虚线是表格的边框。边框周围的空间是表格的边距（声明为60px），虚线边框内的空间是其填充（50px）。

第一行（Firstname、Lastname、Age）定义为使用<th>标记的表的标题。Firstname、Lastname和Age周围的空间是<th>元素的填充（30px）。

第二行、第三行和第四行使用<td>标记定义。像Derek、Aaron和31这些内容周围的空间是<td>元素的填充（20px）。

没有为<th>和<td>元素声明边距，因为表格单元格会忽略边距。因此，我们无法指定单元格之间的间距。默认情况下，各个表的单元格之间会有一个小的间距。此外，即使你将表的填充设置为0px，表的边框（虚线）和单元格的边框（实线）之间也会存在间隙。如果你只需要一个边框，则必须使用border-collapse属性：

```
border-collapse: collapse;
```

在本章练习中，我们将有机会尝试边框、填充和边距属性。现在，让我们来看看下一个属性。

高和宽

可以使用width和height属性设置表格的宽度和高度。 属性值通常是像素或百分比形式。例如，下面的代码将表格宽度设置为父元素的100%，高度设置为500px。

```
table {
      width: 100%;
      height: 500px;
}
```

你还可以在tr、th或td级别使用height属性。例如，如果你希望表的标题行的高度为100px，则可以编写：

```
th {
      height: 100px;
}
```

此外，你可以在表的单元级别设置width属性（即对于td和th元素）。如果你希望表的单元格的宽度为200px，则可以编写

```
th {
      width: 200px;
}
```

如果要为单个列设置样式，可以使用id/class属性来执行此操作。例如，如果你有以下表结构：

```
<table>
      <tr>
            <th id="firstColumn">First
      Column</th>
            <th id="secondColumn">First
Column</th>
      </tr>
      <tr>
            <td>Some data</th>
            <td>More data</th>
      </tr>
</table>
```

你可以单独设置表中列的宽度，如下所示：

```
#firstColumn {
      width: 40%;
}
```

```
#secondColumn {
      width: 60%;
}
```

文本对齐

表的单元格中的文本可以使用text-align属性水平对齐，也可以使用vertical-align属性垂直对齐。text-align属性的常用值有center、left、right和justify。vertical-align属性的常用值有top、middle和bottom。

例如：

```
th {
      text-align: center;
      vertical-align: middle;
}
```

背景、字体和文本

表也可以使用第7章和第8章中介绍的背景、字体和文本属性进行样式设置。例如，下面的代码将<th>元素的文本颜色设置为白色，并将元素背景颜色设置为绿色。

```
th {
      background-color: green;
      color: white;
}
```

nth-child( )选择标识

有时当我们有一个非常大的表，其中包含很多行的时候，这个表可能难以阅读。

而提高大表可读性的一种方法是对交替的行进行着色。使用nth-child()选择标识可以轻松实现这一点。

为了给偶数行着色，我们可以编写：

```
tr:nth-child(even) {
      background-color: lightgreen;
}
```

为了给奇数行着色，我们可以编写：

```
tr:nth-child(odd) {
      background-color: lightgray;
}
```

练习10

从learncodingfast网站的css页面下载此练习的源代码并解压缩该文件。 本练习的源代码可以在第10章中找到。

练习10.1

1．在浏览器和文本编辑器中同时打开文件Chapter 10 - Tables.html。

2．修改表的CSS声明并观察表中发生的变化。 尝试添加以下内容并观察每种情况下会发生什么变化：

(a)padding: 50px;
(b)margin: 30px;
(c)border-collapse: collapse;
(d)将border: dashed 1px black;变为border: solid 2px green;

3．修改th的CSS声明并观察表中发生的变化。尝试添加以下内容：

(a)padding: 50px;
(b)margin: 30px;　（边距规则将被忽略掉，可以试试）

对td重复相同的操作。

4．从第3步中删除td和th的填充和边距属性。 修改表的CSS声明并观察表中发生的变化。 尝试添加以下内容：

(a)width: 300px;

(b)width: 50%;

注意表的宽度现在是红色框的50%。

```
(c)height: 500px;
(d)height: 80%;
```

注意表的高度现在是红色框的80%。

5．从第4步中删除表的高度和宽度属性。修改th的CSS声明并观察表中发生的变化。尝试将height属性更改为：

(a) height: 100px;

从th中删除height属性并将其添加到td，注意发生了什么变化。对tr重复相同的操作。

6．修改th的CSS声明并观察表中发生的变化。尝试将width属性更改为：

(a) width: 100px;

从th中删除width属性并将其添加到td。注意发生了什么变化。应该没有区别，因为无论你是在th级别还是td级别设置表格单元格的宽度，该宽度都将影响这两个元素。

7．将属性id ="firstColumn"、id ="secondColumn"和id ="thirdColumn"分别添加到第一个、第二个和第三个<th>开始标记。接着添加以下CSS规则以分别调整三列的宽度：

```
#firstColumn {
   width: 100px;
}
#secondColumn {
   width: 200px;
}
#thirdColumn {
   width: 50px;
}
```

刷新页面并观察发生的变化。尝试使用不同的值调整宽度。

8．修改tr的CSS声明并观察表中发生的变化。尝试添加以下内容：

```
(a)text-align: center;
(b)vertical-align: top;
```

从tr中删除上述属性并将其添加到th。注意发生了什么变化。对td重复相同的操作。如果你没有看到任何差异，请尝试增加表的宽度以及行的高度。

9．修改tr的CSS声明并观察表中发生的变化。尝试添加以下内容：

```
(a)background-color: green;
(b)color: white;
```

从tr中删除上述属性并将其添加到th。注意发生了什么变化。

现在，从th中删除属性并将它们添加到td。

10．最后，让我们尝试为交替的行着色。首先从td中删除background-color和color规则。接着添加以下代码并观察发生的变化。

```
tr:nth-child(even) {
   background-color: lightgreen;
}

tr:nth-child(odd) {
   background-color: lightgray;
}
```

奖励项目

恭喜！现在我们已经介绍了足够多的CSS（和HTML）基础知识，动手从头开始编写我们的第一个网页吧。学习CSS的最佳方法是实践。因此，我在本书中加入了一个奖励项目，你需要为虚拟旅行社编写一个网页，可以在learncodingfast网站的demo/jetspeed.html页面查看该项目的演示。

奖励项目可以在learncodingfast网站的css页面下载。

我强烈建议你尝试这个项目，因为它会让你有机会了解本书中学到的所有概念是如何结合在一起的。完成该项目将有助于巩固你的学习并填补你可能存在的空白。

祝你编得开心！

感谢

我们已经到了本书的最后。感谢你阅读本书，我希望你喜欢它。更重要的是，我衷心希望这本书能够帮助你掌握CSS的基础知识。

我知道可能有十几本关于CSS的书籍供你挑选，但你选择了阅读这本书。再次感谢你下载本书并一直阅读到最后。请尝试练习和奖励项目。你会从中学到很多东西。

现在我想要一个“小”的反馈。你能不能花一两分钟在购书平台上为这本书留下评论？

这个反馈将对我有很大的帮助，并将帮助我继续编写更多关于编程的内容。如果你喜欢这本书或有任何改进建议，请告诉我。我将深表感谢。

最后但同样重要，请记住你可以在learncodingfast网站下载练习的奖励项目和源代码。

你也可以通过邮箱jamie@learncodingfast.com与我联系。

附录A：练习的源代码

练习3.1

```
<!doctype html>
<html>
<head><title>Chapter 3 - Basics of CSS</title>
<style>
p{
      background-color: yellow;
}
</style>
</head>
<body>
<h1>Chapter 3 - Basics of CSS</h1>
<h2>CSS Selectors</h2>

<p>This exercise uses background color to help us figure
out which element we are selecting. This paragraph has no
class or id.</p>]

<p id = "myIDPara">This paragraph has id = "myIDPara".</p>

<p class = "myClassPara">This paragraph has class =
"myClassPara".</p>
<p class = "myClassPara mySecondClassPara">This
paragraph has class = "myClassPara" and class =
"mySecondClassPara".</p>

<div>
      This is some text in the div element.

      <p>This paragraph is the first child element of the
'div' element.</p>
      <p>This paragraph is the second child element of the
'div' element.</p>
      <p>This paragraph is the third child element of the
```

```
'div' element.</p>
</div>

<a href="http://www.learncodingfast.com">Learn Coding
Fast</a><br>
<a href="http://www.google.com">Google</a>

</body></html>
```

练习4.1

```
<!doctype html>
<html>
<head><title>Chapter 4 - CSS Box Model</title>
<style type="text/css">
#box1 {
      margin: 20px;
      padding: 10px;
      border: 5px solid black;
      width: 100px;
      height: 100px;
      text-align: justify;
      float: left;
}
#box2 {
      margin: 20px;
      padding: 50px;
      border: 5px solid black;
      width: 100px;
      height: 100px;
      text-align: justify;
      float: left;
}
</style></head>
<body>

<div id="box1">Learn CSS in One Day and Learn It Well.
CSS is easy.</div>
<div id="box2">Learn CSS in One Day and Learn It Well.
CSS is easy.</div>
<p>skajd fhadlc vkas j cnl ka jshvn aclaks jdclkasjd ckasj
```

```
cnkas djvcn ksa mc nlkasd jn skajd fhadlc vkas j cnl ka
jshvn aclaks jdclkasjd ckasj cnkas djvcn ksa mc nlkasd jn
skajd fhadlc vkas j cnl ka jshvn aclaks jdclkasjd ckasj
cnkas
djvcn ksa mc nlkasd jn</p>
</body></html>
```

练习5.1

```
<!DOCTYPE html>
<html>
<head><title>Chapter 5 - Positioning</title>
<style type="text/css">
#box1 {
      background-color: green;
      width: 100px;
      height: 100px;
      padding: 10px;
      border: 5px solid black;
      margin: 20px;
}
#box2 {
      background-color: red;
      width: 50px;
      height: 50px;
      padding: 20px;
      border: 5px dotted black;
      margin: 10px;
}
p {
}
</style></head>
<body>
      <div id="box1"></div>
      <div id="box2"></div>
      <p>This is some text added to demonstrate the
concept of overlapping.</p>
</body></html>
```

练习5.2

```
<!doctype html>
<html>
<head><title>Chapter 5 - Floating</title>
<style type="text/css">
div {
	padding: 10px;
	border: 1px dashed black;
	margin: 5px;
	float: left;
}
#box1 {
	width: 60px;
	height: 100px;
}
#box2 {
	width: 100px;
	height: 20px;
}
#box3 {
	width: 50px;
	height: 150px;
}
#box4 {
	width: 20px;
	height: 50px;
}
#box5 {
	width: 150px;
	height: 120px;
}
#box6 {
	width: 120px;
	height: 70px;
}
#box7 {
	width: 25px;
	height: 80px;
}
```

```
</style></head>

<body>
      <div id="box1">Box 1</div>
      <div id="box2">Box 2</div>
      <div id="box3">Box 3</div>
      <div id="box4">Box 4</div>
      <div id="box5">Box 5</div>
      <div id="box6">Box 6</div>
      <div id="box7">Box 7</div>
</body></html>
```

练习6.1

```
<!doctype html>
<html>
<head><title>Chapter 6 - Display and Visibility</title>
<style type="text/css">

#displaydemo {
      border: 1px dashed black;
      background-color: yellow;
      display: inline;
      width: 100px;
      height: 100px;
}

#magic {
      display: inline;
}

#magicsentence {
      color: blue;
      font-size: 2em;
}
</style></head>

<body>
       <p>This <span id="displaydemo">yellow box</span> is
used to demonstrate the difference between an inline and a
block element.</p>
```

```
	<p id="magicsentence">"This is just like <span
id="magic">magic</span>. You can make words disappear."</
p>
</body></html>
```

练习7.1

```
<!doctype html>
<html>
<head><title>Chapter 7 - Background</title>
<style type="text/css">

body {
	background-color: white;
	background-image: url("learncodingfast.png");
	background-repeat: repeat-x;
	background-attachment: fixed;
}

#box1 {
	width: 100px;
	height: 100px;
	background-repeat: no-repeat;
	background-color: blue;
	background-image: url("backgroundposition.png");
	background-position: 0 0;
}

#box2 {
	height: 1000px;
}
</style>
</head>
<body>
	<div id="box1"></div>
	<div id="box2"></div>
</body></html>
```

练习8.1

```
<!doctype html>
```

```
<html>
<head>
<title>Chapter 8 - Font and Text</title>

<style type="text/css">

#sampletext{
      width: 300px;
      border: 1px solid black;
      padding: 20px;
      font-family: Times, "Times New Roman", Georgia, serif;
      font-size: 1em;
      font-style: normal;
      font-weight: normal;
      color: black;
      text-align: left;
      text-decoration: none;
      letter-spacing: 0px;
      word-spacing: 0px;
      line-height: 1;
}

</style>
</head>
<body>
      <h3>Sample Text</h3>
      <p id="sampletext">This paragraph of text is used to
demonstrate the effects of various font and text
properties. Modify the CSS declaration for "sampletext"
and observe what happens to this paragraph of text. A
border is given to this paragraph of text in order to show
the effect of 'justify'.</p>
</body></html>
```

练习9.1

```
<!doctype html>
<html>
<head>
<title>Chapter 9 - Lists and Links</title>
```

```
<style type="text/css">

body { padding-left: 20px; }
div { font-weight: bold; text-decoration: underline;
fontsize:
1.2em; padding-top: 5px;}
ol {
      list-style-type: decimal;
}
ul {
      list-style-type: disc;
}
a { text-decoration: none;}
a:link { }
a:visited { }
a:hover { }
a:active { }
</style>

</head>
<body>
<div>Styling HTML Lists</div>
<p>This section is to demonstrate how you can style
ordered and unordered lists in CSS</p>
Cars Ordered List
<ol>
      <li>Ford</li>
      <li>Honda</li>
      <li>Toyota</li>
</ol>
Cars Unordered List
<ul>
      <li>Ford</li>
      <li>Honda</li>
      <li>Toyota</li>
</ul>
<hr>
<div>Styling Hyperlinks</div>
<p>This section is to demonstrate how you can style
hyperlinks in CSS</p>
```

```
<a href="somepage.html">Click Me</a>
</body>
</html>
```

练习9.2

```
<!DOCTYPE html>
<html>
<head><title>Chapter 9 - Navigation Bar</title>
<style>
ul {
	list-style-type: none;
}

a {
	display: block;
	width: 160px;
	text-align: center;
	text-decoration: none;
	background-color: #00FF00;
}

li {
	float: left;
}
</style>
</head>
<body>
<ul>
	<li><a href="home.html">Home</a></li>
	<li><a href="htmltutorial.html">HTML Tutorial</a></
li>
	<li><a href="csstutorial.html">CSS Tutorial</a></li>
	<li><a href="javascripttutorial.html">Javascript
Tutorial</a></li>
</ul>
</body>
</html>
```

练习10.1

```
<!DOCTYPE html>
<html>
<head><title>Chapter 10 - Tables</title>
<style>
div {
      width: 100%;
      height: 600px;
      border: red solid 1px;
}

table {
      border: dashed 1px black;
}

th {
      border: solid 1px black;
}

td {
      border: solid 1px black;
}

tr {
}
</style>
</head>
<body>
The table below is a child element of the red box. The red
box is added to show the effects of the height and width
properties for 'table'.<br><br>
<div>
<table>
      <tr><th>Firstname</th><th>Lastname</th>
      <th>Age</th></tr>
      <tr><td>Derek</td><td>Lee</td><td>24</td></tr>
      <tr><td>Aaron</td><td>Flynn</td>
      <td>16</td></tr>
      <tr><td>Joe</td><td>Murphy</td>
```

```
    <td>31</td></tr>
</table>
</div>
</body>
</html>
```